Zu diesem Buch

«Im Kind sind ungeheure Entwicklungsmöglichkeiten, von denen wir bis heute keine Ahnung haben.» Das ist eine der wichtigsten Erkenntnisse von Dr. Jaroslav Koch aus seiner jahrelangen Beobachtung und Praxis mit Babys im ersten Lebensjahr.

Seine Anregungen führten zur Entwicklung des «Prager-Eltern-Kind-Programms» (PEKiP) in der Bundesrepublik. Seit Mitte der 70er Jahre wird hier in kleinen Gruppen und unter fachlicher Anleitung mit spielerischen Anregungen der eigenständige Bewegungsdrang der Babys gefördert. Die Gruppenarbeit beginnt bereits ab der vierten bis sechsten Lebenswoche und begleitet die kleinen Kinder bis zum Ende des ersten Lebensjahres – ohne daß daraus ein Fitneßprogramm für Säuglinge wird.

Dieses Buch stellt Ziele und Vorgehensweise des PEKiP mit vielen Anregungen und Spielen vor. Die Autorin arbeitet seit 1975 mit Eltern-Kind-Gruppen und ist stellvertretende Vorsitzende des PEKiP e.V.

Erstmals liegt nun eine verständliche und ausführliche Beschreibung für alle Eltern vor, die an den überall angebotenen Kursen teilnehmen oder sich auch einfach nur Anregungen für den Umgang mit ihrem Baby holen wollen.

LIESEL POLINSKI, Jahrgang 1949, Sozialarbeiterin, verheiratet, zwei Kinder (Anke, geb. 1974; Thomas, geb. 1979). Seit 1975 Kursleiterin und Ausbilderin für Eltern-Kind-Gruppen; Mitbegründerin des PEKiP e.V. 1988 und seitdem dessen stellvertretende Vorsitzende.

Anregungen und Kritik bitte an folgende Adresse: Büro für wissenschaftliche Publizistik Dr. Horst Speichert, Teutonenstr. 32 b, 65187 Wiesbaden. Hier erhalten Sie gegen Voreinsendung eines ausreichend frankierten DIN-A6-Umschlags (Langformat) einen Prospekt der Reihe «Mit Kindern leben».

Liesel Polinski

Spiel und Bewegung mit Babys

Das Prager-Eltern-Kind-Programm

Fotos: Renate Engelhard
Zeichnungen: Brigitte Stern-Kronenberger

rororo
Rowohlt

Herausgegeben von Bernhard Schön und Horst Speichert

Umschlaggestaltung: Peter Wippermann/Jürgen Kaffer
(Foto: R. Engelhard, Hagen)
Fotos: Renate Engelhard
Zeichnungen: Brigitte Stern-Kronenberger

Redaktion: Bernhard Schön

34.–41. Tausend Februar 1997

Originalausgabe
Veröffentlicht im Rowohlt Taschenbuch Verlag GmbH,
Reinbek bei Hamburg, Juni 1993

Satz Times PostScript Linotype Library, PM 4.2
Langosch Grafik + DTP, Hamburg
Gesamtherstellung Clausen & Bosse, Leck
Printed in Germany
1490-ISBN 3 499 19379 5

Inhalt

Übersicht über die Anregungen und Spiele

Erstes Vierteljahr

Zweites Vierteljahr

Anregungen vom ersten Vierteljahr, die erweitert werden

Drittes Vierteljahr

Viertes Vierteljahr

Einleitung

Liebe Leserin, lieber Leser,

mit diesem Buch möchte ich Sie ermuntern, sich auf die Entwicklung Ihres Babys einzulassen, sie bewußt zu erleben und gemeinsam zu wachsen. Dabei spreche ich nicht nur die Mütter an, die sich hauptsächlich um die Pflege und Erziehung ihrer Kinder kümmern, sondern auch die Väter, Großeltern und weitere Bezugspersonen, die den Säugling in seiner Entwicklung begleiten. Der Einfachheit halber rede ich in diesem Buch immer von Müttern und bitte Väter, Großeltern und andere um Entschuldigung dafür. Ich wünsche mir, daß sie sich trotzdem angesprochen fühlen!

Sie haben sicherlich schon festgestellt, daß sich Kinder durch ihre eigene Art unterschiedlich und verschieden schnell entwickeln. Vielleicht verläuft gerade die Entwicklung Ihres Kindes anders, als ich sie beschrieben habe oder sich das Kind in Ihrer Nachbarschaft entwikkelt.

Dieses Buch will Sie anregen, intensiv mit Ihrem Kind in Kontakt zu treten, es in seiner gesamten Entwicklung zu unterstützen, ihm dabei aber seine ganz persönliche Zeit zu lassen.

Ich wünsche Ihnen und Ihrem Baby, daß Sie sich täglich zehn Minuten Zeit füreinander nehmen, um miteinander zu schmusen und die beschriebenen Spiele auszuprobieren.

Seit 17 Jahren beschäftige ich mich beruflich mit der Entwicklungsbegleitung von Säuglingen und ihren Eltern. Ich bin immer wieder aufs neue fasziniert zu erleben, wie sicher Babys wissen, was ihrer Entwicklung guttut und was sie leisten wollen, wenn man sie nur läßt.

Durch den jahrelangen Kontakt mit Säuglingen und ihren Eltern habe ich gelernt, differenzierter zu beobachten, mich auf neue Situationen und Menschen einzulassen, mit ihnen in intensiven Kontakt zu treten und immer wieder Neues zu lernen.

Es ist nicht immer einfach, die Bedürfnisse der Babys wahrzuneh-

men, aber wenn Sie Ihr Baby genau beobachten, werden Sie sicherlich bald die «Sprache» und andere Ausdrucksformen Ihres Kindes verstehen.
In dem vorliegenden Buch gebe ich im wesentlichen praxisbezogene Anregungen. Theoretische Hintergründe stelle ich nur so weit dar, wie sie zum Verständnis notwendig sind.

Der Aufbau meines Buches orientiert sich an der altersgemäßen Entwicklung des Babys und seinen Eltern. Zunächst beschreibe ich die Situation werdender Eltern (Kap. 1, S. 15), stelle danach ab S. 18 das Leben junger Familien nach der Geburt dar und schildere auf S. 24ff. die Realität und Bedürfnisse des Säuglings. Ab S. 27 versuche ich Lösungsmöglichkeiten aufzuzeigen, wie unterschiedliche Bedürfnisse von Eltern und Babys in «Einklang» gebracht werden können.

Mein Hauptanliegen stelle ich in den Kapiteln 2 und 3 dar. Ich zeige Ihnen Möglichkeiten auf, wie Sie Ihr Baby in seiner Entwicklung begleiten und unterstützen können, und gebe Ihnen Anregungen für gemeinsame Spiele.

Das Prager-Eltern-Kind-Programm (PEKiP) ist eine Gruppenarbeit für Eltern mit ihren Babys im ersten Lebensjahr. Dieses Buch gibt den Eltern, die eine PEKiP-Gruppe besuchen, die Möglichkeit, die Spiele zu Hause noch einmal nachzulesen.

Da jedoch nicht überall solche Gruppen bestehen oder oft die Nachfrage größer als das Angebot ist, können Sie das Buch nutzen, um zu Hause allein oder mit anderen Eltern mit diesen Spielen den Kindern Freude zu machen.

Das Buch beginnt mit einem eher theoretischen Teil. Vielleicht blättern Sie einfach mal einige Seiten weiter, schauen sich die Bilder an, lesen die eine oder andere Anregung, die jeweils mit einer fetten Überschrift und diesem Zeichen versehen sind, und probieren sie mit Ihrem Baby aus. Ich wünsche Ihnen viel Freude beim gemeinsamen Spiel.

Danken möchte ich Frau Professor Christa Ruppelt, von der ich das Wesentliche über Säuglinge, ihre Entwicklung und Möglichkeiten der Entwicklungsbegleitung für sie und ihre Eltern gelernt habe. Prof. Dr. Hans Ruppelt (gest. 1987) unterstützte die PEKiP-Arbeit durch wissenschaftliche Begleitforschung, so z. B. zum Thema der Kontakte der Kinder untereinander und durch zahlreiche Veröffentlichungen zum PEKiP.

Ich bin froh, dieses Modell mit Prof. Christa Ruppelt und einer Gruppe von engagierten (Sozial-)Pädagogen vorantreiben zu können. Herausheben möchte ich dabei Erika Roch und Kristine Kühnel-Gröbert, die mir Mut gemacht haben, dieses Buch zu schreiben und mir zum Manuskript viele gute Tips gegeben haben.

Begeistert bin ich über die natürlichen und aussagekräftigen Fotos von Renate Engelhard und die Zeichnungen von Brigitte Stern-Kronenberger, denen ich für ihre Mitarbeit herzlich danke, genauso wie den Kindern und Müttern aus meiner PEKiP-Gruppe 1992. Mein Dank gilt auch Inge Müller, die das Buch in eine lesbare Form gebracht hat. Da meine Kinder von Januar bis November 1992 auf besondere Zuwendung meinerseits verzichten mußten, danke ich Thomas für sein zeitweises Verständnis und Anke für ihre Hilfsbereitschaft.

Besonders danke ich aber meinem Mann, der mir immer wieder Mut zugesprochen hat, dieses Buch trotz mancher Zweifel und großem Arbeitsdruck (Seminare, Kurse, Ausbildungs- und Vorstandsarbeit) fertig zu schreiben, und der mich bei der Durchsicht des Manuskripts tatkräftig unterstützt hat.

Schwerte, den 30. Oktober 1992

Liesel Polinski

Das Prager-Eltern-Kind-Programm (PEKiP)

Das Prager-Eltern-Kind-Programm hat seit den Anfängen im Jahre 1973 einen nicht erwarteten stetigen Zuwachs erfahren. Seitdem (bis 1992) wurden ca. 1000 PEKiP-Gruppenleiterinnen und einige Gruppenleiter ausgebildet, die in Familienbildungsstätten, an Volkshochschulen, in Krankenhäusern und Kirchengemeinden, bei Krankenkassen, Verbänden der freien Wohlfahrtspflege wie Arbeiterwohlfahrt und Deutsches Rotes Kreuz sowie privaten Trägern Gruppen anbieten, in denen sich Eltern mit ihren Kindern im gemeinsamen Spiel ausprobieren und entwickeln. Die Nachfrage nach PEKiP-Gruppen ist sehr groß, und oft gibt es nicht genug Möglichkeiten für Eltern, an einem Kurs teilzunehmen.

Dieses Buch versucht die Ziele und die Methodik des PEKiP in nachvollziehbarer Weise darzustellen und bietet Eltern eine Möglichkeit, sich mit dem PEKiP vertraut zu machen und mehr über die Hintergründe des gruppenpädagogischen Modells zu erfahren. Durch dieses Buch erhalten Eltern Anregungen für den Umgang mit ihrem Baby. Es werden Wege aufgezeigt, wie sie mit anderen Eltern in Kontakt treten können, um gemeinsam Fragen zu ihrer Lebenssituation und der Entwicklung ihrer Kinder zu besprechen.
Die Ziele des Prager-Eltern-Kind-Programms:

1. Die Eltern-Kind-Beziehung fördern
   Das PEKiP unterstützt den Aufbau einer positiven Beziehung zwischen Eltern und Kind durch gemeinsames Erleben von Bewegung, Spiel und Freude.
   Die Eltern werden zu gezielter Beobachtung ihrer Kinder angeregt, wodurch sie deren Bedürfnisse besser wahrnehmen und angemessen darauf reagieren können.
   Es werden durch praktische Anwendung wissenschaftlicher Erkenntnisse der Umgang mit dem Säugling und die Elternfähigkeit gefördert.

Die Gruppenarbeit beginnt bereits ab der vierten bis sechsten Lebenswoche und beinhaltet eine Entwicklungsbegleitung für das gesamte erste Lebensjahr.

2. Das Kind in seiner Entwicklung unterstützen
   Das Baby wird als kompetent angesehen, eigenständig Tempo, Wege und Ziele seiner Entwicklung zu bestimmen.
   Die Bewegungsspiele stellen eine aktivierende Lernform dar, in der das Baby mit seinen Kompetenzen und Bedürfnissen das Spielangebot bestimmt. Es werden dem Kind in diesem frühen Alter ganzheitliche Bewegungs- und Spielanregungen vermittelt.

3. Erfahrungsaustausch der Eltern untereinander fördern
   Das PEKiP bietet den teilnehmenden Erwachsenen in der Gruppe die Chance, sich einen Hintergrund für viele wichtige Erziehungsentscheidungen zu schaffen. Es werden intensiv Erfahrungen über Erlebnisse mit dem Kind ausgetauscht, so daß mit diesem situations- und erfahrungsbezogenen Ansatz eine konkrete praktische Qualifizierung der Eltern möglich wird.

4. Kontakte der Kinder untereinander unterstützen
   Das PEKiP bietet Kindern im ersten Lebensjahr die Möglichkeit, mit Gleichaltrigen zusammenzusein und erste soziale Kontakte im Beisein ihrer Eltern zu knüpfen. Durch die regelmäßigen Treffen im ersten Lebensjahr entsteht auch Vertrautheit der Babys zu anderen Erwachsenen.

Das Prager-Eltern-Kind-Programm basiert auf Bewegungsspielen, die der Prager Psychologe Dr. Jaroslav Koch (1910 – 1979) entwickelte. Im Jahre 1969 stellte er die Ergebnisse seiner Untersuchung zum Einfluß der frühen Bewegungsstimulation auf die motorische und psychische Entwicklung des Säuglings beim 26. Kongreß der Deutschen Gesellschaft für Psychologie in Tübingen vor. «Es geht darum, die Kinder in ihrer Gesamtheit zu entfalten, ihre Gefühle, ihre Verhaltensweisen, das Sammeln von Lebenserfahrung» (Koch 1969, S. 414). J. Koch arbeitete in Prag mit Kindern, die im Heim lebten. Außerdem leitete er Mütter einzeln an, die Bewegungsspiele mit ihren Babys zu Hause durchzuführen.

In der Bundesrepublik Deutschland wurden die Bewegungsspiele in ein gruppenpädagogisches Modell für Eltern mit ihren Säuglingen eingebettet.

Theoretisch fundiert wurde das Modell für Sozialarbeiterinnen und

Sozialpädagoginnen von Frau Professor Christa Ruppelt an der Evangelischen Fachhochschule in Bochum. Eine Gruppe engagierter Pädagoginnen nahm ihre konzeptionellen Überlegungen auf und entwickelte mit ihr zusammen ein gruppenpädagogisches Konzept, das in Familienbildungsstätten erprobt wurde und später in ein Curriculum zur Ausbildung von PEKiP-Gruppenleiterinnen überging, da die Nachfrage nach Gruppen sehr groß war. Die notwendige wissenschaftliche Begleitung führte Professor Dr. Hans Ruppelt (gest. 1987), Gesamthochschule Wuppertal, durch.

Kapitel 1

Die Zeit vor und nach der Geburt

Schwangerschaft

Schwangerschaft und Geburt werden in unserer Gesellschaft häufig idealisiert.

«Als ich in unserer Bekanntschaft und bei Verwandten erzählte, daß ich schwanger sei, freuten sich alle. Ich hatte aber das Gefühl, daß dieses Interesse weniger mir galt als dem Baby, das ich erwartete. Das fing mit Verhaltensregeln zu meiner Ernährung an, die ja fürs Kind optimal sein sollte, und erstreckte sich über oberflächliche Themen wie Schönheit in der Schwangerschaft bis hin zu den Anschaffungen fürs Baby. Ich merkte auch, daß meine Verwandtschaft mich nur noch als Schwangere sah, deren Aufgaben sich jetzt und nach der Geburt ausschließlich aufs Kind reduzierten. Sie meinten wohl, daß ich in der Schwangerschaft ausschließlich glücklich sein müßte» (Elke, 29 J., Sekretärin).

Geburt nicht idealisieren
Schwangerschaft und Geburt werden nach Ansicht von Frauenärzten in Deutschland zunehmend in «erschreckender Weise idealisiert». Für Schwangere und junge Mütter gebe es gesellschaftlich regelrecht eine Pflicht zum Glücklichsein, die fast in Terror ausarte, beklagten Mediziner gestern bei der Jahrestagung der Deutschen Gesellschaft für Psychosomatische Geburtshilfe und Gynäkologie (DGPGG) in Köln. Frauen, die anders fühlten, entwickelten Schuldgefühle, hieß es.
(Westfälische Rundschau, Nr. 80, vom 3. 4. 1992)

Dies wollen viele Frauen nicht hinnehmen, sondern wünschen sich, daß zu ihren bisherigen Rollen die der Mutter hinzukommt. In ihrer Diplomarbeit hat sich Monika Thomsen mit Veränderungen von Frauen vor und nach der Geburt ihres ersten Kindes auseinandergesetzt. Viele ihrer Aussagen haben mich beim Schreiben der folgenden Seiten beeinflußt (Thomsen 1989).

Das Annehmen der Schwangerschaft und das Hineinfinden in die neue Situation bereiten vielen Frauen Probleme, mit denen sie vielfach allein gelassen werden. Wie die Frau ihre Schwangerschaft erlebt, hängt auch von der Situation ab, in der ein Kind erwartet wird.

«Ich war erschrocken, als ich erfuhr, daß ich schwanger war. Obwohl wir uns ein Kind wünschten, dauerte es eine Weile, bis ich begreifen konnte, daß in mir ein neuer Mensch wächst. Als der Arzt mir gratulierte, war es für mich nur eine Geste. Mir ging vieles im Kopf herum wie die Fragen: Hatte ich in letzter Zeit Medikamente genommen? Wieviel Alkohol hatte ich getrunken? Das Rauchen aufgeben! Die Sorge um meine Gesundheit und die des Kindes fing in dem Moment an, als ich wußte, daß ich ein Baby bekommen werde» (Elke, 29 J., Sekretärin).

Die Schwangerschaft ist eine außergewöhnliche psychische Belastung, die noch dadurch erschwert wird, daß sich die medizinische Schwangerschaftsbetreuung nur nach dem jeweiligen Kenntnisstand der Medizin richtet und wenig, oft sogar gar nicht auf die Wünsche der Schwangeren eingeht.

In den letzten Jahren sind hier positive Entwicklungen eingetreten. Die technische Geburtsmedizin wurde öffentlich kritisiert und eine verstärkte Beachtung der psychischen, emotionalen und sozialen Aspekte der Schwangerschaft gefordert. Es gibt erste Erfolge wie Rooming-in und Anwesenheit einer vertrauten Person bei der Geburt.

Eine Schwangerschaft, besonders die erste, löst bei vielen Frauen Ängste, ambivalente Gefühle und Konflikte aus. Dies trifft auch für Frauen zu, die ein Wunschkind erwarten. Die Ängste betreffen körperliche Veränderungen, die Geburt, ein krankes Kind zu bekommen, Veränderungen in der Partnerschaft sowie die Befürchtung, die eigene Individualität zu verlieren, und Zweifel an der Kompetenz als Mutter. Forschungsergebnisse belegen aber auch, wie tief verwurzelt die Vorstellung von der Natürlichkeit der Mutterschaft bei werdenden Eltern ist. Auch Männer sind mit der neuen Situation, Väter zu werden, häufig überfordert. So erzählte Bernd (31 Jahre, Techniker) beim ersten Elternabend:

«Wie viele Männer war ich auf diesen Augenblick, als ich erfuhr, daß ich Vater werde, nicht vorbereitet. Ich hatte Angst vor dem Unbekannten und war froh, daß es noch ein paar Monate dauerte, bis das Baby da ist. Ich fragte mich: Wie soll ich mich meiner Frau gegenüber verhalten? Wie wird es mit unserer Sexualität? Wie wird sich überhaupt unsere Partnerschaft verändern?»

Viele werdende Eltern freuen sich einfach auf ihr Baby und können es kaum erwarten. Diesen Aspekt möchte ich jedoch nicht vertiefen, da hierüber in vielen Broschüren und Büchern berichtet wird.

In der Partnerschaft vollzieht sich ein Prozeß der Veränderung, weil schon jetzt aus der Zweier- eine Dreierbeziehung wird, obwohl das Baby noch nicht auf der Welt ist.

Ob stärkere Gefühle von Nähe oder von Eifersucht vorhanden sind, ist sowohl davon abhängig, wie stark die Frau ihren Partner an der Schwangerschaft teilhaben läßt, als auch wie intensiv sich der Mann daran beteiligt. Ein gemeinsames Erleben wird durch die vorherrschende gesellschaftliche Orientierung erschwert, daß Schwangerschaft oft immer noch als «Frauensache» angesehen wird.

Auch beim Ungeborenen stehen Sie als werdender Vater etwas außen vor. Ihre Frau sagt plötzlich ganz begeistert: *«Das Baby bewegt sich!»* Aber jedesmal, wenn Sie ihren Bauch streicheln, ist das Baby ruhig oder die Bewegungen sind noch zu gering, als daß Sie sie fühlen könnten. Aber vielleicht gerade dann, wenn Sie zusammen schlafen möchten, spüren Sie die Bewegungen des Babys. Jetzt wird Ihnen vielleicht erst richtig bewußt, daß hier ein dritter Mensch heranwächst, der in Zukunft Ihre traute Zweisamkeit oft stören wird.

Diese Gedanken führen neben der Freude auch zu Spannungen in Ihrer Partnerschaft. Wichtig ist, daß Sie miteinander über Ihre Gefühle reden können. Man kann die Schwangerschaft als eine «normale Lebenskrise» bezeichnen, die Sie gemeinsam bewältigen müssen, die aber auch Chancen eines gemeinsamen Reifeprozesses eröffnet. Väter, die mit dem Ungeborenen in dieser Zeit schon intensiv Kontakt aufnehmen, werden von ihren Babys nach der Geburt wiedererkannt! Untersuchungen haben gezeigt, daß das Neugeborene sich an Stimmen, die es oft vor der Geburt gehört hat, erinnert und sich von diesen Menschen beruhigen läßt.

Werdende Eltern fühlen sich oft allein gelassen, da viele ihrer Freunde noch keine Kinder haben. Eltern und andere Verwandte geben zwar gute Ratschläge, aber deren Erfahrungen mit Schwangerschaften liegen häufig lange zurück.

Ganz wichtig ist auch in dieser Zeit schon der Austausch mit anderen werdenden Eltern. Dieser Austausch kann sowohl in Geburtsvorbereitungskursen als auch auf privater Ebene stattfinden. Säuglingspflege- und Geburtsvorbereitungskurse haben sich in den letzten Jahren stark verändert. Es geht nicht mehr nur um Wissensvermittlung, sondern es geht auch um die Ängste und Fragen, die in dieser psychisch belastenden Situation auftauchen.

In den geburtsvorbereitenden Kursen habe ich festgestellt, daß werdende Eltern sich wenig für die Zeit nach der Geburt interessieren. Ihr Ziel scheint einzig die Geburt zu sein. Was danach auf die jungen Eltern zukommt, interessiert sie noch wenig; nur vereinzelt werden Fragen wie Stillen, Schreien und Schlafen angesprochen. In meinen PEKiP-Kursen hatte ich oft dieselben Eltern wie in den Geburtsvorbereitungskursen. Offensichtlich hatten sie die Informationen über das Leben mit dem Baby nach der Geburt nicht aufgenommen oder wieder vergessen.

In vielen Büchern wird in den letzten Jahren berichtet, wie stark Mutterschaft oder Vaterschaft das Leben verändert. Es hängt sicher damit zusammen, daß Frauen durch Ausbildung und Berufstätigkeit und Männer durch mehr Interesse und Engagement in Elternfragen sich heute nicht mehr allein am traditionellen Familienmodell (Vater arbeitet außer Haus, Mutter betreut Haushalt und Kinder) orientieren.

Viele Untersuchungen zeigen, daß heute Kinder einen größeren Stellenwert im Familienleben einnehmen als früher. Die Geburt des ersten Kindes verändert die Lebensweise stärker als die der Paare im Jahre 1950.

Die neue Lebenssituation

Die Erfahrungen junger Eltern lauten fast alle gleich: «Unser Leben ist so total anders als vorher, nie hätte ich es mir so vorgestellt.»
Die Elternschaft wird in vielen Fällen ganz anders erlebt, als man sich das vor der Geburt vorgestellt hat. So erzählte Christa, 28 Jahre, Zahntechnikerin, in einer Gruppenstunde:

«Wir hatten uns lange ein Kind gewünscht und waren glücklich, als ich endlich schwanger war. Aber jetzt nach den ersten Tagen weiß ich gar nicht, ob es das ist, was ich wollte. Es ist alles so anders.»

Erfahrungsberichte und historische Analysen belegen, daß die Mutterliebe nicht naturgegeben ist. Dennoch werden Frauen immer noch mit dem Mythos konfrontiert, sie müßten geborene Mütter sein.

Werdende Eltern können sich vielfach das Leben mit ihrem Säugling nicht realistisch vorstellen. Sie selber haben bis zur Geburt des ersten Kindes kaum kontinuierlichen Kontakt zu kleinen Kindern, wie es früher in der Großfamilie selbstverständlich war. Auch die Fähigkeit der Eltern, die Signale des Kindes richtig zu verstehen und zu beantworten, entsteht erst in einem komplizierten Lernprozeß.

Mehr oder weniger plötzlich sind heute Erwachsene voll für ein Kleinkind verantwortlich und fühlen sich in der neuen Lebenssituation leicht unsicher und allein gelassen. So erzählte Eva, 32, Buchhalterin, sehr traurig:

«Vor der Geburt unseres ersten Kindes war es für meinen Mann und mich ganz klar, daß er sich genauso an der Arbeit mit dem Kind und der Erziehung beteiligen wollte wie ich. Die ersten zwei Wochen hatte er Urlaub genommen, und wir meisterten die erste Umstellung gemeinsam. Seitdem er wieder zur Arbeit geht, zieht er sich immer mehr zurück. Er übernimmt lieber den Einkauf, als sich mit Sabine zu beschäftigen.»

Die Geburt des ersten Kindes führt in der Regel zur traditionellen Rollenverteilung, da noch überwiegend die Mutter ihre Berufstätigkeit aufgibt oder unterbricht. Selbst bei Eheleuten, die vorher gleichberechtigt ihre Aufgaben im Haushalt wahrgenommen haben, setzen sich die traditionellen Rollenvorstellungen wieder durch.

Viele Väter kommen ihrer Verantwortung für die Familie hauptsächlich dadurch nach, daß sie durch ihre Berufstätigkeit das Familieneinkommen sicherstellen.

Entscheidet sich eine Frau dennoch fürs Arbeiten, bedeutet das für sie eine Doppelbelastung mit Zeitdruck und Einschränkung eigener Interessen.

Gisela, eine 34jährige Sozialarbeiterin, äußerte bei einem Elternabend:

«Ideal wäre es, wenn Vater und Mutter für das Kind zuständig sind und der Erziehungsurlaub von beiden zur Hälfte genommen würde. Die Arbeitgeber könnten nicht mehr sicher sein, daß mit der Einstellung eines Mannes auch die Kontinuität im Beruf gewährleistet ist. Dadurch entstünden für Frauen im gebärfähigen Alter mehr Möglichkeiten, in Führungspositionen zu gelangen. Das ist ein Traum für die Zukunft. Davon sind wir weit entfernt, und manchmal habe ich sogar den Ein-

druck, daß die jungen Väter sich wieder weniger familiär orientieren und engagieren als in den letzten Jahren.»

Diese Ideen lassen sich nicht verwirklichen, solange die Frauen sich in besonderem Maße für die Familie zuständig fühlen und schlechtere Ausbildung und Berufschancen haben als Männer. Hier schließt sich der Kreis wieder.

Die Mehrzahl der nichtberufstätigen Mütter erlebt die Monotonie des Hausfrauenalltags, die Unproduktivität der eigenen Arbeit, das Kommunikationsdefizit, die Einbußen im Selbstbewußtsein sowie sowohl die psychische als auch die finanzielle Abhängigkeit vom Partner als wesentliche Belastungen und Nachteile ihrer Hausfrauen- und Mutterrolle.

Positiv empfunden werden die Möglichkeiten der Selbstbestimmung, stärkere Nähe zum Kind, bessere Versorgung des Kindes und die Möglichkeit, Kontakte zu pflegen.

Viele Eltern empfinden die zeitlichen Aufwendungen für die Kinder heute fast schon als belastender als die finanziellen Einschränkungen. Die jungen Eltern beschäftigen sich oft und lange mit ihrem Baby. Und ihre Freizeitgestaltung hat sich stark verändert.

«Früher waren wir besonders am Wochenende selten zu Hause. Wir haben beide Sport getrieben, teils gemeinsam, teils getrennt. Auch gingen wir gern ins Kino oder zu Freunden. Unsere Freunde, die fast alle keine Kinder haben, verstehen nicht, daß wir jetzt abends nicht mehr so einfach weggehen können», sagte Evelyn, 28, Versicherungsangestellte.

Die Kontakte reduzieren sich oder werden sogar eingestellt. Man wünscht sich jetzt Freunde, mit denen man sich über Sorgen, Ängste, die praktischen Alltagsfragen und die Freude über das Kind austauschen kann.

Die Geburt eines Kindes bewirkt eine grundlegende Umstrukturierung der Paarbeziehung und oft einen Rückgang der ehelichen Zufriedenheit. In diesem Zusammenhang ist vom «Babyschock» die Rede, den Eltern nach der Geburt des ersten Kindes erfahren.

Besonders schwierig gestaltet sich für das Paar die Integration des Babys in das bisherige Zweierverhältnis. Innige Empfindungen wechseln mit dem Gefühl, es mit einem Eindringling zu tun zu haben. Diese unterschiedlichen Gefühle sind allerdings auch ein guter Ausgangspunkt zur Erweiterung der eigenen Identität und zur Intensivierung der Partnerschaft.

«Die Wochenenden gehörten uns früher ganz allein. Wir schliefen lange und taten, was uns Spaß machte. Das ist heute ganz anders. Das Baby will natürlich samstags und sonntags genauso nachts und morgens gestillt und gewickelt werden wie sonst auch. Dadurch fangen die Tage nicht mehr so geruhsam an. Das stört mich sehr» (Gerd, Informatiker, 31).

Beide Partner können die Veränderungen als Ernüchterung erleben. Intimität und gegenseitige Zuwendungen treten in den Hintergrund, obwohl sie gerade in dieser Zeit wichtig wären. Das Neugeborene fordert jederzeit die Aufmerksamkeit einer Bezugsperson, um seine Bedürfnisse zu befriedigen. Für die Mutter, die durch Stillen und andere Zuwendungen viel Wärme, Körperkontakt und Freude erlebt, rückt die Sexualität mit dem Partner oft in den Hintergrund. Die Frau ist verunsichert durch ihre körperlichen Veränderungen. Ihre Brust ist überempfindlich und die Scheide durch Hormonumstellungen trockener als früher. Im allgemeinen ist der Wunsch nach Sexualität in den ersten Wochen bei jungen Müttern gering. Das Paar fühlt auch eine innere Anspannung, das Baby könnte schreien, während es schmust. Der Mann möchte gern nach Schwangerschaft und Geburt mit seiner Frau eine «normale» Sexualität erleben.

Aber das Leben der Partner dreht sich meistens ums Kind. Mit zunehmender Sicherheit im Umgang mit dem Kind bekommen Partnerschaft und Sexualität wieder eine größere Bedeutung.

Wird das Kind eher als bereichernd oder als störend empfunden? Das hängt von vielen verschiedenen Faktoren ab. War das Baby wirklich geplant? Nehmen beide ihre Elternrolle an? Wie haben sie ihre Kindheit erlebt? Sind in der Schwangerschaft unerwartete Schwierigkeiten aufgetreten? Überhaupt stellen sich viele werdende Eltern vor, ihr Leben würde sich durch ein Kind nicht wesentlich verändern. Und sie müssen erst mühsam lernen, mit der neuen Realität zu leben, die jede Menge neuer Anforderungen mit sich bringt.

In den ersten Monaten nach der Geburt eines Kindes steht die Umstellung auf die neue Lebenssituation im Vordergrund. Es werden euphorische Gefühle erlebt, aber es gibt auch depressive Stimmungen. Wichtig ist es, zu wissen und zu akzeptieren, daß das eine Gefühl das andere nicht ausschließt. Das Erleben von Elternschaft ist nicht eindimensional. Junge Eltern empfinden oft tiefe Liebesgefühle fürs Kind und genießen das Zusammensein. Auf der anderen Seite fühlen sie sich unsicher und ängstlich im Umgang mit dem Kind und durch ihr Kind möglicherweise eingeengt, gestreßt oder gar überfordert.

Berufstätigkeit der Mutter bei Kindern im ersten Lebensjahr

In osteuropäischen Ländern wurde schon früh erkannt, wie wichtig eine stabile Bezugsperson für das Baby ist: Viele Säuglinge in Krippen zeigten emotionale Defizite.

Schon in den 60er Jahren bekamen deshalb die Mütter in der ČSSR ein Jahr Erziehungsurlaub. Auch bei uns besteht seit einigen Jahren gesetzlicher Anspruch auf Erziehungsurlaub für Mütter oder Väter, die bei ihrem Kind bleiben wollen. Einerseits ist das ein Fortschritt. Andererseits verlieren aber auch manche Mütter nach ihrem Erziehungsurlaub ihren beruflichen Status, oder sie fühlen sich von Anfang an zu Hause mit dem Kind nicht genügend ausgefüllt und wollen lieber zur Arbeit gehen; wieder andere müssen arbeiten, um ein angemessenes Familieneinkommen zu erzielen.

Manche Psychologen wenden sich immer noch strikt gegen die Berufstätigkeit von Müttern und sehen dies als ein «im Stichlassen» der Familie an. Häufig verbindet sich diese Ablehnung berufstätiger Mütter mit der Ansicht, nur die Mutter könne dem Baby die volle Zuwendung sichern und gehöre sowieso ins Haus.

Die Tatsache, daß eine Mutter berufstätig ist, sagt nichts über die Qualität und Art ihrer Beziehung zu ihrem Kind aus. Genauso wie umgekehrt allein das Zuhausebleiben nichts über die Beziehungsqualität zwischen Mutter und Kind aussagt. Entscheidend ist das Bewußtsein, mit welchem beide Eltern ihre neuen Rollen ausfüllen.

«Seitdem mein Sohn Thomas ein halbes Jahr alt ist, habe ich wieder angefangen, an Wochenenden Seminare zu leiten. Thomas wird dann von seinem Vater betreut. Am Anfang war ich ein wenig unsicher, ob die beiden das gut geregelt bekommen. Jetzt habe ich das Gefühl, daß die Beziehung zwischen beiden viel intensiver geworden ist. Für mich hat die Sache den Vorteil, daß ich mich sehr freue, nach Hause zu kommen, und mich viel intensiver und voller Freude wieder dem Kind widmen kann» (Liesel, Sozialarbeiterin, 30).

Nicht die Dauer der physischen Anwesenheit der Mutter, sondern die Intensität ihrer Beziehung zum Kind ist entscheidend für die soziale und psychische Entwicklung des Kindes. Das einfühlsame Verhalten der Mutter und die damit verbundene mütterliche Einstellung sagt mehr über die Beziehungsqualität zwischen Mutter und Kind aus als die äußerlich meßbaren Merkmale der Familiensituation wie z. B. Berufstätigkeit.

Wenn das Kind von einer fremden Person betreut werden soll, ist es wichtig, daß es diese schrittweise kennenlernt und bei ihr Sicherheit erlebt, bevor die Mutter die beiden allein läßt (vgl. Großmann 1991, S. 26).

Wenn Sie vor der Entscheidung stehen, in den Beruf zurückzukehren, sollten Sie (mit Ihrem Partner) folgende Fragen durchdenken:

1. Kann ich Mutterschaft und Berufstätigkeit miteinander verbinden?
2. Wie steht mein Partner zu meinem Wunsch?
3. Ist mein Partner bereit und in der Lage, im Haushalt und in der Kindererziehung Aufgaben mit zu übernehmen?
4. Traue ich meinem Partner zu, diese Aufgaben zu aller Zufriedenheit zu lösen?
5. Welchen Einfluß übt die angestrebte Berufstätigkeit auf die Beziehung zu meinem Partner aus?
6. Bin ich bereit, meine persönlichen Bedürfnisse zurückzustellen oder einzuschränken?
7. Kann ich weitere verläßliche Bezugspersonen in die Betreuung des Kindes einbeziehen?

Die Bedeutung des Vaters für das Baby

Bis in die 70er Jahre stand die Mutter-Kind-Beziehung im Vordergrund entwicklungspsychologischer Betrachtungen zumindest für die ersten Jahre.

Aber hier hat sich in den letzten Jahren glücklicherweise einiges verändert. Forschungen der letzten Jahre unterstreichen die große Bedeutung, die der Vater bei der Entwicklung des Kindes hat. Die Rolle des Vaters wird inzwischen sehr unterschiedlich verstanden und auch gestaltet, nachdem das Bild von traditioneller väterlicher Strenge und Männlichkeit nicht mehr allgemeingültig ist.

Es wird seit einigen Jahren häufig von den «neuen Vätern» gesprochen. Die alte Vaterrolle hat für eine wachsende Anzahl von Männern heute keine Gültigkeit mehr (vgl. Bullinger 1987). Für diese «neuen Väter» ist das Miterleben der Geburt und der Umgang mit dem Kind zu einem wichtigen Erfahrungsbereich geworden. Viele Väter suchen körperliche Nähe zu ihrem Kind und beschäftigen sich schon mit dem Säugling. Auch an den PEKiP-Kursen nehmen ab und zu Väter teil, oder sie kommen dazu, wenn ihre Zeit es ihnen erlaubt.

Ein neues Rollenverständnis für Väter in unserer Gesellschaft zu finden ist sehr schwierig, weil es in diesem Bereich noch wenig theoretische Grundlagen und kaum anwendbare Praxiserfahrungen gibt. In allen Schichten und Generationen finden sich gegensätzliche und unvereinbare Vorstellungen über die Bedeutung des Vaters, und genauso unterschiedlich verhalten sich Väter. «*Die* Rolle» des Vaters gibt es bei uns gegenwärtig nicht.

Das Bedürfnis des Säuglings nach sozialen Kontakten erstreckt sich auch in besonderer Weise auf den Vater. Früher kamen Männer in der Forschung vor allem als «abwesende Väter» vor. Seit 1970 wird die Vater-Kind-Interaktion stärker beobachtet und analysiert. Bei diesen Forschungen wurde beobachtet, daß sich Väter und Mütter ihrem Neugeborenen unterschiedlich zuwenden. Väter sind visuell aufmerksamer und verspielter mit dem Kind. Sie sprechen mehr mit ihm, imitieren es mehr und spielen eher mit Hilfe körperlicher Anregungen. Weniger aktiv sind sie allerdings beim Füttern und der Pflege. Väter leisten vor allem dadurch ihren Beitrag, daß die Kinder sich an soziale Situationen mit mehreren Personen gewöhnen. Kulturübergreifende Untersuchungen haben ergeben, daß Babys besser mit fremden Situationen und Menschen fertig werden, wenn der Vater aktiv an Pflege und Erziehung beteiligt ist.

Männer fühlen sich in der Kindererziehung hauptsächlich für «Rahmenbedingungen» zuständig. Nicht einmal die Hälfte der Väter ist bereit, sich die Erziehungsaufgaben mit der Frau zu teilen. Väter engagieren sich vor allem nach Feierabend und in der immer mehr werdenden Freizeit. In der Zeit zwischen Abendbrot und Schlafengehen wenden sich die Väter den Kindern emotional zu und spielen mit ihnen. Aber auch in dieser Zeit werden Versorgungstätigkeiten nur in geringem Maße übernommen.

Bedürfnisse des Säuglings

Schon wenn Babys geboren werden, sind sie kleine Individualisten, die sich in unterschiedlichster Weise verhalten. Das eine Kind guckt sofort interessiert, das andere ist eher ruhig und schläfrig. Das eine ist anschmiegsam, das andere besonders lebhaft. In manche Kinder können wir uns leicht einfühlen und auf ihre Bedürfnisse eingehen. Andere brauchen vielleicht mehr Zuwendung, als die Eltern ihnen spontan geben können.

Die Neugeborenen müssen lernen, richtig zu atmen, ihre Körpertemperatur zu regulieren und sich zu ernähren, indem sie saugen und schlucken, ohne sich zu verschlucken. Mit dieser Aufgabe sind manche Kinder zunächst überfordert. Sie sind leicht reizbar, schnell zu irritieren, können sich nicht selbst beruhigen oder sich von anderen trösten lassen. Auch auf Geräusche reagieren Säuglinge unterschiedlich.

«Schon im Krankenhaus wurde Carina jedesmal wach, sobald die Tür sich öffnete oder im Zimmer gesprochen wurde. Dies hat sich auch zu Hause nicht geändert. Wir stellen uns darauf ein, indem wir Lärm vermeiden, wenn Carina schläft oder schlafen will.»

Carina ist ein empfindsames Baby, was Geräusche betrifft. Dieses Bedürfnis muß ernst genommen werden, damit das Baby seine nötige Ruhe hat.

Auch beim Einschlafen sind die Bedürfnisse der Babys sehr unterschiedlich. Sehr anstrengend sind Babys, die nur einschlafen, wenn sie herumgetragen werden. Unentbehrlich ist die Mutter für solche Kinder, die nur an der Brust einschlafen. Einigen Babys reicht es, wenn die Mutter oder der Vater ein Lied zum Einschlafen singen oder sie streicheln oder mit ihnen sprechen. Manchen Kindern hilft es auch, wenn der Geruch der Mutter bei ihnen bleibt. Legen Sie doch dem Baby einfach ein getragens T-Shirt ins Bettchen. Vielleicht braucht Ihr Baby auch einen abgedunkelten Raum, um besser einschlafen zu können.

«Stefan schläft in letzter Zeit schlecht ein. Zuerst dachte ich, es sei die Hitze, aber es hat sich auch danach nicht gebessert», erzählte Brigitte, 32, Beamtin, in einer Gruppenstunde.

Durch gemeinsame Überlegungen in der PEKiP-Gruppe, seit wann Stefan schlecht einschläft und was sich zu dem Zeitpunkt vielleicht verändert haben könnte, fällt der Mutter ein, daß sie sein Lammfell wegen der Hitze aus dem Bett genommen hat. Eine Woche später erzählt sie in der Gruppe:

«Ich habe Stefan das Fell wieder ins Bett gelegt. Er sah es, kuschelte sich rein, streichelte das Fell und schlief sofort ein. Als ich das sah, fiel mir ein, daß er immer vor dem Einschlafen mit den Händen das Fell gestreichelt hat. Aber ist es in der Hitze nicht zu warm?»

Da konnte Stefans Mutter beruhigt werden: Das Fell gleicht die Temperaturen gut aus und wärmt nicht bei heißem Wetter.

Manche Babys bauen vor dem Schlafen ihre Spannungen und Ängste durch Weinen ab. Marianne, 35, Arzthelferin, berichtete:

«Meine Tochter Alina weint sich in den Schlaf. Das dauert höchstens fünf Minuten, bis sie eingeschlafen ist. Am Anfang habe ich sie sofort hochgenommen, wenn sie weinte, obwohl ich mir sicher war, daß sie müde war. Jedesmal wenn ich sie wieder hinlegte, weinte sie mehr. Ich

merkte, daß sie das Aufnehmen irritierte. Schweren Herzens wartete ich ab. Innerhalb kürzester Zeit hörte sie mitten im Schreien auf und schlief. Es ist immer noch so. Das Schreien dauert meistens nur ein bis zwei Minuten.»

Zwei verschiedene Schlafzustände können wir beim Baby beobachten: Im *ruhigen Schlafzustand* ist das Gesicht des Babys entspannt, die Lider sind geschlossen und unbewegt. Außer bei seltenen Zuckungen und leichten Mundbewegungen bewegt sich der Körper nicht. Das Baby befindet sich in völliger Ruhe und atmet gleichmäßig.
Im *aktiven Schlafzustand* sind die Augen des Babys gewöhnlich auch geschlossen. Ab und zu blinzelt es aber. Der Säugling bewegt Arme, Beine und manchmal sogar den ganzen Körper. Der Atem geht unregelmäßig und etwas schneller als in ruhigem Schlafzustand. Er verzieht das Gesicht zu lustigen Grimassen, lächelt, runzelt die Stirn und macht plötzliche Kau- und Saugbewegungen. Dieser Zustand kehrt rhythmisch alle 30 Minuten wieder. Dem Aufwachen geht meist der aktive, nicht der ruhige Schlafzustand voraus (Klaus 1990, S. 29ff.).

Auch wenn Babys aufwachen, haben sie unterschiedliche Bedürfnisse. Das eine Kind schreit sofort los und möchte nach der langen Zeit des Alleinseins beim Schlafen jemanden, der sich mit ihm beschäftigt. Ein anderes liegt vielleicht nach dem Aufwachen erst noch ruhig in seinem Bettchen und lallt vor sich hin, bevor es nach Gesellschaft verlangt.

Ähnlich verhält es sich beim Trösten. Manchen Babys reicht es, wenn sie hochgenommen werden. Andere brauchen intensive, länger andauernde Zuwendung. Sie möchten hin- und hergetragen werden, um sich zu beruhigen.

Auch die Nahrung wird ganz unterschiedlich aufgenommen. Das eine Baby trinkt seine Mahlzeit in einem Zug, und es geht ihm gut dabei. Ein anderer Säugling probiert dies auch, bekommt aber starkes Bauchweh, weil sich in seinem Magen viel Luft ansammelt. Also muß er erst in Ruhe aufstoßen können, um weiterzutrinken. Wieder andere Kinder trinken langsam, aber stetig, oder sie machen von sich aus Pausen, indem sie zwischendurch nur nuckeln oder die Mutter anschauen.

Viele Babys leiden unter Koliken, besonders in den ersten drei Monaten, da ihr Verdauungssystem noch unreif ist. Diese Babys benötigen sehr unterschiedliche Zuwendung. Oft hilft Fencheltee oder eine Wärmflasche. Bei manchen Säuglingen lösen sich die Schmerzen, wenn sie auf dem Bauch liegen oder in Bauchlage getragen werden. Es ist gut, den Bauch zu massieren. Allerdings gibt es für diese sogenannten Drei-Monats-Koliken keine Patentrezepte. Es kann auch sein, daß keins der vorgeschlagenen Mittel hilft. Dann können Sie sich nur damit trösten, daß es vorbeigehen wird – und wenigstens dafür sorgen, daß sie selbst mal zur Ruhe kommen.

Wenn Ihr Baby viel weint, liegt es nicht an Ihnen. Versuchen Sie herauszufinden, was sein momentanes Bedürfnis ist, und gehen Sie darauf ein. Es gibt Babys, die mehr weinen als andere. Deshalb sind Sie noch lange keine unfähige Mutter oder ein schlechter Vater.

Ein wichtiges Bedürfnis des Säuglings ist sein Wunsch, mit uns zu «spielen». Ohne diese Zuwendung wird das Baby verkümmern. Aber auch da gibt es große Unterschiede. Manche Kinder wollen intensive Aufmerksamkeit für kurze Zeit. Manche Kinder genießen es, in unserer Nähe zu liegen und unsere Stimme zu hören. Einige Kinder fühlen sich überfordert, wenn wir uns längere Zeit mit ihnen beschäftigen, indem sie Blickkontakt meiden und den Kopf wegdrehen. Andere wiederum können nicht genug vom Spielen bekommen.

Viele Kinder haben das Bedürfnis, Kontakt zu verschiedenen Menschen mit unterschiedlicher Stimme, Gestik und Mimik aufzunehmen.

Babys unterscheiden sich auch in ihrem Bedürfnis nach Nähe und Distanz. Es ist schwierig, ein Kind zu verkraften, das nicht schmusen möchte. Die meisten Babys wollen gern gestreichelt werden. Wenn Ihr Kind unter Neugeborenenakne, Neurodermitis oder anderen Hautkrankheiten leidet, überwinden Sie Ihre Scheu und streicheln es trotzdem liebevoll.

Wie Ihr Baby Hautkontakt oder Nähe haben möchte, werden Sie im Laufe der Zeit herausfinden. Denken Sie vor allem daran: Sie verwöhnen ein Baby nicht, wenn Sie ihm seine Bedürfnisse erfüllen!

Ihr Kind wird im Laufe seiner Entwicklung mehr und mehr aus Situationen lernen, daß seine eigenen Bedürfnisse nicht (sofort) befriedigt werden können.

Einklang finden

«Als unsere Svea noch sehr klein war, habe ich sie immer frisch gewikkelt, wenn sie weinte. Meine Mutter hatte mir oft gesagt, daß Babys keine nassen Windeln mögen. Ich merkte aber nach einigen Tagen, daß dies nicht Sveas Problem war, da sie auch mit der frischen Windel weiter weinte. Als ich sie genauer beobachtete, merkte ich, daß sie sich gleichzeitig krümmte. Ich fing an, ihren Bauch zu massieren. Sie entspannte sich dadurch und hörte auf zu weinen.»

Für Eltern ist es wichtig, die Bedürfnisse ihres Babys wahrzunehmen, einzuschätzen und darauf entsprechend einzugehen. Erste Interaktionen beginnen mit dem spontanen Verhalten des Babys, auf das die Bezugsperson sofort eingeht. So entwickelt sich ein Dialog, der oft wiederholt oder leicht verändert weitergeführt wird. Das Kind legt dabei meistens den zeitlichen Ablauf des Dialogs fest.

Der Aufbau einer ersten guten Beziehung ist von den Reaktionen des Kindes abhängig. Dabei spielt z. B. der Blickkontakt zwischen Säugling und Mutter eine wichtige Rolle. Auch das Stillen fördert eine intensive Beziehung zwischen Mutter und Kind ebenso wie die tägliche Pflege.

Die vielen Eindrücke, die durch Bezugspersonen und Umwelt auf ein Kind schon in den ersten Lebensmonaten einwirken, sind für sein weiteres Leben von Bedeutung.

«Kurz nach der Entbindung treten die Eltern in eine in gewisser Weise einzigartige Phase ein, deren Verlauf u. U. langanhaltende Folgen für die Familie hat. Diese Phase, die nur von kurzer Dauer ist und in deren Verlauf sich die Bindung der Eltern an ihr Neugeborenes ausbildet, haben wir die sensible Phase der Mutterschaft genannt» (Klaus und Kennell 1987, S. 802).

Klaus und Kennell verglichen Mütter mit und ohne intensiven Kind-Kontakt in den ersten Stunden nach der Geburt in bezug auf ihre spätere Beziehung zueinander. Die Mütter mit intensivem Kontakt zeigten mehr Zärtlichkeit, liebevolleres Eingehen auf das Weinen von Kindern, mehr Interesse für das Kind und auch mehr Sehnsucht nach dem Kind, wenn sie getrennt waren. Um frühzeitig in Einklang miteinander zu kommen, sollten Eltern und Kinder in den ersten Lebenswochen lange und möglichst intensiv zusammensein. In der Sozialentwicklung scheint der zeitliche Spielraum, um fehlende Bindung nachträglich aufzubauen, geringer zu sein, als z. B. bei der Bewegungsentwicklung etwas nachzuholen.

Viele Kinder haben von Anfang an mehrere Bezugspersonen. Ein Baby, das regelmäßigen intensiven Kontakt zu seinem Vater hat, wird sich freuen, wenn dieser mit ihm spielt. Gerade der Vater bringt oft andere Schwerpunkte in die Beziehung zum Kind. Erwiesenermaßen beziehen Väter viel mehr Bewegung und Körper in ihr Spiel ein als Mütter. So kann es sein, daß das Baby lieber mit dem Vater spielt, es aber vorzieht, von der Mutter ins Bett gebracht zu werden.

Viele Mütter leiden darunter, den ganzen Tag für ihr Baby dasein zu müssen und selbst wenig Freiraum zu haben. Erlauben Sie sich mal für ein paar Stunden «abzuschalten» von Ihrem Job «rund um die Uhr». Obwohl Sie den ganzen Tag zu Hause sind, schaffen Sie häufig die Arbeit im Haushalt und mit dem Kind nicht. Besprechen Sie Ihre Situation mit Ihrem Partner und trauen Sie ihm zu, das Kind für eine gewisse Zeit zu versorgen. Lassen Sie es ihn machen, wie er es für richtig hält.

«Als mein Mann am Anfang Nicole wickelte, war sie oft innerhalb kürzester Zeit wieder naß, weil er beim Wickeln nicht sehr geschickt war. Die ersten Male habe ich mit ihm darüber gesprochen. Als ich aber merkte, daß er sich zurückzog, habe ich nichts mehr gesagt. In der Zwischenzeit hat mein Mann das Wickeln genausogut im Griff wie ich», erzählte Anke, 28 Jahre, Kinderkrankenschwester.

Damit sich ein Baby gut entwickelt, braucht es

1. ausreichende Pflege
2. konstante Zuwendung
3. vielfältige Anregungen durch bekannte Personen.

Sie als Eltern sind wichtig für Ihr Baby. Sie erleben es ständig und lernen daraus, was es braucht. Sie werden die Signale immer öfter richtig deuten und das tun, was Ihr Kind gerade braucht. Wenn Ihr Baby etwas anderes möchte, wird es Ihnen das zeigen. Keiner kann immer richtig reagieren.

Die gemeinsame Bewältigung der ersten anstrengenden Monate ist eine Chance, neue Wege für Ihre Partnerschaft und die junge Familie zu finden. Unterstützen kann Sie dabei das Gespräch mit Familien in gleicher Situation. In einer PEKiP-Gruppe werden solche Fragen und Probleme offen miteinander besprochen.

Sie sollten aber auch nach Unterstützung und stundenweiser Entlastung suchen. Vielleicht gibt es eine freundliche Nachbarin, die Ihnen ein bißchen Hausarbeit abnimmt; oder sie fährt mal mit dem Baby spazieren. Vielleicht haben Sie ja auch das Glück, und eine Großmutter und ein Großvater wohnen in der Nähe, die sich Zeit für das Baby nehmen, womöglich schon eine gefühlsmäßige Beziehung zu dem Kleinen aufgebaut haben und sogar Ihre Erziehungsvorstellungen teilen oder zumindest akzeptieren. Falls das nicht nur den Großeltern, sondern auch dem Baby zusagt, können Sie die Entlastung gut nutzen – für die notwendige Hausarbeit oder, besser noch, um ein wenig ungestörte Zeit allein oder mit Ihrem Partner verbringen zu können.

Kapitel 2

Kinder in der Entwicklung begleiten

Entwicklung des Säuglings

Bereits im Mutterleib ist das Kind ein aktives Wesen. Es bewegt sich, nuckelt an seinen Fingern und hört, was in seiner Umgebung vor sich geht. Es sammelt bereits in dieser Lebensphase viele Eindrücke und Erfahrungen. «Der Ton, der in seiner Welt vorherrscht, ist der rhythmische Schlag des mütterlichen Herzens.» – Forscher haben Neugeborene in einer Säuglingsstation untersucht, denen ein Tonband mit menschlichen Herztönen vorgespielt wurde. Es stellte sich heraus, daß das Hören des Herzschlags der eigenen Mutter die Babys besser gedeihen ließ. Sie aßen mehr, schliefen besser, atmeten ruhiger, schrien weniger und wurden seltener krank.

Das erste Lebensjahr ist für die Entwicklung des Kindes besonders wichtig. Mit der Geburt beginnt ein Anpassungsprozeß an das Leben außerhalb des Uterus, der dem Baby oft nicht leichtfällt und den wir feinfühlig unterstützen sollten. Diese Anpassung erfordert körperliche Leistungen, Fähigkeiten zur Wahrnehmung und die Fähigkeit, Beziehungen zu anderen Menschen herzustellen und aufrechtzuerhalten.

«Ich war bei der Geburt von Thomas dabei und überwältigt von dem Augenblick der Geburt und dem kleinen Menschen, der das Licht der Welt erblickte. Da ist nun mein Sohn. Neben der riesigen Freude stellte sich aber auch die Angst bei mir ein, ob er gesund ist und ob er sich wohl normal entwickeln wird» (Uwe, 31, Soziologe).

Diese Fragen stellen sich viele Eltern bereits, lange bevor ein Kind geboren ist. Jeder Vorsorgetermin löst Gefühle ängstlicher Erwartung aus, die erst verschwinden, wenn der Arzt das Vorsorgeheft mit den vielen, teils unverständlichen Daten und Anmerkungen zuklappt und befindet: Alles in Ordnung.

Ähnliches erleben wir nach der Geburt: Ist alles «dran», ist es schwer und groß genug? Erst wenn Hebammen, Schwestern und Ärzte das Kind für «normal» erklärt haben, können wir ihm unsere ganze Aufmerksamkeit zuwenden und uns an ihm freuen.

So geht es während des ersten Lebensjahres weiter. Jeder Vorsorgetermin beim Kinderarzt setzt dem unbefangenen Stolz am Kind zunächst einen Dämpfer auf, während der Arzt testet, ob es alles kann, was es in seinem Alter «bringen» müßte.

Zuerst befinden Außenstehende – Ärzte, Mütter, Tanten, Kindergarten, Erzieher/innen –, ob unser Kind der Altersnorm entspricht oder nicht. Oftmals irritieren ihre Urteile und lassen ein Gefühl von Hilflosigkeit und Trotz zurück: Wir finden unser Kind gut, so wie es ist, haben es lieb – aber offenbar ist unsere Einschätzung falsch.

Das engmaschige Kontrollnetz hat eine positive und eine negative Seite: Es engt ein und fängt gleichzeitig auf. Es deckt Störungen auf, die möglicherweise in den ersten Lebensjahren mit vergleichsweise geringem Aufwand therapeutisch beeinflußt werden können (z. B. Rhesus-Unverträglichkeiten, Stoffwechselerkrankungen, Fehlbildung des Skeletts) und verhindert damit schwere Entwicklungsstörungen. Auch Probleme, die vor, während und kurz nach der Geburt aufgetreten sein könnten (z. B. Sauerstoffmangelschäden, die Störungen in der Integration von Sinneswahrnehmungen und in der Bewegungsentwicklung hervorrufen), sind durch Früherkennung und kindgemäße einfühlsame Frühförderung in den ersten Lebensjahren wirksam zu beeinflussen. Solange das Gehirn des Kindes noch wächst (hauptsächlich im ersten und bis zum fünften Jahr), können gezielte Hilfen in den Lebensalltag des Kindes und seiner Familie eingebaut werden. Sie tragen dazu bei, daß Eltern ihr Kind angstfreier sehen und genießen können. Das Kind lernt, seine vorhandenen Kräfte und Stärken zu mobilisieren, um eventuelle Schwächen auszugleichen und ein positives Grundgefühl sich selbst und seinen Fähigkeiten gegenüber zu behalten.

Negativ wirkt das Kontrollnetz dort, wo Eltern ständig abschätzend den Blick zwischen dem Entwicklungskalender über der Wickelkommode und dem Kind hin und her wandern lassen und nicht das Kind, sondern die Entwicklungstabelle als Meßlatte für sein Intakt-Sein nehmen. Das erzeugt Druck und Angst. Es führt dazu, immer neue Experten und Ratgeberbücher zu suchen, die schließlich zur Krücke für die Wahrnehmung unseres Kindes werden, weil wir verlernt haben, es in seiner Individualität zu sehen.

Es ist gar nicht so einfach, einen Mittelweg zu finden zwischen:

«Das wächst sich schon alles zurecht» und ständiger Leistungskontrolle.

Was heißt Entwicklung? Ich folge den Ausführungen der Lehrerin für Erzieherinnen, Dipl.-Psych. Inga Bodenburg:

«Hilfreich ist folgende Definition für den Begriff ‹Entwicklung›; sie hat sich während der noch gar nicht so langen Geschichte der Entwicklungspsychologie herauskristallisiert und wird inzwischen allgemein akzeptiert: Entwicklung ist eine Reihe von untereinander verbundenen Veränderungen, die auf der Basis von Reifen und Lernen zu ungefähren Zeitpunkten im Leben eines Menschen auftreten.

Aus dieser Definition können wir Hinweise zur Beobachtung und zur Beurteilung der Entwicklung unserer Kinder ableiten.

1. Veränderungen in und an Kindern vollziehen sich nicht bei allen im gleichen Alter, aber in ähnlicher Reihenfolge, und sie bauen aufeinander auf.
2. Jedes Kind erwirbt im Laufe seiner Entwicklung eine Reihe von differenzierten Fähigkeiten, deren Entstehung von drei sich wechselseitig beeinflussenden ‹Ursachenbündeln› abhängt.

Diese Ursachenbündel sind:

- die biologischen Veränderungen im Körper (Wachstum des Skeletts, Ausdifferenzierung des Nervensystems, Zusammenwirken verschiedener Organe und Funktionen, Veränderungen im Hormonsystem),
- die Anforderungen der Umwelt (Eltern, Geschwister, Kindergarten, Wohngebiet, ökonomische Voraussetzungen),
- die eigenen Erwartungen, Bedürfnisse und Handlungsmotive des Kindes.

Indem das Kind sich Entwicklungsanreize aus diesen drei Bereichen sucht und gleichzeitig auf ihre Anforderungen reagiert (indem es sie erfüllt oder nicht erfüllt), entwickelt es sich weiter. Es steht also im aktiven Austausch mit seiner Umwelt. Sein Organismus sucht sich diejenigen Impulse, die die Reifung weitertreiben, und entwickelt damit neue Handlungs- und Erkenntnismöglichkeiten. Gleichzeitig beeinflußt das Kind mit seinen neuen Möglichkeiten die Umwelt als handelndes Subjekt (nicht als behandeltes Objekt!). Es verändert sie, während es von ihr verändert wird.

Aus dieser Ansicht von Entwicklung ergibt sich die Rolle, die Eltern, Erzieher und Erzieherinnen, Ärzte und Therapeuten verkörpern sollten: Sie sind Anreger, nicht Gestalter der kindlichen Entwicklung.

Sie stellen dem Kind Fragen, werfen Probleme auf, geben Anregungen, fühlen sich in Bedürfnisse, Absichten und Wahrnehmungen von Kindern ein, schaffen eine vielgestaltige anregungsreiche Lernumwelt. Sie tischen keine fertigen Antworten oder Lösungen auf. Sie vermitteln dem Kind nicht: ‹Ich weiß, was gut für dich ist› oder zwingen Handlungsanweisungen und Rezepte auf.

Kinder gehen mit den selbstgestellten Fragen entsprechend ihren bereits vorhandenen Möglichkeiten um, und die Beantwortung ihrer Fragen führt sie allmählich in ein nächstes Entwicklungsstadium. Dabei wechseln Zeiten der Ruhe und Sicherheit mit Zeiten der Unruhe, des Suchens und der Unsicherheit ab, und jede Zeit der Zufriedenheit über neu erworbene Fähigkeiten und Einsichten ist das Ergebnis einer vorangegangenen Experimentierphase voller Zweifel und Unausgeglichenheit.

Um Fortschritte machen zu können, brauchen Kinder Begleitung, keine ausgeklügelten altersspezifischen Lernprogramme. Sie drängen selbst nach Anwendung und Erprobung und nach dem Erwerb neuer Fähigkeiten. Dies gilt für alle Kinder, auch für diejenigen mit Entwicklungsstörungen.

Fest steht, daß alle Menschen Entwicklungsaufgaben erfüllen, die – jede für sich – ihren Sinn haben und die nächstfolgenden vorbereiten» (vgl. Bodenburg 1988, S. 86–88).

Grundsätzlich vollzieht sich die körperliche Entwicklung des Kindes von innen nach außen und in Körperrichtung vom Kopf zu den Füßen. Zuerst lernt das Baby seine Augen bewußt zu nutzen. Später dreht es seinen Kopf, um Dinge zu verfolgen. Als nächstes setzt es seine Schultern, seine Arme, Hände und schließlich seine Finger ein, um Dinge zu erreichen und zu betasten. Diese Entwicklung differenziert sich weiter, indem es lernt, seinen Körper zu drehen und, darauf aufbauend, Beine, Füße und im zweiten Lebensjahr die Zehen bewußt zu bewegen.

Für Dr. Jaroslav Koch, auf den die Spiele und Anregungen des PEKiP zurückgehen, ist «Bewegung eine der wichtigsten Ausdrucksformen der physischen und psychischen Entwicklung des Kindes» (Koch 1969, S. 415). Aus diesem Grund gab er Säuglingen möglichst große Freiräume und differenzierte Anregungen, um ihre Bewegungsentwicklung damit zu unterstützen. So wurden die Babys zum Spielen in großen warmen Räumen ganz ausgezogen, damit sie ohne einengende Kleidung ihren Körper erfahren und seine Bewegungsmöglichkeiten ausprobieren konnten. Sein Ziel war es, Kinder zu ermuntern, sich zu bewegen, um beispielsweise einen Ball zu erreichen und zu begreifen.

Unterstützen, die Welt kennenzulernen

Die Kinder werden mit unserer Hilfe und Unterstützung auf das Leben in unserer Gesellschaft vorbereitet. Sie sollen lernen, in unserer Welt zu leben, indem sie sie «be-greifen» und «er-fassen».

Wir wollen den Kindern keine besondere Welt voller Spielzeug und ohne Ecken und Kanten bieten, sondern sie in unser Leben miteinbeziehen, indem sie in unserer Nähe sind und oft mit Dingen spielen, die wir benutzen. Das Kind kann Erfahrungen machen, auch schmerzliche wie z. B., daß der Couchtisch scharfe Kanten hat, denen man sich nur behutsam nähern darf. Der Erwachsene vermittelt den Kindern Erfahrungen und leitet sie an, damit umzugehen.

Das Baby kann von Anfang an schon seine Bedürfnisse ausdrücken und nach Befriedigungsmöglichkeiten suchen. Diese Kompetenz können wir dem Baby zutrauen. Der Säugling meldet sich, wenn er sich nicht wohl fühlt. Im Laufe der Zeit lernen die Eltern, das Verhalten des Babys differenzierter zu deuten und ihm das zu geben, was es gerade braucht.

Jeder Mann, jede Frau und auch schon Kinder können mit einem Baby Kontakt aufnehmen. Befürchtungen, dies nicht richtig zu machen, sind häufig grundlos. Besonders die Bezugspersonen verhalten sich dem Kind gegenüber meist angemessen.

Am Anfang braucht das Baby sehr viel Nähe. Sein Urvertrauen stabilisiert sich, wenn es in einem Klima, in dem es sich emotional geborgen fühlt, aufwächst. Das Baby muß sich auf uns verlassen können. Wir vermitteln ihm Glaubwürdigkeit, Zuverlässigkeit und Anregungen. Durch einen rhythmischen Tagesablauf, bei dem die Bedürfnisse des Kindes mit seinen Essens-, Schlafens- und Spielzeiten berücksichtigt werden, reift das Kind zu einer gesunden Persönlichkeit, die neugierig und kontaktfähig ist.

Das Baby selbst ist von Geburt an aktiv. Es sucht z. B. mit seinen Augen nach Gegenständen, die es betrachten kann.

«Unser Markus dreht seinen Kopf immer in die gleiche Richtung, wenn er im Bett liegt. Ich fürchte, daß er sich einseitig entwickelt», erklärte Regina, 33, Lehrerin, besorgt an einem Elternabend.

Viele Babys fühlen sich am Anfang besonders von Helligkeit angezogen. Sie schauen in Richtung des Fensters. Legen Sie Ihr Baby mit dem Kopf zum Fußende ins Bettchen. Das Kind wird wieder die Lichtquelle suchen und so seinen Kopf zur anderen Seite drehen.

Schläft Ihr Baby in einer Wiege, nehmen Sie es heraus, wenn es wach ist, damit es sich auch anderen Dingen zuwenden kann als den Wänden der Wiege. Sie können auch ein Mobile über seiner Wiege befestigen, so daß Ihr Baby sich nach dem Aufwachen für eine Weile selbst unterhalten kann.

Wenn Sie dem Baby vielfältige Anreize bieten, die seinem Entwicklungsstand, seinen Fähigkeiten und Fertigkeiten entsprechen, wird seine Motivation geweckt, aktiv zu werden und etwas Neues auszuprobieren.

Spiele können einfach aufgebaut sein, um seine körperliche und geistige Entwicklung zu unterstützen und wichtige zwischenmenschliche Beziehungen herauszubilden.

Achten Sie auch darauf, dem Baby nicht zuviel anzubieten und ihm Zeit zu lassen, sich intensiv und lange mit einer Situation zu beschäftigen. Außerdem orientieren wir uns am Entwicklungsstand, den gemachten Erfahrungen und der Besonderheit jedes Kindes.

«Karina hat lange auf dem Bauch mit der Rassel gespielt. Sie läßt sie fallen und guckt sich im Raum um. Als ich ihr etwas anderes zeige, wendet sie demonstrativ den Kopf weg» (Brunhilde, 27, Drogistin).

Berücksichtigen Sie, daß Karina schon eine Leistung vollbracht hat, indem sie sich längere Zeit auf die Rassel konzentriert hat. Sie braucht ein wenig Ruhe, um die gemachten Erfahrungen zu verarbeiten. Danach wird sie selbst entscheiden, ob sie die Rassel wieder aufnimmt oder sich etwas anderem zuwendet. Wir brauchen dem Kind nichts Sensationelles, Herausragendes zu bieten, wir sollten nur gut hinsehen, was dem Baby jetzt guttut.

So fängt der kleine Mensch an, selbst Entscheidungen zu treffen.

Lassen Sie das Baby all das selber tun,
was es schon beherrscht.

Wenn wir das Baby an- oder ausziehen, sprechen wir mit ihm und erklären, was wir gerade tun. Also zum Beispiel:

«Anke, jetzt ziehen wir zuerst das Hemd an, damit du nicht frierst. Dafür mußt du mir deinen Arm geben. So hast du es gut gemacht. Jetzt ist die andere Seite dran. Auch hierbei hast du schön geholfen.»

Das Kind konzentriert sich auf diesen Vorgang und wird sich im Laufe der Zeit immer mehr daran beteiligen. Das gleiche gilt für andere Handlungen des täglichen Lebens wie z. B. das Essen. Auch hier regen wir das Kind an und beteiligen es, wie es seinem Entwicklungsstand entspricht.

Im Kind ist eine ungeheure Menge von Entwicklungsmöglichkeiten verborgen, von denen wir bis heute keine Ahnung haben (J. Koch 1969, S. 414).

Es ist gar nicht so einfach, die richtige Balance zwischen Abwarten und Anregen, Wahrnehmen der Bedürfnisse und seinen Reaktionen und Aktivitäten fürs Kind zu finden. Aber trösten Sie sich: Mit der Zeit werden Sie das richtige Maß herausfinden.

Wenn das Baby auf die Welt kommt, kann es u. a. schon riechen, sehen, hören und atmen. Der Mund und die Haut sind die Organe, mit denen das Kind am Anfang hauptsächlich Kontakt zur Außenwelt aufnimmt. Der Mund ist das Zentrum der ersten Annäherung an das Leben und das vorrangige Organ sinnlicher Befriedigung. Der Mund ist nicht nur für die Nahrungsaufnahme wichtig. So wird z. B. eine Rassel angeschaut, ergriffen und begierig zum Mund geführt. Deshalb erlauben wir dem Baby, die Dinge, die wir ihm geben, auch mit dem Mund zu erkunden. Der Mund spielt im gesamten ersten Lebensjahr eine bedeutende Rolle.

Das Baby hat von Anfang an ein großes Kontaktbedürfnis. Besonders die menschliche Stimme und das Mienenspiel lösen Reaktionen beim Kind aus. So werden Sie sicher schon folgendes bemerkt haben: Sie beugen sich über Ihr Baby und sprechen intensiv mit ihm. Ihr Kind zeigt starke Bewegungsreaktionen, indem es anfängt, mit den Beinen zu strampeln und mit den Armen zu rudern.

Jedes Baby braucht seine ihm eigene Zeit, um sich zu entwickeln.

Wir müssen lernen abzuwarten, bis unser Baby seinem eigenen Rhythmus entsprechend seine Entwicklungsschritte macht.

Das Neugeborene lernt im Laufe der Zeit seinen Körper kennen. Es weiß am Anfang noch nicht, daß es Finger, Hände, Arme, Beine, Füße und Zehen hat, die es bewegen kann. Bei jeder Bewegung erfährt sein

Gehirn wichtige Impulse, die dafür sorgen, daß sich die «Verdrahtungen» zwischen den Nervenzellen weiter ausbilden.

Für das Baby ist die Nähe eines Menschen unerläßlich, der sich liebevoll mit ihm beschäftigt und auf sein Verhalten interessiert reagiert, mit ihm schmust, es streichelt und trägt. Durch Körperkontakt, besonders wenn das Baby nackt ist, helfen wir ihm, seinen Körper gefühlsmäßig zu begreifen. Dies unterstützt die gesunde Entwicklung.

Wenn wir das Baby in seiner Entwicklung unterstützen wollen, sollten wir wissen, daß ein Entwicklungsschritt auf den anderen folgt. Innerhalb einer bestimmten Zeit lernt ein gesunder Säugling normalerweise bestimmte Fähigkeiten.

Neue Entwicklungsschritte beginnen schon, wenn die vorherigen noch nicht voll beherrscht werden. Es lassen sich jeweils drei gleichzeitig nebeneinander verlaufende Stadien der Bewegungsentwicklung beobachten.

Während eine Fertigkeit wirklich beherrscht wird, arbeiten die Kinder gleichzeitig an der Perfektionierung der nächst höheren, die sie in Ansätzen schon ausführen können. Ebenfalls wird schon eine noch höhere, noch anspruchsvollere Funktion in Angriff genommen.

Das sieht z. B. bei der Bauchlage mit ca. drei Monaten so aus:
- Das Baby beherrscht den Unterarmstütz.
- Es nimmt manchmal eine Hand nach vorn, um ein Spielzeug zu ergreifen, beherrscht dabei den Oberkörper noch nicht voll.
- Das Baby versucht, sich nur auf den Händen abzustützen und kippt oft dabei um, da es in dieser Lage das Gleichgewicht noch nicht halten kann.

Wenn wir diese Stadien beim Baby beobachten,
- lassen wir es oft auf dem Bauch liegen, weil es sich in dieser Haltung wohl fühlt,
- reichen wir ihm in der Bauchlage ein Spielzeug, damit es Möglichkeiten hat, sich zu stabilisieren, wenn es nach vorn greift,
- achten wir darauf, daß das Baby so liegt, daß es sich beim Umkippen nicht weh tut, indem wir für eine nicht zu harte Unterlage sorgen, und das Baby nicht in die Nähe eines Gegenstands legen, an dem es sich stoßen kann.

Wenn das Baby schmerzhafte Erfahrungen macht, stellt es manchmal das Ausprobieren neuer Stufen für eine gewisse Zeit ein.

Das Kind will diese Ausweitung seines Könnens erfahren und darin in angemessener Weise unterstützt werden. Dabei ist es wichtig, kei-

nen Entwicklungsabschnitt vorwegzunehmen. So lernt ein Kind beispielsweise nicht dadurch früher sitzen, daß es in eine Wippe gesetzt wird. Im Gegenteil: dies hemmt seine motorische Entwicklung, da es erst die Sitzhaltung im Liegen lernt, und schädigt seine Muskeln und weichen Knochen.

Kein Hilfsmittel kann das bewirken, was liebevolle Zuwendung erreicht.

Als Beispiel für gelungene Zuwendungen möchte ich Ihnen folgende Anregungen geben: Beobachten Sie sich einmal selbst, wenn Sie mit Ihrem Kind spielen, ob Sie nicht das eine oder andere Verhalten an sich feststellen:

- Erhöhte Stimmlagen hören Babys besser.
- Übertriebene Sprachmelodie und ansteigende Stimme als Aufforderung zum Spiel.
- Monotone Sprachmelodie, um das Kind zu beruhigen.
- Betonung. Wichtige Worte werden gedehnt gesprochen.
- Wiederholung bei melodischen Sätzen wie: wo ist Tina denn?
- Blickkontakt und eindeutige Zuwendung, sonst reagiert das Baby nicht, etwa bei Sprache aus dem Radio.
- Einfache Sprache. Einwortsätze und Namen statt du oder ich: «Mama bringt Tina in die Heia.»
- Nähe: Neugeborenes sieht in einer Entfernung von 20 cm am besten. Bezugsperson hält diesen Abstand ein.
- Babysprache wie «wauwau», «hamham» ist gut. Sie besteht aus Vereinfachen, Wiederholen und Übertreiben. Es ist der Einstieg in die richtige Sprache und verliert sich im Laufe der Zeit.
- Wechselspiel führt dazu, daß das Kind Wünsche immer differenzierter ausdrückt. Hat das Kind die Erfahrung gemacht, daß seine Mutter auf Signale zuverlässig reagiert (trösten bei Weinen – hinlegen bei Müdigkeit), wird es weniger laut weinen. Es spürt, daß sein Wohlergehen für die Mutter wichtig ist, und vertraut ihr. Geht die Mutter nicht auf das Baby ein, wird es immer weniger ihren Kontakt suchen.

Beobachten des Babys und miteinander in Beziehung treten

Das Neugeborene fordert uns durch seine Körperform (Kindchenschema), seine Hilflosigkeit und Ausstrahlung auf, uns ihm zuzuwenden. Sogar Kinder und gestandene Männer fangen, ohne zu wissen warum, an zu gurren, heben die Stimme und schneiden Grimassen, um das Baby auf sich aufmerksam zu machen.

Vieles übt das Kind schon im Mutterleib, wie z. B. Bewegungen des Mundes, das Öffnen der Augen und das Daumennuckeln. Nie geübt hat es vor der Geburt, Blickkontakt aufzunehmen, beherrscht diese grundlegende Leistung aber schon direkt nach der Geburt, wenn es seine Eltern intensiv anschaut. Dieser Blick hat eine direkte Wirkung auf das Verhalten der Eltern. Durch diesen wechselseitigen Blickkontakt reagieren beide aufeinander: das Neugeborene und seine Eltern. Durch diese notwendige Kommunikation entsteht eine gesicherte Erwachsenen-Kind-Bindung, die als Hauptquelle einer guten psychischen Entwicklung gilt. Jedes Baby wendet sich durch aktives Verhalten seiner Umwelt zu und versucht, Beziehung herzustellen und Bindung aufzubauen. Es tut dies instinktiv durch starke Mundbewegungen, Ausbreiten und Öffnen der Arme oder geöffnete Augen.

Der Erwachsene reagiert meistens mit intensiver Zuwendung. Der Säugling lernt, daß sein Verhalten Reaktionen und Konsequenzen hervorruft. Durch promptes Handeln seiner Bezugsperson lernt das Baby, daß bestimmte Aktivitäten Signalwert besitzen:

Es schreit – die Mutter kommt.

Es lallt – die Erwachsenen freuen sich.

Das Baby findet mit der Zeit heraus, welchen Effekt beispielsweise sein Schreien und Lallen hervorrufen. Es entsteht ein wechselseitiger vorsprachlicher Verständigungsprozeß.

Untersuchungen zum kommunikativen Austausch zwischen Kindern in den ersten Lebenswochen und Erwachsenen haben gezeigt, daß durch Intensität des Dialogs die emotionale Entwicklung begünstigt wird.

Nehmen Sie sich Zeit, und lassen Sie sich auf Ihr Kind ein, wenn es wach ist, nach Ihrer Aufmerksamkeit verlangt und mit Ihnen spielen will.

Erledigen Sie Ihre augenblickliche Arbeit zu einem späteren Zeitpunkt. Das Baby ist dann vielleicht schon wieder müde und schläft.

Wichtige Voraussetzungen, um mit Ihrem Baby in intensiven Kontakt zu kommen, sind, daß Sie

- ihm in bestimmten Situationen Ihre ungeteilte Aufmerksamkeit schenken,
- Ihr Kind so akzeptieren, wie es ist, und ihm echtes Interesse an Kontakt zeigen,
- bereit sind, sich auf die beschränkten Fähigkeiten des Kindes einzulassen.

Der Säugling erfährt die Welt durch seine Bezugspersonen, deren Stimme, Gesicht, Kopf, Körper und Geruch. Das Baby wird dazu angeleitet, sein eigenes Wissen zu konstruieren. Die diffusen Gefühlsäußerungen können sich nur weiterentwickeln, wenn sie im zwischenmenschlichen Kontakt aufgenommen und wiedergegeben werden. Dabei muß der Erwachsene verstehen, was das Baby, das ja noch nicht richtig sprechen kann, in Sprache, Gestik und Mimik ausdrückt. Wenn niemand die Gefühlsäußerungen des Babys teilt, sie gebührend bewundert und dies dem Säugling mitteilt, wird ein Kind seine Gefühle nicht gut entwickeln und differenzieren können.

Das Baby lernt durch Beobachtung, Gefühlsbedeutungen wahrzunehmen, zu erfassen, aufzunehmen, anzunehmen und auszudrücken – genau wie der Erwachsene.

Die Eltern halten ihrem Kind einen sogenannten biologischen Spiegel vor. Das Baby entdeckt die eigene Mimik im großen Gesicht wieder und bekommt dadurch bestätigt, daß es auch ein Mensch ist. Das Kind wiederum beginnt das zu imitieren, was es bei dem Erwachsenen sieht.

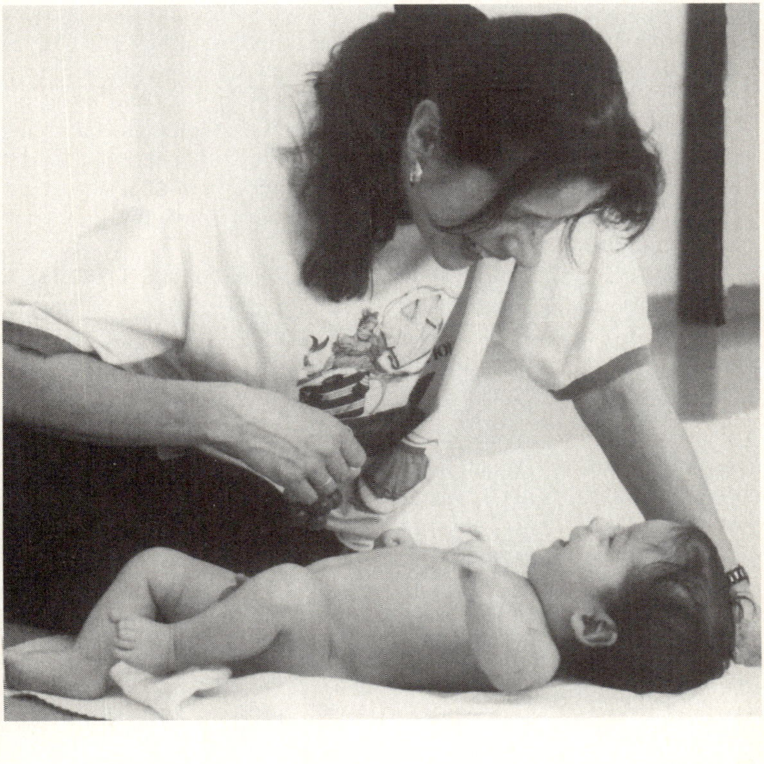

«Wenn ich meinen Sohn Lennart anlächle, quiekt er mich an, sieht mein Lächeln und strahlt zurück. Er verzieht das Gesicht genauso, wie ich es beim Lächeln mache» (Birgit, 33, zweites Kind, Chemikerin).

Hier handelt es sich um einen geglückten Kontakt. Die Mutter verhält sich dem Kind offen zugewandt, und das Baby fühlt sich in die Mutter ein.

Der Dialog zwischen Eltern und ihrem Kind ist für beide Seiten befriedigend, wenn Vater und Mutter das Kind verstehen und in richtiger Weise darauf eingehen, sich vom Kind beeinflussen lassen und darauf angemessen reagieren. Kinder brauchen Blickkontakt und ein Echo im Gesicht des Gegenübers. Ein lächelnder Mund gefällt dem Baby am besten, aber sein Interesse erlahmt sofort, wenn sich das Gesicht nicht bewegt wie bei einer Puppe.

Eine nervöse, unzufriedene Frau kann natürlich auch ihr Kind verunsichern, so daß es ebenfalls gereizt und unausgeglichen erscheint. Sie haben solche Beobachtungen sicher schon bei sich selbst oder bei Bekannten gemacht. Manchmal gibt es eben solche Situationen oder auch ganze Tage, an denen alles schiefläuft und sich Baby und Mutter oder Vater regelrecht hochschaukeln in ihren schlechten Gefühlen.

Wenn ein Kind zuwenig Aufmerksamkeit bekommt und auf seine Bedürfnisse nicht eingegangen wird, leidet es an fehlender Anregung und wird seine Bedürfnisse immer weniger differenzieren. Auf der anderen Seite kann ein Kind seine Eigenständigkeit nicht weiterentwickeln, wenn seine Bezugspersonen sich übermäßig bemühen, seine Entwicklung zu fördern.

Wie einfühlsam Sie mit Ihrem Baby umgehen, können Sie sich vielleicht mit folgenden Fragen selbst beantworten:

1. Schaut es mich an?
2. Was sagt mir sein Gesichtsausdruck?
3. Versucht es, mit seiner Stimme mir zu antworten?
4. Will es mich berühren?

Das Baby lernt, mit zunehmendem Alter sich differenzierter auszudrücken, wobei sich der Erwachsene und das Kind gegenseitig beeinflussen.

Das Baby nutzt folgende nichtsprachliche Ausdrucksmöglichkeiten:

- es weint vor Unbehagen,
- setzt seine Mimik und Gestik ein, um sich auszutauschen,
- es nimmt Blickkontakt auf und äußert Laute, wenn es sich differenziert ausdrücken will.

Der Erwachsene zeigt sein Interesse am Austausch mit dem Baby, indem er

- Babysprache benutzt,
- auf lautliche Äußerungen des Kindes eingeht (dem Kind durch Erzählen die Welt erläutern will),
- Aufmerksamkeit des Babys sucht durch Ansprache wie «Hallo» und Nachahmen kindlicher Äußerungen,
- sich auf die momentane Aufmerksamkeit des Kindes und sein Verhalten einstellt.

Die folgende Situation kann das veranschaulichen: Lara hat von 10 bis 11 Uhr geschlafen, nachdem die Mutter sie gefüttert hat. Lara fängt an, Töne von sich zu geben. An der Stimme hört die Mutter, daß Lara aus dem Bett will. Als ihre Mutter kommt, strahlt Lara sie an und streckt ihr ihre Arme entgegen. Auf dem Wickeltisch versucht sie, die Mutter anzufassen, und strampelt mit ihren Beinen. Die Mutter merkt, daß Lara jetzt gern spielen möchte. Sie selbst will aber Essen kochen, da ihr Mann bald nach Hause kommt. Also legt sie Lara auf eine Decke in der Küche auf den Boden. Lara lallt ,und die Mutter antwortet ihr. So unterhalten sich die zwei eine Weile. Laras Laute werden unzufriedener. Das Essen ist noch nicht fertig. Die Mutter dreht Lara vom Bauch auf den Rücken. Kurze Zeit genießt Lara es. Aber dann fängt sie wieder an, sie durch Schreien zu «rufen». Der Salat muß noch fertig gemacht werden, aber Lara weint inzwischen. Die Mutter setzt sich zu ihr. Lara strahlt, und die beiden spielen. Als Laras Vater zum Essen kommt, spielen die beiden immer noch am Boden. Der Vater beendet die Vorbereitungen zum Mittagessen und nimmt Lara auf seinen Schoß. Sie freut sich, mit ihm zu essen, und spielt noch eine Weile mit ihm. Laras Bewegungen werden fahriger, ihr Gesichtsausdruck unzufrieden. Der Vater trägt sie ins Bett, singt ihr noch ein Lied vor, und Lara schläft ein.

So ging es nicht immer in dieser Familie zu. Früher hätte die Mutter weniger auf Lara geachtet und zunächst das Essen zubereitet. In der Zwischenzeit hätte diese sich so in Rage geschrien, daß sie sich nicht so schnell beruhigen ließe, als der Vater kam. Die Mutter wäre durch das Schreien mit den Nerven völlig am Ende, und Lara könnte auch nicht essen, weil sie vom Schreien völlig erschöpft war. In einem Gespräch miteinander klärten die Eltern, daß jetzt in den ersten Monaten die Bedürfnisse der Tochter einfach Vorrang haben müßten. Dies wird sich mit zunehmendem Alter und Verständnis des Kindes sicher verändern. Zu einer solchen Einsicht konnten die Eltern gelangen, nachdem sie sich Zeit für ihr Kind genommen und es gut beobachtet hatten.

Lassen Sie sich Zeit, Ihr Baby zu beobachten. Achten Sie darauf, was es mit seinen Händen macht, was sein Körper aussagt, wie seine Lautäußerungen sind, wohin es schaut. Reagieren Sie auf sein Verhalten und beobachten Sie weiter, ob es das ist, was Ihr Baby im Moment benötigt.

Ein Baby, das unter Koliken leidet, weint oft und ist viel mit sich beschäftigt. Seine Mimik, Gestik und Sprache sind weniger auf Sie als auf sich selbst gerichtet. Dadurch ist es schwierig, die unterschiedlichen Bedürfnisse wahrzunehmen.

Fragen Sie sich:

- Was interessiert Ihr Baby jetzt besonders?
- Wie kann ich es dabei unterstützen?
- Wie können Sie es auf sich aufmerksam machen, damit Sie in Kontakt kommen?

Sie merken, Ihr Baby läßt sich durch Singen ein wenig von seinen Bauchschmerzen ablenken. Sie fangen an, ein Lied zu singen, das Ihr

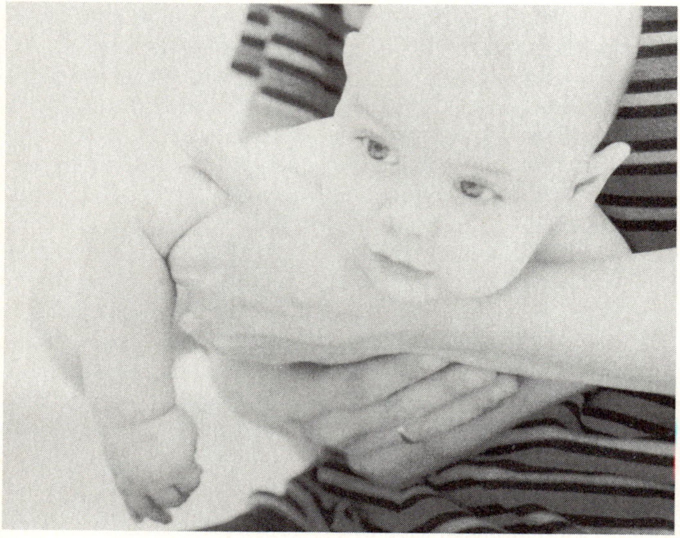

Baby schon immer gern hatte. Sie nehmen Ihr Kind hoch, schauen es beim Singen an und bekommen dadurch seine Aufmerksamkeit. Manchmal hilft es auch, das Baby in der Bauchlage zu tragen und seinen Bauch zu massieren (wie auf dem Foto).

Auch wenn es nicht immer mit dem Weinen aufhören wird: Es tut dem Baby gut, Ihre Nähe, Ihr Mitgefühl und Ihre Bemühungen zu spüren. Versuchen Sie, Ihr Baby mit seinen Eigenarten und Schwierigkeiten anzunehmen. Wenn Sie das Schreien gar nicht mehr hören können, suchen Sie sich Helfer. Überlassen Sie das Baby ruhig mal für ein paar Stunden Ihrem Mann, den Großeltern oder Freunden, die das Baby kennen und sich freuen, es zu versorgen. Tun Sie dies auch, wenn Sie selbst durch Geburt oder Kaiserschnitt noch geschwächt sind und sich mit dem Baby überfordert fühlen. Sammeln Sie in der Zeit ohne Kind neue Kräfte.

Sie sind keine schlechteren Eltern, weil Ihr Baby nicht so ein «Wonneproppen» ist wie das von Ihren Nachbarn oder wie das Baby aus der Fernsehwerbung. Jedes Kind ist anders, und vielleicht haben Sie das Nachbarbaby ja auch nur von seiner «Schokoladenseite» erlebt. Machen Sie doch einmal den Versuch und sprechen Sie mit anderen Vätern und Müttern über Ihre Selbstzweifel; darüber, daß Sie manchmal am liebsten ohne Baby wären. Sie werden eine ähnliche Erfahrung machen, wie wir sie immer wieder in unseren PEKiP-Gruppen erleben: Auf einmal berichten auch andere Väter und Mütter über ihre Ängste und Unsicherheiten und fragen sich, ob sie ihr Kind immer gut behandeln. Und schon ist der Druck, immer alles richtig für das Kind machen zu wollen, etwas geringer geworden.

Neuere Erkenntnisse von Forschungen besagen:

- Man darf zuversichtlich sein, im Gespräch mit dem Baby alles richtig zu machen. Eltern füttern ihre Kinder genau mit den Reizen, die ein Baby braucht.
- Das Baby braucht ungeteilt Zuwendung, wenn wir mit ihm sprechen. Schweift unser Blick ab, erlahmt sein Interesse.
- Eltern führen innige Zwiegespräche mit ihren Babys, wie diese es brauchen.

Diese Ergebnisse können Sie ermutigen, spontan und so, wie Sie es für richtig halten, mit Ihrem Kind umzugehen.

In PEKiP-Gruppen wird viel Wert auf Beobachtung der Kinder und der Beziehung zu ihren Müttern und Vätern gelegt. Eine Kollegin von mir, Dana Kubani, hat einige Untersuchungen zu elterlichem Verhalten in PEKiP-Gruppen gemacht und festgestellt, daß Teilnehmer an einer Gruppe sich am Ende des Kurses sensibler ihrem Baby gegenüber verhielten als am Anfang.

In der PEKiP-Gruppe nehmen wir uns die Zeit, unsere Babys zu beobachten und in Ruhe mit ihnen zu spielen.

Jaroslav Koch beschreibt diesen Sensibilisierungsprozeß wie folgt:

1. Die Mutter bietet dem Kind, das sie beobachtet hat, ein Spiel an, das für das Kind im Moment richtig zu sein scheint.
2. Sie beobachtet die Reaktion des Kindes.
3. Sie interpretiert die Reaktion des Kindes.
4. Sie entscheidet, wie sie auf die Reaktion des Kindes reagieren will.
5. Sie führt die Reaktion aus, für die sie sich entschieden hat.

In den PEKiP-Gruppen werden Väter und Mütter darin unterstützt, Anregungen, die dem Entwicklungsstand des Babys angemessen sind, mit ihrem Kind spielerisch auszuprobieren.

Reflexe und ihre Bedeutung fürs Baby

Reflexe sind Reaktionen und Bewegungen, die noch nicht über das sich erst entwickelnde Großhirn gesteuert werden. Sie werden also nicht willkürlich und absichtlich herbeigeführt, sondern geschehen unwillkürlich.

Direkt nach der Geburt können wir den Säugling als Reflexwesen bezeichnen. Er reagiert auf äußere und innere Reize, ohne zu wissen, warum. Er reagiert auf Geschmack, Geruch, Berührungen, Geräusche, Licht und auf eigene innerorganische Empfindungen. Die Reflexreaktionen spielen in den ersten Wochen für das Baby eine große Rolle.

«Wenn ich Inga sanft an der Wange drücke, um das Gesicht zur Brust zu drehen, will sie den Kopf immer zur Hand drehen», erzählte Marion (34, Buchhalterin), als wir in einer PEKiP-Gruppe über Reflexe sprachen.

Inga spürt die weiche Hand ihrer Mutter und vermutet da wohl ihre Brust. Aus diesem Grund dreht sie den Kopf zur Hand. Streicheln Sie Ihrem Baby die Wange an der Seite, wo sich die Nahrungsquelle befindet, und Ihr Neugeborenes wird sich reflexhaft dorthin wenden.

Es verfügt über viele Bewegungsmöglichkeiten vom ersten Moment seines Lebens an. Es ist mit Fähigkeiten ausgestattet, um auf seine

Umwelt zuzugehen. Wird ihm ein Gegenstand vorgehalten, schaut es diesen am Anfang reflexhaft an. Bald wird es ihn bewußt prüfen. Auch im akustischen Bereich reagiert es zunächst undifferenziert; erst nach einigen Monaten nimmt es Töne und Geräusche bewußt wahr und kann ihre Richtung erkennen.

Beim Neugeborenen beobachten wir reflexhafte Bewegungen, die sehr gezielt eingesetzt werden wie z. B. «Wischbewegungen» der Arme vor dem Gesicht, die mit Streck-, Beuge- und Spreizbewegungen der Finger verbunden werden.

«Als bei unserem Jens nach der Geburt die Nase und der Mund von Fruchtwasser freigesaugt wurden, nahm er seine Ärmchen vors Gesicht, als wollte er sich vor diesem Schlauch in seiner Nähe schützen.»

Als Antwort auf bestimmte äußere Reize reagiert der Säugling mit Reflexbewegungen, die oft diffus und undifferenziert erscheinen. Neben diesen unkontrollierten «Massenbewegungen» sind dem Säugling Reflexe angeboren, die seine Lebensfunktionen sichern und seine gesamte Entwicklung fördern. Reflexe wie Atmen, Saugen, Schlucken, der Lidschlußreflex, der Husten- und Niesreflex sind sogenannte unbedingte Reflexe, die beim Baby oft motorische Lage- und Bewegungsveränderungen auslösen können.

Neugeborene in unserem Kulturkreis heben schon kurz nach der Geburt in der Bauchlage ihr Köpfchen und legen es auf die andere Seite.

Es ist wichtig, daß Reflexe, obwohl sie ein vererbter körperlicher Mechanismus sind und automatisch funktionieren, auch geübt wer-

den, um für das Kind verfügbar zu bleiben. Reflexe werden durch ihre Ausübung für eine gewisse Zeit gefestigt. Dieser Sachverhalt wird beim PEKiP in den ersten Lebenswochen des Babys unterstützt.

Da ist z. B. das «Reflexkriechen». Die Natur hat es vermutlich mit der Zielsetzung eingerichtet, daß der Säugling sich in einer Notsituation selbst helfen könnte, um zu seiner Nahrungsquelle, der Brust, hochzukriechen.

«Schon in den ersten Tagen, die unser Olaf zu Hause war, passierte es immer wieder, wenn ich ihn in die Mitte des Bettchens oder in den untersten Teil des Kinderwagens legte, daß er mit seinem Kopf am oberen Rand lag, wenn ich wiederkam» (Beate, 28, Friseuse).

Durch dieses Reflexkriechen werden darüber hinaus Spannungen abgebaut. Das Baby strengt sich an und kann gut schlafen.

Manche Babys fühlen sich am Anfang wohler, wenn sie nach der langen Zeit im engen Uterus auch beim Schlafen Begrenzungen erleben, wie dies zum Beispiel eine Wiege bietet. Es werden auch Schaumstoffbegrenzungen für normale Kinderbetten angeboten. Beobachten Sie Ihr Baby, und entscheiden Sie dann, was ihm mehr behagt.

Das Reflexkriechen verliert sich im Laufe der nächsten Wochen und macht bewußten Bewegungen wie Robben und später dem Krabbeln Platz.

Unter bestimmten Bedingungen können wir die reflexhaften Kriechbewegungen auslösen.

PEKiP

Den Füßen in der Bauchlage Widerstand geben

Wir legen das Baby in der Bauchlage vor uns und geben den Füßen durch unsere Hände Widerstand. Das Neugeborene wird seine Beine anwinkeln, strecken und versuchen, sich durch den Widerstand unserer Hände nach vorn zu schieben. Jede dieser Bewegungen regt den Aufbau des Großhirns an und fördert damit das bewußte Wollen und Handeln.

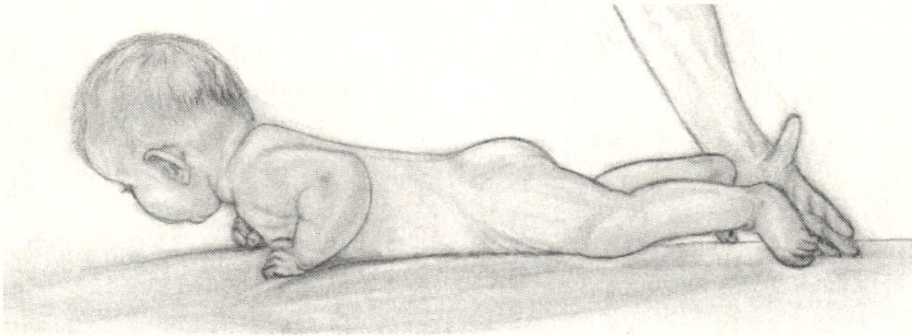

Den Füßen in der Rückenlage Widerstand geben

Auch in der Rückenlage können wir das Baby durch leichtes Drücken mit unseren Daumen gegen seine Fußsohlen zu rhythmischem Beugen und Strecken seiner Beine bewegen. Achten Sie darauf, daß die Bewegung vom Kind ausgeht. Dieser Reflex wird Magnetreflex genannt, weil das Kind mit seiner Fußsohle im Kontakt mit der Hand bleibt, auch wenn wir sie zurückziehen. Wenn das Baby gerade keine Lust hat oder dieser Reflex nicht mehr vorhanden ist, wird es keinen Widerstand geben. Das Spiel ist dann für dieses Kind in diesem Moment nicht geeignet.

PEKiP

Der Greifreflex ist ebenfalls von Geburt an vorhanden. Sobald die Handinnenflächen berührt werden, schließt sich die Hand fest. Solange der Reiz besteht, kann die Hand geschlossen bleiben.

Dem Kind einen Finger zum Festhalten reichen

Wir halten dem Baby einen Finger an die Innenfläche der Hand. Das Kind spürt ihn und hält ihn reflexhaft fest. Jetzt können wir unseren Finger ein wenig bewegen. Das Kind hält fest und wird seinen Arm oder sogar seinen Körper mitbewegen.

PEKiP

«Unsere fünf Wochen alte Miriam klammert sich mit Vorliebe in meinem Bart fest. Sie hält so fest, daß ich es kaum schaffe, ihre Fingerchen zu lösen. In der PEKiP-Gruppe riet mir die Kursleiterin, Miriams

Hand an der Außenseite oder auf dem Handrücken zu streicheln. Es fasziniert mich immer wieder, wie schnell sie dann meinen Bart losläßt» (siehe auch S. 81).

Viele dieser Reflexe müssen verschwinden, damit das Baby die bewußte Bewegung lernen kann (z. B. Greifreflex). Andere Reflexe (auch Reaktionen genannt) stellen sich erst mit zunehmendem Alter ein. So bleibt z. B. die Reaktion der Sprungbereitschaft, die mit ca. einem halben Jahr auftritt, das Leben lang bestehen. Wenn wir das Baby am Rumpf halten und schnell nach vorne beugen, wird es, bevor es mit dem Kopf auf die Unterlage kommt, die Arme zum Abstützen ausstrecken. Später werden die Arme das Gewicht des Körpers übernehmen.

Jaroslav Koch, der über 25 Jahre lang Säuglinge und Kleinkinder systematisch beobachtete und erforschte, vertrat die These, daß ein großartiges Entwicklungspotential im Baby unerforscht liegt und wieder verlorengeht, weil es nicht ausgeschöpft wird.

Mit dem Prager-Eltern-Kind-Programm haben Eltern die Möglichkeit, schon unmittelbar in den ersten Wochen ihr Baby in seiner Entwicklung zu unterstützen.

Die Spiele fürs erste Vierteljahr knüpfen teilweise an die ersten nachgeburtlichen Reflexe an und nutzen diese gezielt zur Unterstützung der Entwicklung des Babys.

Tragen und getragen werden

Ein wichtiger Ausgangspunkt des PEKiP ist die von J. Koch so genannte Transporthypothese. Bei anderen Völkern tragen die Frauen ihre Kinder während der Arbeit auf dem Rücken oder der Hüfte und ermöglichen ihnen dadurch gleichzeitig einen Spannungsabbau. Dieser Spannungsabbau ist durch die ständigen, auf den Säugling übergehenden Bewegungen, durch die Hautkontakte, durch die Körperkontakte und durch die Übertragung von Wärmereizen bedingt (Spitz 1960, S. 96).

Die ständigen Bewegungen vermitteln dem Säugling Reize, die ihn beruhigen und ihm Freude machen. In Wachzeiten ist es für den Säugling zeitweilig angenehmer, getragen zu werden, als zu liegen.

Wie nehmen wir ein Neugeborenes hoch?

Früher wurde Eltern beigebracht, das Kind aus der Rückenlage hochzunehmen. Dabei war es wichtig, den Kopf abzustützen.

Es gibt eine einfache Möglichkeit, bei der sich das Kind aktiv beteiligt.

Wenn Sie Ihr Baby seitlich hochnehmen,
wird es sich aktiv an dieser Bewegung beteiligen.

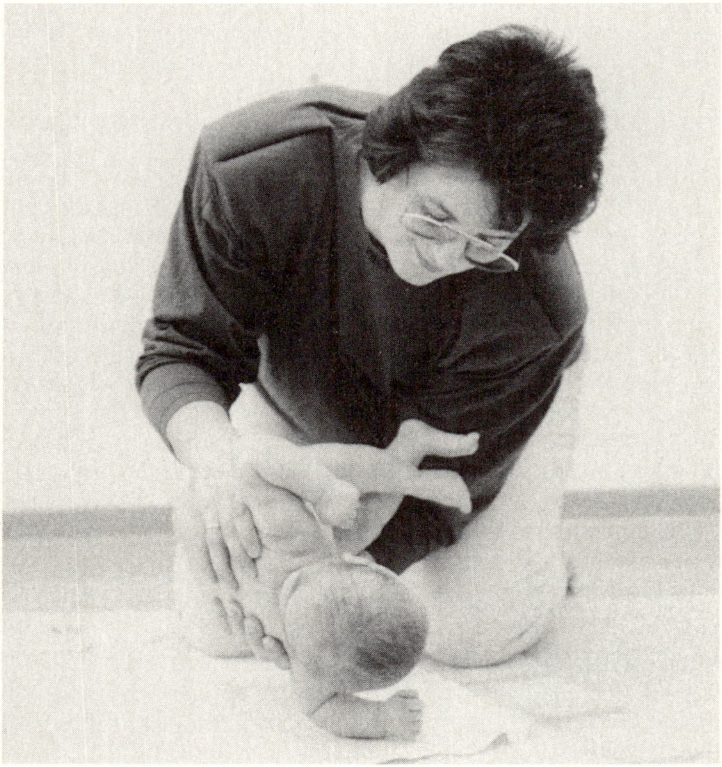

Das Baby seitlich aufnehmen

Liegt das Baby auf dem Rücken vor uns, umfassen wir seinen Rumpf mit beiden Händen, drehen das Baby auf der Unterlage auf eine Seite und nehmen es erst dann hoch. Wir nehmen das Baby immer über die Seite hoch, in die es gerade schaut. In dieser seitlichen Lage kann das

Baby schon von Geburt an seinen Kopf halten. Wenn das Baby oft in die gleiche Richtung schaut, motivieren wir es durch ein Spielzeug, zur anderen Seite zu schauen und heben es hoch. Es ist gut, das Baby abwechselnd über beide Seiten hochzunehmen.

Wenn wir dagegen den Kopf bei jedem Hochnehmen abstützen, lernt das Baby nicht, ihn selbst zu halten und für ihn verantwortlich zu sein, sondern überläßt uns die Verantwortung.

Nehmen wir das Baby über die Seite hoch, halten wir es so, daß es in aufrechter Haltung immer leicht nach vorn gebeugt ist. Wenn wir es an unsere Schulter legen, fixieren wir seine Schulterblätter – d. h., wir unterstützen das Baby mit unserer freien Hand an seinem Rücken und seinen Schultern.

Tragen wir das Baby in Rückenlage im Arm, wie man gewöhnlich Babys hält, ist es wichtig, dem Kopf Halt zu geben.

Wenn wir das Baby über die Seite aufnehmen, heben wir es normalerweise über dieselbe Seite hoch, unsere «Schokoladenseite». Für eine gesunde allseitige Entwicklung ist es für das Baby wichtig, den Kopf auf beiden Seiten halten zu können. Deshalb sollten wir das Baby auch über die andere Seite hochnehmen und an die andere Schulter legen oder im anderen Arm tragen. Kinder, die nur zur einen Seite hochgenommen und getragen werden, entwickeln sich einseitig. Schaut Ihr Baby immer in eine Richtung, locken Sie es durch Verfolgen Ihres Gesichts, die Seite zu wechseln.

Werden die Seiten gewechselt, hat das Kind jeweils eine andere Hand zum Greifen und Spielen frei. Auch wenn das Baby Sie anschaut, wird es bei wechselnder Lage mal intensiver nach rechts oder links schauen und den Kopf bewegen.

Für den jungen Säugling ist es wichtig, daß wir ihn tragen. Wenn wir ihn auf dem Arm oder vor dem Bauch tragen, fühlt er unseren Herzschlag.

Schon für das Baby im Mutterleib haben die Herztöne der Mutter eine große Bedeutung. Es schläft beim Schlag des Herzens ein, wacht damit auf, bewegt sich und ruht sich in seinem Rhythmus aus. Das fortlaufende «Bumbum» bedeutet für das Ungeborene Ruhe, Sicherheit und Liebe (Verny 1981, S. 22).

«Wenn unsere Lisa weint, nehme ich sie hoch und gehe mit ihr spazieren. Das Weinen kann ich nicht gut ertragen. Meine Mutter hat mich davor gewarnt, sie viel zu tragen. Sie meint, ich würde sie verwöhnen, und hinterher wolle Lisa nur noch getragen werden. Das möchte ich nicht» (Eva, 32, Architektin).

Am Anfang, wenn das Kind noch sehr klein ist, braucht es unsere Körperwärme. Der vertraute Herzschlag, den es hört, wenn wir es im Arm halten, beruhigt das Baby und gibt ihm Vertrauen.

In den USA hat man Kindern im Krankenhaus einen Teddy ins Bett gegeben, der ein Tonband im Bauch hatte, auf dem ruhige Herztöne zu hören waren. Die Kinder beruhigten sich schneller als andere und schliefen gut ein. Für diese kranken Kinder, die keine Bezugsperson bei sich hatten, war das ein sinnvoller Ersatz. Wir haben das Glück, unser Baby bei uns zu haben, und geben ihm außer unserem Herzschlag unsere Stimme, unseren Geruch, unsere Wärme und unseren Bewegungsrhythmus.

«Einige Bekannte sagen mir, daß ich Miriam verwöhnen würde, weil ich sie hochnehme, wenn sie weint. Ich weiß aber, daß sie oft Koliken hat. Wenn ich mir vorstelle, daß es mir nicht gutginge und ich wollte ein wenig Zuwendung von meinem Mann und dieser würde sagen: Heute habe ich dich schon in den Arm genommen, mit deinem Unwohlsein mußt du allein fertig werden, wäre ich sehr deprimiert. Dabei bin ich ein erwachsener Mensch, der weiß, daß Bedürfnisse nicht immer sofort erfüllt werden können» (Karin, Einzelhandelskauffrau, 26).

Was geht wohl in einem Neugeborenen vor? Es weiß nicht, daß vielleicht später jemand kommt. Es merkt nur, daß in dem Moment, in dem es ihm schlechtgeht, niemand kommt, um es zu trösten. In den ersten Wochen ist es wichtig, daß das Kind Zuwendung erfährt, wenn es ihm nicht gutgeht. Versuchen Sie zu ergründen, warum Ihr Baby weint. Es gibt verschiedene Arten des Schreiens. Mit der Zeit werden Sie unterscheiden lernen, ob Ihr Baby Schmerzen, Hunger oder Langeweile hat, und sich dementsprechend unterschiedlich verhalten.

Nehmen Sie Ihr Baby in den ersten Wochen immer auf, wenn es weint.

In dieser ersten Zeit können Sie Ihr Baby noch nicht verwöhnen, wenn Sie es hochnehmen.

Beobachten Sie sich einmal, wie Sie Ihr Baby tragen!

- Tragen Sie es nur auf einer Seite?
- Halten Sie es immer auf dieselbe Art im Arm?
- Wiegen Sie es beim Tragen hin und her oder auf und ab?
- Welche Art des Tragens liebt Ihr Kind besonders?
- Wie tragen andere Eltern ihr Baby?

Zur Vermeidung späterer Haltungsfehler sollten Sie darauf achten, daß Ihr Baby beim Tragen kein Hohlkreuz macht.

Ich möchte Ihnen jetzt einige Bewegungsanregungen zum Tragen geben, die Sie schon wenige Tage nach der Geburt ausprobieren können. Eine «Zusammenarbeit» von Erwachsenem und Kind ist dabei wichtig. Passen Sie sich in Ihrer Art zu tragen dem Kind so an, daß es sich wohl fühlt und zufrieden ist. Das Baby wird sich mit seinen Bewegungen Ihnen anpassen – also eine Reaktion zeigen auf die Lage, in die es von Ihnen gebracht wird. Bei diesen Reaktionen helfen dem Baby in den ersten Monaten die angeborenen Reflexe wie z. B. der Klammerreflex und das Abstemmen. Nach dem ersten Vierteljahr verschwinden diese Reflexe, und ein Kind, das seine Reflexe nicht genutzt hat, wird vielleicht im zweiten Vierteljahr unsicher auf einige Trageanregungen reagieren.

Nehmen Sie Ihr Kind in aller Ruhe über die Seite hoch, legen Sie es auch immer sanft über die Seite wieder ab, und lassen Sie es nicht abrupt los.

Tragen an der Schulter

PEKiP Legen Sie Ihr Baby an Ihre linke Schulter, so daß es mit seinem Gesicht über Ihre Schulter blickt. Stützen Sie es leicht an den unteren Schulterblättern, an der Stelle, wo es unsere Unterstützung braucht, damit es nicht nach hinten fällt. Diese Haltung werden Sie kennen.

Viele Frauen halten ihr Baby so, wenn es aufstoßen soll. Haben Sie Ihr Kind dabei auch schon an die rechte Schulter gelehnt? Das Baby hat jetzt den freien Blick in die andere Richtung und wird auch den anderen Arm zum Bewegen frei haben.

Gehen Sie mit dem Baby durch den Raum, beugen Sie sich vorwärts und rückwärts oder bewegen Sie sich wiegend hin und her (vielleicht bei Musik). Sie werden merken, das Baby wird sich in seinen Bewegungen Ihnen anpassen.

Wenn Sie das Baby einige Minuten an der einen Schulter gehalten haben, legen Sie es ab, nehmen Sie es wieder hoch, lehnen Sie es an die andere Schulter und tragen es durch den Raum.

Tragen vor dem Bauch

PEKiP Wir können das Baby auch so tragen, daß es die gleiche Blickrichtung hat wie wir selber. Wir setzen das Kind auf unseren rechten Unterarm mit dem Rücken an unseren Oberkörper gelehnt und mit Blick in den Raum. Mit unserer linken Hand drücken wir den Körper des Babys sanft gegen unseren Oberkörper, so daß das Baby einen geraden Rükken hat und nur symbolisch auf unserem Arm sitzt. Wenn wir mit dem Baby in dieser Haltung durch den Raum gehen, sieht es das gleiche wie wir. Wir können ihm Dinge in der Wohnung oder draußen zeigen und erklären.

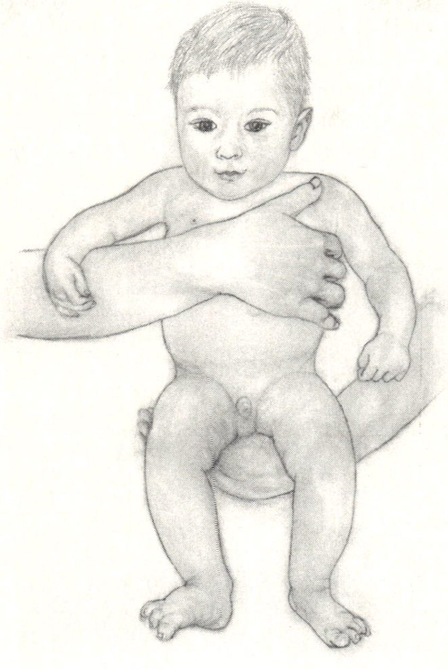

Auch bei dieser Art des Tragens ist es gut, wenn wir die Seiten wechseln. Wir können das Baby zwischendurch hinlegen oder aber auch die Seite wechseln, ohne das Baby abzulegen.

Sie können Ihr Baby auch auf verschiedene Arten im Arm tragen:

Tragen in der Rückenlage

Wenn wir das Baby in unserem Arm tragen, wie Säuglinge oft gehalten werden, z. B. beim Stillen, können wir das Baby sehr gut ansehen. Es wird unseren Blick erwidern. «Unterhalten» wir uns mit ihm, wird es versuchen, uns nachzuahmen, indem es unsere Mimik nachmacht.

Tragen in der Seitenlage

Legen wir das Kind seitlich auf unseren Arm, mit dem Rücken an unseren Körper gelehnt, so macht es eine andere Erfahrung mit der Umgebung als in aufrechter Haltung. Dieses Spiel können Sie mit Ihrem Kind ab der 6. Woche machen. Wenn wir den Arm, mit dem wir sein Köpfchen stützen, kurzzeitig nach hinten oder unten nehmen oder das Köpfchen etwas über unseren Unterarm hinausschieben, wird es versuchen, seinen Kopf allein zu halten. Das Baby kann in den ersten Wochen den Kopf nur für wenige Sekunden halten, was sich aber im Laufe der Zeit immer mehr steigert. Wichtig ist, daß das Baby (ganz) auf der Seite mit seinem Rücken an unserem Körper liegt, damit es den Kopf halten kann. Wechseln Sie auch hier die Seiten.

Beobachten Sie Ihr Kind genau.

Geben Sie Ihrem Baby so wenig Hilfe wie nötig, und lassen Sie ihm so viel Selbständigkeit wie möglich.

Durch die unterschiedlichen Lagen, in die wir das Baby bringen, wird es seine körperlichen Fähigkeiten besser kennenlernen und vielfältige Raumerfahrung machen. Außerdem werden die Kopf- und Nackenmuskeln kräftiger, und sein Gleichgewichtssinn entwickelt sich weiter. Es wird selbst immer aktiver.

Tragen in der Bauchlage

Wenn wir das Baby in der Bauchlage auf dem Arm tragen, hebt es seinen Kopf. Es schaut über unseren Ellenbogen in den Raum. In den ersten Wochen hebt es seinen Kopf nur für einige Sekunden. Am Ende des ersten Vierteljahres kann es ihn schon länger hochhalten. In dieser Haltung lassen Babys sich gern beruhigen, wenn sie z. B. Bauchweh haben. Sie können seinen Bauch kreisförmig oder von oben nach unten massieren. Das Baby wird sich wohl fühlen. Diese Lage ermöglicht ihm wieder, die Umwelt auf andere Art wahrzunehmen.

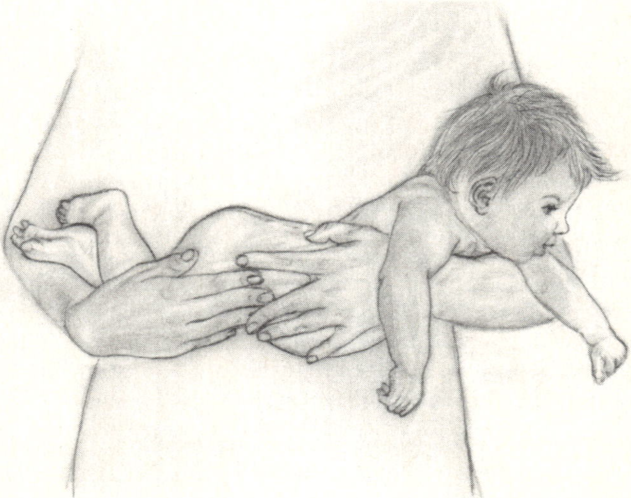

Auch hierbei können Sie Ihr Kind ablegen, bevor Sie es auf die andere Seite in der Bauchlage im Arm tragen.

Ihr Säugling fühlt sich wohl, wenn er getragen wird.

Durch den Rhythmus des Gehens beruhigt sich der Säugling leicht. Er paßt sich den Bewegungen bereits aktiv an, d. h., sie gehen vom Kind aus. Das Kind wird beim Tragen nicht von den Eltern bewegt, obwohl es durch die Bewegungen der Eltern zu seinen eigenen Bewegungen stimuliert wird.

Wenn wir das Baby wie vorher beschrieben herumtragen, regen wir es zu vielen verschiedenen Bewegungen an. Es sind mehrere Sinne und der ganze Körper beteiligt.

Besonders angenehm ist es für das Neugeborene, wenn es beim Tragen viel von unserer Haut spürt. Die ersten Sinneswahrnehmungen nimmt der Säugling über die Haut auf.

In unseren hochzivilisierten Ländern des westlichen Kulturkreises werden seit langem technische Geräte zur Aufbewahrung und zum Transport des Babys benutzt. Es wird z. B. in eine Wiege oder in den Kinderwagen gelegt, die ihm wenig Bewegungsmöglichkeiten lassen, da sie eng sind und das Baby zusätzlich mit einer dicken Decke zugedeckt wird.

«Unser Jens fing oft an zu weinen, wenn ich ihn in den Kinderwagen legte und ihn mit dem Plumeau zudeckte. Irgendwann fiel mir auf, daß er ganz rot im Gesicht und naßgeschwitzt war. Als ich ihn aus dem Wagen nahm, merkte ich, daß sich ein richtiger Hitzestau im Kinderwagen gebildet hatte. Die Sonne hatte auf den Wagen geschienen. Von da an habe ich ihn, wenn es nicht sehr kalt war, immer mit einer Wolldecke zugedeckt» (Ruth, 35, Krankenschwester).

Die Mutter hatte festgestellt, daß durch das Plumeau die Luft im Kinderwagen nicht mehr zirkulieren konnte. Es ist mir schon oft aufgefallen, daß Säuglinge naßgeschwitzt in ihrem Wagen liegen. Durch die Wolldecke, mit der Jens jetzt zugedeckt wird, gibt es genügend Luftbewegung, und das Kind kann unter der Decke strampeln.

«Thomas weint im Kinderwagen immer, weil er nur das Verdeck sehen kann. Ich klappe es oft hinunter, aber auch dann kann er noch nicht genug sehen» (Uwe, Soziologe, 32).

Ein Kind, das sich schon gut auf den Unterarmen abstützt, können Sie mit dem Kopf zur Haltestange auf dem Bauch in den Kinderwagen legen. Es schaut über das niedere Teil und sieht, was sich in der Umgebung abspielt. Lassen Sie es aber auf keinen Fall aus den Augen, damit es nicht eines Tages aus dem Kinderwagen fällt.

Am Anfang werden viele Neugeborene in eine Wiege gelegt, die ihnen für die allererste Zeit durch ihre Enge sicher viel Geborgenheit gibt. Aber schon nach wenigen Wochen kann sich das Kind nicht mehr viel bewegen. Außerdem sieht es nicht, was in seiner Umgebung passiert.

Wie hört es sich an, wenn die Mutter oder der Vater kommt?
Wie öffnen sie die Tür?
Wann sind sie zu sehen?
Wie machen sie sich bemerkbar?
Was sagen sie?

Nach den ersten Wochen ist es fürs Baby wichtig, im Kinderbett zu schlafen, in dem es sich sehr viel mehr bewegen kann. Es sollte nicht durch Kopfkissen und Decken an der freien Bewegung gehindert werden. Junge Säuglinge sollten keine Kopfkissen in ihrem Bett haben. Eine Roßhaarmatratze ist eine gesunde Unterlage im Bett. Nur wenn die Raumtemperatur in dem Zimmer, in dem das Baby schläft, unter 15° C beträgt, braucht es eine Zudecke. Es reicht sonst, wenn es einen Schlafsack anhat.

Tragetuch

In den letzten Jahren werden Babys bei uns zunehmend getragen mit Hilfe von Tragetuch, Easy-Rider o. ä.

Schon seit Urzeiten werden kleine Kinder in einem Tuch dicht am Körper des Erwachsenen getragen. Afrikaner, Inder, Bergvölker Tibets, Indios und Eskimos verwenden diese jahrhundertealte Tragemethode bis in die Gegenwart.

Ein Baby in den ersten Monaten im Tragetuch zu tragen hat eine Reihe von medizinischen und psychosozialen Vorteilen:

- Das Baby kann so an den Aktivitäten von Mutter oder Vater teilnehmen und bekommt vielfältige sensomotorische Anregungen.
- Das rittlings auf der Hüfte sitzende Baby hat seine Beine weit gespreizt. Diese Haltung ist sehr gesund, da sie Hüftgelenksluxationen vorbeugt (manche Orthopäden empfehlen das Tragetuch als kurzzeitige Alternative zu einer Spreizhose).

- Das Tuch erleichtert das Tragen des Babys, weil das Gewicht gleichmäßig auf Hüfte, Schultern, Hals und Rücken des Tragenden verteilt ist.
- Bei der täglichen Arbeit kann die Mutter ihr Baby bei sich haben und hat gleichzeitig die Hände für ihre Arbeit frei.
- Diese Art, das Kind zu tragen, hat den Vorteil, daß es zu innigem Körperkontakt zwischen der Mutter und dem Baby kommt. Dem Kind wird gleichzeitig Nähe, Wärme, Hautkontakt und Anregung vermittelt.
- Da das Kind versucht, sich an den Körper der Mutter anzuschmiegen und sich selbst in Balance zu halten, werden der Gleichgewichtssinn und der Tastsinn frühzeitig gefördert.
- Es ist wichtig, das Kind abwechselnd auf beiden Seiten zu tragen, damit es sich beidseitig gut entwickelt.

Die Vorteile des Tragetuchs liegen also auf der Hand. Eine gute Anleitung für das Binden finden Sie auf dem Video «So trage ich mein Kind richtig» von Regina Hilsberg u. a. (zu beziehen über: t-o-p-Versand, Emanuel-Geibel-Str. 18, 65185 Wiesbaden). Nun ist es wichtig, das Tuch richtig zu binden, damit sich Mutter oder Vater und Kind wohl fühlen. Das Tuch wird also individuell der Körpergröße von Kind und Träger angepaßt. Das ist ein Vorteil, weil es dann genau paßt. Suchen Sie sich jemanden, der Ihnen hilft, das Tuch passend zu binden. Es ist auch allein möglich, aber sehr viel schwieriger.

Wenn erst mal der richtige Knoten gemacht ist und das Baby gut liegt oder sitzt, werden Sie auch schnell lernen, wie Sie Ihr Baby ins Tuch hinein- und herausheben.

«Als unsere Anke gerade geboren war, habe ich sie viel ins Tuch gelegt, wenn sie weinte. Durch das Wiegen und Wahrnehmen meines Herzschlags und meiner Stimme hat sie sich schnell beruhigt» (Liesel, 25, Sozialarbeiterin).

Das Hineinlegen ist folgendermaßen möglich: Das Tuch wird zunächst über den Kopf gezogen. Strecken Sie dann einen Arm durch die Öffnung des Tuches, so daß es – wie in Zeichnung Nr. 1 zu sehen – über einer Schulter und unter einem Arm liegt.

Der Knoten befindet sich in der Mitte unseres Rückens (Zeichnung Nr. 2). Legen Sie Ihr Baby an Ihre freie Schulter, und schieben Sie seine Beine, wie in Zeichnung Nr. 1 zu sehen, durch das Tuch. Nun wird das Baby mit seinem Kopf an die Seite, an der das Tuch über unserer Schulter liegt, gelegt (Zeichnung Nr. 3). Seine Beine schauen in Höhe Ihrer Taille aus dem Tuch heraus. Als letzten Schritt ziehen Sie die Außenseite des Tuches über Ihre Schulter (Zeichnungen 3 und 4). Dadurch ist das Gewicht breiter auf Schulter und Arm verteilt, und der Säugling liegt sicher und geborgen.

Ab einem Alter von ca. drei Wochen kann der Säugling, wenn er wach ist, auch aufrecht im Tuch getragen werden. Je jünger das Baby ist, desto eher sollten Sie es dicht am Körper tragen. Das Tuch kann bis zum Kopf des Kindes hochgezogen werden, um ihn zu stützen.

Legen Sie wieder das Kind an Ihre Schulter, und spreizen Sie seine Beinchen vor und hinter Ihren Hüftknochen. Abschließend ziehen Sie das Tuch über den Po des Säuglings und über Ihre Schulter (Zeichnungen Nr. 5, 6 und 7). Ich wünsche Ihnen Spaß und Geduld beim Ausprobieren.

①

②

③

④

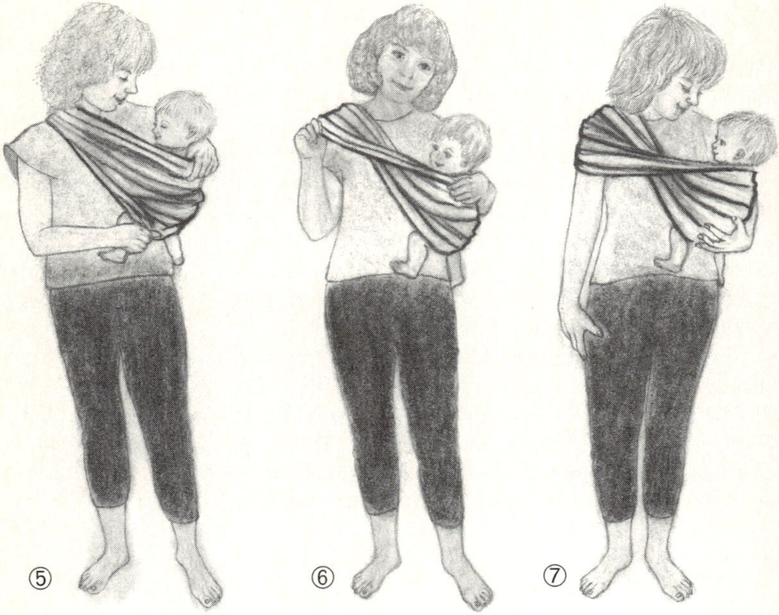

Einige Reflexe, mit denen das Neugeborene ausgestattet ist, ermöglichen es ihm, sich von Anfang an im Tragetuch wohl zu fühlen. So wird sich das Baby, wenn wir uns z. B. nach vorn beugen, reflexartig an unseren Haaren, unserem Pullover oder was es gerade fassen kann, festhalten. Auch versucht es den Kopf immer wieder in die aufrechte Haltung zu bringen.

Naturvölker tragen ihre Kinder sehr häufig. Sie nehmen ein Kind hoch, tragen es z. B. zur Wasserquelle, legen es dort ab, um etwas zu tun. Danach nehmen sie es wieder auf und tragen es wieder. Wenn Sie Ihr Baby tragen, achten Sie darauf, daß nicht zu viele Eindrücke auf Ihr Baby einströmen, wie z. B. in einer überfüllten Fußgängerzone.

Wenn Sie das Baby erst im zweiten Vierteljahr im Tragetuch tragen wollen, kann es sein, daß es keine Freude mehr daran hat. Das hängt damit zusammen, daß seine Reflexe teilweise nicht mehr ausgelöst werden, es aber noch nicht gelernt hat, sich bewußt festzuhalten. Es ist ratsam, ein bis zwei Monate zu warten, dann wird Ihr Baby vielleicht gern im Tuch sitzen, weil es sich jetzt bewußt in dieser Haltung bewegen kann.

Liegen auf dem Boden in der Nähe von Mutter oder Vater

Das Baby hat ausgeschlafen. Es möchte gern seine Wachzeit in Ihrer Nähe verbringen. Legen Sie eine Decke auf den Boden in dem Raum, in dem Sie sich gerade aufhalten. So kann Ihr Kind Sie sehen, Ihre Stimme hören und seine Bewegungsmöglichkeiten ausprobieren.

Legen Sie Ihr Baby auf eine Decke oder ein Handtuch auf dem Boden. Verschiedene Untersuchungen haben ergeben, daß ein Säugling, der frei im Raum liegt, sich mehr bewegt als ein Kind im Laufstall oder Bettchen. Es tut dem Baby gut, wenn es sich viel bewegt. In der Bauchlage wird Ihr Kind sich anstrengen, den Kopf zu heben und hochzuhalten. Auf dem Rücken liegend, wird es die Dinge über sich oder Sie mit den Augen beobachten und versuchen, den Kopf zu drehen.

Ein Baby hingegen, das in einer Wippe liegt, hat kaum Möglichkeiten, sich zu bewegen. In der Schräglage der Wippe drückt der relativ große Kopf des Säuglings die Bandscheiben zusammen. Außerdem wird ihm durch dieses «Hilfsgerät» verwehrt, sich frei zu bewegen. Es wird bequem und will es vielleicht nicht mehr anders haben. An der angeborenen Bewegungsfreude wird es gehindert.

Welche Haltung von uns Erwachsenen entspricht etwa dem in der Wippe liegenden Baby?

«Ich stelle mir vor, ich liege in einem Liegestuhl. Es ist bequem. Wenn ich mich niedergelassen habe, kann ich die ganze Umgebung überblikken, ohne mich zu bewegen, und werde faul und träge. Nach einer längeren Zeit in dieser schrägen, eingeschränkten Haltung werde ich Verspannungen haben.»

Wippe und ähnliche Sitzgeräte helfen Kindern nicht, sich zu entwikkeln, sondern verhindern ihre umfassende Entwicklung. Sie kosten Geld und sind schädlich für die Entwicklung des Rückgrats und der Rückenmuskulatur.

Wenn das Baby auf der Decke im Raum liegt, wird es anfangen, seine Arme zu strecken und mit seinen Händen zu spielen. Im Laufe der Zeit gelingt es ihm, sie vors Gesicht zu nehmen und sie in ihren Bewegungen zu beobachten. Irgendwann wird es ihm bewußt, daß die Hände zu ihm gehören und daß es sie bewegen kann.

«Unsere Nadine kann ich leider nicht auf den Boden legen, da es sehr fußkalt in unserer Wohnung ist. Außerdem zieht es unter den Türen», erklärte Bärbel, 31, Buchhalterin. Was tun?

Bei einer fußkalten Wohnung kann man eine Isoliermatte unter die Decke legen. Vielleicht haben Sie eine dicke Steppdecke oder Heizdecke, auf die Sie Ihr Baby legen können. Wenn es unter den Türen zieht, legen Sie ein zusammengerolltes Handtuch davor. Probieren Sie aus, wo der beste Platz für Ihr Baby ist, indem Sie sich selbst mal auf den Boden legen.

Wenn wir uns selbst auf die Ebene des Kindes – hier auf den Fußboden – begeben, erfahren wir auch genau, was das Kind von hier erleben kann und was es vielleicht an diesem Platz stört. Vielleicht schaut es genau in eine Lampe und wird geblendet, was wir, wenn wir von oben aufs Kind schauen, gar nicht mitbekommen.

Es ist wichtig, sich immer wieder auf die Ebene des Kindes zu begeben, um es besser verstehen zu können und wahrzunehmen, was das Kind wahrnimmt.

Das Baby liegt auf der Decke und wird sich eine Zeitlang mit sich selbst beschäftigen. Es ist wichtig, daß es uns im Blick hat. Manchmal reicht es, wenn es uns mit Geschirr klappern oder unsere Stimme hört.

Wenn das Baby längere Zeit auf dem Bauch, auf der Seite oder auf dem Rücken gelegen hat, drehen wir es um, damit es auch aus der anderen Perspektive den Raum, die Gegenstände und die Mutter beobachten kann.

«Ich habe gehört, daß es wichtig ist, ein Baby sowohl auf den Bauch als auch auf den Rücken zu legen. Mein Sohn will aber nicht auf dem Bauch liegen. Er fängt sofort an zu weinen. In der Bauchlage stützt er sich auch gar nicht ab, sondern legt seinen Kopf immer sofort auf eine Seite. Deshalb lege ich ihn nur auf den Rücken» (Annette, 25, Studentin).

Die Mutter hat ihr Kind gut beobachtet. In der Bauchlage stützt ihr Sohn sich nicht ab, kann nichts sehen, fühlt sich nicht wohl und fängt an zu weinen. Oft hilft folgendes:

PEKiP

In Bauchlage miteinander sprechen

Legen Sie sich auch auf den Boden, und zwar so, daß das Kind und Sie voreinander liegen und sich ansehen. Sprechen Sie Ihr Kind an. Es wird den Kopf anheben, um zu sehen, was vor ihm ist. Wenn es Sie erkennt, wird es versuchen, den Kopf ein wenig länger hochzuhalten. Wenn wir oft in dieser Lage mit dem Kind sprechen, wird es motiviert, sich abzustützen, um die Mutter, den Vater oder auch etwas anderes, was ihm hingehalten wird, anzusehen und seinen Kopf aktiv zu halten. Durch Übung fällt es dem Kind immer leichter, seinen Kopf in der Bauchlage hochzuhalten, und irgendwann wird es gern auf dem Bauch liegen, weil es in dieser Lage den ganzen Raum überblicken kann.

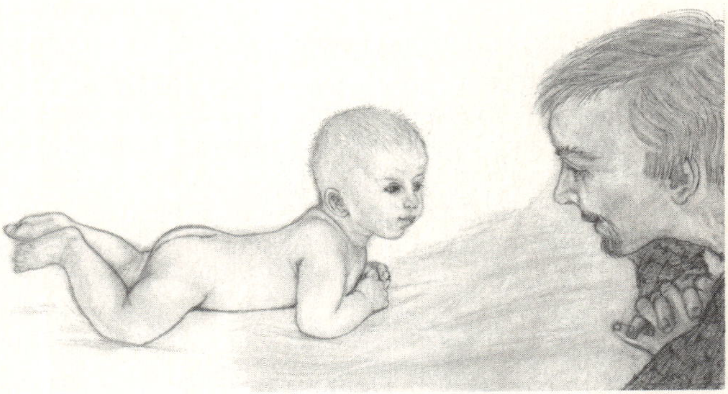

Legen Sie sich doch selbst einmal auf den Boden, und probieren Sie die Rücken- und die Bauchlage aus. Sie werden feststellen, daß die Bauchlage Sie aktiver hält und Sie mehr sehen können als auf dem Rücken. Vielleicht haben Sie Angst, Ihr Baby auf den Bauch zu legen, weil Sie gehört haben, daß Kinder in der Bauchlage eher zu Atemstörungen neigen als auf dem Rücken. Die Atmung setzt aber nur aus, wenn Ihr Kind schläft, nicht wenn es wach auf dem Bauch liegt oder spielt.

Wenn das Baby auf dem Bauch liegt, können wir mit der ganzen Hand vom Nacken an über seinen Rücken mit sanftem Druck streicheln. Dies tut dem Baby gut und verstärkt es in seinen Bemühungen, den Kopf zu halten.

Klaus und Klaus (1988, S. 21ff.) unterscheiden drei Arten des Wachzustands bei Babys in den ersten Monaten:

1. Im *ruhigen Wachzustand* bewegt sich das Baby kaum. Es ist aber sehr aufnahmebereit. Seine Augen sind weit geöffnet. Das Baby widmet sich ganz dem Sehen und Hören. Es verfolgt intensiv mit den Augen, ahmt nach und lauscht auf Geräusche und zeigt Neugier.
2. Im *aktiven Wachzustand* bewegt sich das Baby viel. Die Augen wandern herum, und es gibt Laute von sich. Dieser aktive Wachzustand ist besonders bei Aufregung und vor den Mahlzeiten zu beobachten. Das Baby bewegt Arme, Beine, den ganzen Körper oder nur das Gesicht. Diese Bewegungen verstärken die Interaktion zwischen Eltern und Neugeborenem.
3. *Schreien* ist das eindeutige Verständigungsmittel des Babys, wenn es sich nicht wohl fühlt. Das Baby verzieht das Gesicht, es läuft rot an, hat die Augen offen oder fest geschlossen und bewegt stark seine Beine und Arme. Wird das Baby hochgenommen, hört es meistens auf zu weinen und kann im aktiven Wachzustand seine Umgebung besser kennenlernen.

Es gibt eine weitere Möglichkeit, um Ihr Kind an die Bauchlage zu gewöhnen. Legen Sie es sich auf den Oberkörper, heben Sie den Kopf, und schauen Sie Ihr Baby an. Halten Sie es leicht am Po fest, dann wird es ihm leichterfallen, seinen Kopf hochzuhalten.

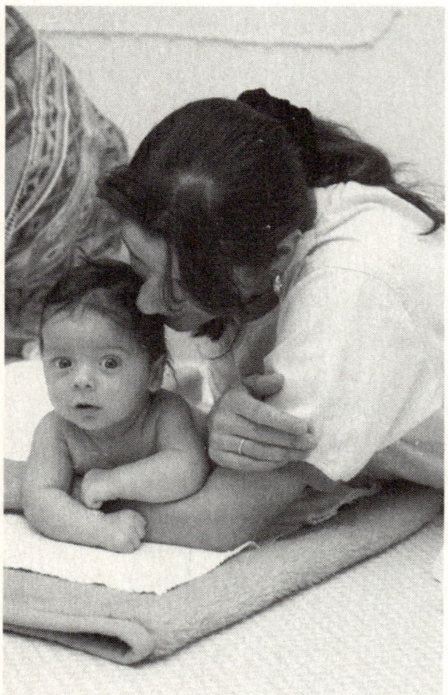

Kopf in Bauchlage mit Unterstützung heben

Sie können Ihrem Baby auch helfen, seinen Kopf kurzzeitig besser zu halten. Rollen Sie ein Handtuch oder eine kleine Dekke fest zusammen, und legen Sie es ihm unter den Brustkorb, so daß seine Arme vor der Rolle liegen. Es stützt sich mit den Armen ab und hebt den Kopf. Der Rücken ist gestreckt. Mit seinen Beinen macht es oft Kriechbewegungen. Streicheln Sie seinen Rücken, und geben Sie ihm dadurch Sicherheit. Wenn Sie es bis zum Po streicheln und diesen sanft drücken, wird es seinen Kopf höher und länger halten.

Beim erst wenige Wochen alten Säugling nehmen wir anstelle des Handtuchs unseren Unterarm. Das Baby wird sich durch den Hautkontakt zu uns wohler fühlen. Wir legen unseren Unterarm unter den Brustkorb des Kindes. Seine Oberarme liegen vor unserem Arm. Das Baby wird sich auf seinen Unterarmen abstützen und den Kopf heben. Mit den Beinen macht es manchmal Kriechbewegungen. Durch die Nähe und Berührung haben wir einen sehr innigen Kontakt aufgebaut.

Ein Baby, das ca. drei Monate alt ist, können wir auch über unseren Unterschenkel legen, da es sich schon besser und höher abstützt.

Wenn Ihr Kind eine Weile auf dem Boden gelegen hat, vielleicht unzufrieden, gibt es Laute von sich, so daß Sie sich zu ihm setzen. Beobachten Sie, was gerade besonders interessant für Ihr Kind ist, und unterstützen Sie es dabei.

Vielleicht ist Ihr Kind auf der Decke auch ganz zufrieden. Aber Sie haben gerade Lust und Zeit, mit ihm zu spielen. Überlegen Sie sich dann, ob Sie Ihr Baby bei seiner Beschäftigung mit sich selbst oder etwas anderem stören wollen. Es ist wichtig, das Kind in seinem selbstgewählten Handeln möglichst nicht zu unterbrechen. Beobachten Sie Ihr Kind eine gewisse Zeit beim Spielen.

- Wohin schaut es?
- Ist sein Gesichtsausdruck zufrieden?
- Strampelt es mit den Beinen?
- Lauscht es auf irgendwelche Geräusche?
- Lallt es, oder gibt es andere Geräusche von sich?
- Ist es in sich selbst versunken und ruhig?
- Freut es sich, daß Sie sich zu ihm setzen?

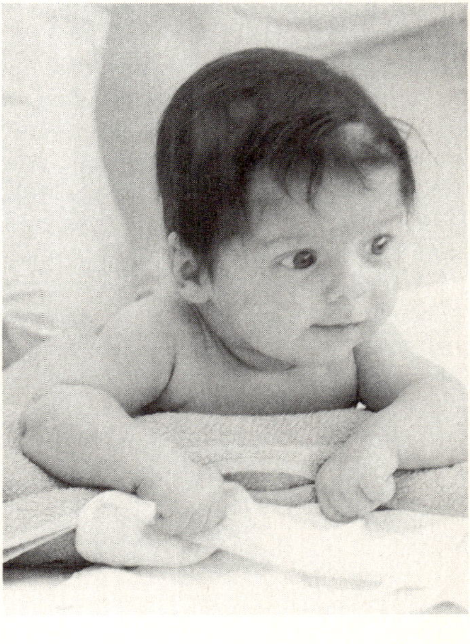

Wenn Sie Ihr Baby beobachtet haben, knüpfen Sie mit Ihrem Spiel da an, womit Ihr Baby gerade beschäftigt ist.

Lallt Ihr Kind vor sich

hin, können Sie es anschauen und mit den gleichen Lauten antworten. Sie werden merken, daß es zu einem richtigen Dialog (Zwiegespräch) zwischen Ihnen und Ihrem Kind kommt. Das Kind wird intensiver Laute von sich geben als vorher und Sie nachahmen.

Ein vertrauter Mensch unterstützt das Baby in seinen aktiven Tätigkeiten besser als jegliches Spielgerät.

Für das Baby ist es aber auch ganz wichtig, daß es bequeme Kleidung anhat, in der es ihm Spaß macht, sich frei zu bewegen. Wichtiger als Aussehen ist es, daß sich Ihr Baby in seiner Kleidung wohl fühlt. Zu enge Kleidung ist ungeeignet für Ihr Baby. Vielleicht sind Sie unsicher, wie warm ein Kind angezogen werden sollte. Wenn es sich noch wenig bewegt, wie die erste Zeit nach der Geburt, sollte es etwas wärmer angezogen sein als wir selber. Ist das Baby schon recht aktiv, reicht es, wenn wir das Kind ähnlich warm wie uns selber anziehen.

Wenn Sie Ihr Baby beobachten, werden Sie im Laufe der Zeit einen Blick dafür bekommen, wann es zu warm oder zu kühl angezogen ist.

Kühle Hände und Füße sind nicht unbedingt ein Gradmesser dafür, ob die Kleidung angemessen warm ist. Es gibt viele Menschen, die zu kalten Füßen oder Händen neigen, aber nicht frieren. Die Füße und Hände sind am weitesten vom Herzen entfernt und werden von daher am wenigsten durchblutet. Wenn Sie unsicher sind, ob Sie Ihr Baby zu warm oder zu kalt angezogen haben, können Sie es folgendermaßen überprüfen: Fühlen Sie mit Ihrer Hand unterhalb des Haaransatzes im Nacken Ihres Kindes die Temperatur. Wenn Ihr Baby dort kühl ist, sollten Sie es wärmer anziehen. Schwitzt es aber an dieser Stelle, haben Sie Ihr Baby zu warm angezogen. Ein Baby erkältet sich manchmal, weil es naßgeschwitzt nach draußen kommt.

Wenn dem Baby die einschießenden Zähne weh tun, nimmt es seine Hände in den Mund und lutscht an ihnen. Dadurch werden die Hände naß und kalt. Wir trocknen die Hände und streicheln sie an den Außenkanten oder auf dem Handrücken. Das Kind wird die Hände öffnen und schließen. Dadurch werden sie warm.

Besser als warme Socken hilft es Ihrem Baby, wenn Sie mit seinen Füßen spielen und ihnen damit Anregungen zur Bewegung bieten. Probieren Sie doch mal folgendes aus:

Spielen mit den Füßen
Wenn Sie die Füße leicht an den Außenkanten streicheln, wird Ihr Kind die Füße nach außen drehen. Streicheln Sie die Innenkante des Fußes, zieht das Baby den Fuß nach innen. Halten Sie Ihren Finger unterhalb der Zehen an die Ballen, wird das Kind die Zehen nach hinten krallen. Wenn Sie mit einem Finger die Sohle in der Mitte berühren, wird Ihr Baby die Zehen spreizen.

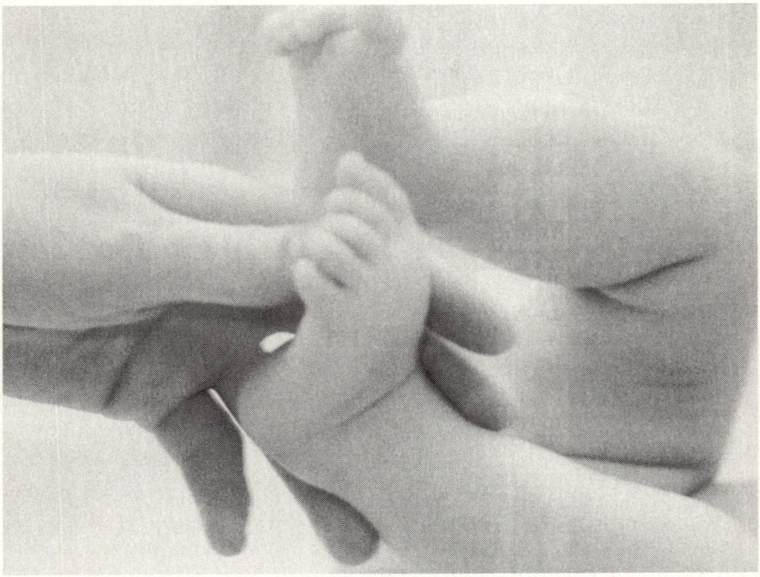

Liegt das Kind auf dem Rücken und wir geben mit unseren Händen seinen Sohlen Widerstand, wird es die Beine beugen und strecken (siehe Zeichnung, S. 49).

Durch diese Spiele werden die Füße aktiv und warm. Zudem wird die Fußmuskulatur gut entwickelt. Es ist schade, daß wir der Beweglichkeit unserer Füße so wenig Aufmerksamkeit schenken. Bei uns werden die Kinder sehr früh in Strampler, Socken, Hausschuhe und Schuhe verpackt, in denen sie sich kaum bewegen können. So bleiben sie in ihren Bewegungsmöglichkeiten zurück und haben vielleicht sogar später Beschwerden beim Laufen.

Ein Film im Fernsehen hat mich fasziniert. Es war ein Film über eine junge Frau, die keine Arme und Hände hatte. Sie benutzte von klein auf ihre Füße für alles, wofür Gesunde ihre Hände brauchen. Sie ist so geschickt, daß sie sogar ein Eigelb vom Eiweiß mit ihren Füßen trennen kann.

Besonders wohl fühlt sich Ihr Baby, wenn Sie es ausziehen. Untersuchungen haben gezeigt, daß ein nackter Säugling weniger weint und sich mehr bewegt als ein angezogener. Es ist wichtig, daß wir dem Baby auch die Windel entfernen. Ohne Windel fühlt das Baby sich wohler. Es kann besser strampeln und seinen Körper an Stellen anfassen, die sonst bedeckt sind.

Stellen Sie sich Windeln in der entsprechenden Größe für einen Erwachsenen vor. Sie wären mindestens dreimal so groß und müßten bis an die Taille gehen und die Oberschenkel teilweise bedecken. Hätten Sie dann noch Lust, sich zu bewegen? Wohl kaum.

Wenn Ihr Baby ausgezogen wird, braucht es einen genügend warmen Raum. 25° C sind eine wohlige Raumtemperatur. Wenn wir unser Baby gut beobachten, werden wir mit der Zeit merken, wann es ihm zu kalt ist.

Wie bekommen wir es in unserer Wohnung so warm, daß sich das Baby nackt wohl fühlt?

Vielleicht haben Sie zusätzlich zur Heizung einen Heizlüfter, den Sie anstellen können, wenn Ihr Baby ausgezogen wird. In Ihrem Bad ist eventuell eine Heizsonne, unter der Sie Ihr Baby nackt strampeln lassen können. Ein Ölradiator steht noch in Ihrer Wohnung, um einen Raum zusätzlich zu beheizen.

«Ich habe direkt an der Heizung einen Platz eingerichtet, wo ich Mira ausziehen kann und es warm genug ist» (Sonja, 28, Betriebswirtin).

Martina, 31, Kindergärtnerin, ergänzt:

«Sobald die Sonne scheint, lege ich Lea ausgezogen vor das Fenster in die Sonne. Leider stört es sie, in die Sonne zu gucken. Deshalb kann ich sie dann nur auf den Bauch legen. Sie genießt diese Zeit sehr.»

Wenn Ihr Kind nach den ersten Wochen seinen Rhythmus gefunden hat, wann es schlafen will, wann es essen will und wann die Zeit zum Spielen richtig ist, sollten Sie sich darauf einstellen.

Es ist sinnvoll, daß ein Baby allein spielt. Es ist aber genauso wichtig, daß Sie mit Ihrem Kind spielen. Wenn Ihr Baby sich nicht wohl fühlt, braucht es Ihre Unterstützung und Zuwendung. Wenn das Baby sich durch Spielen oder Herumtragen beruhigt hat, können Sie es wieder hinlegen, um die unterbrochene Arbeit wiederaufzunehmen.

Nehmen Sie sich einmal am Tag Zeit für Ihr Baby. Wenn diese Zeit

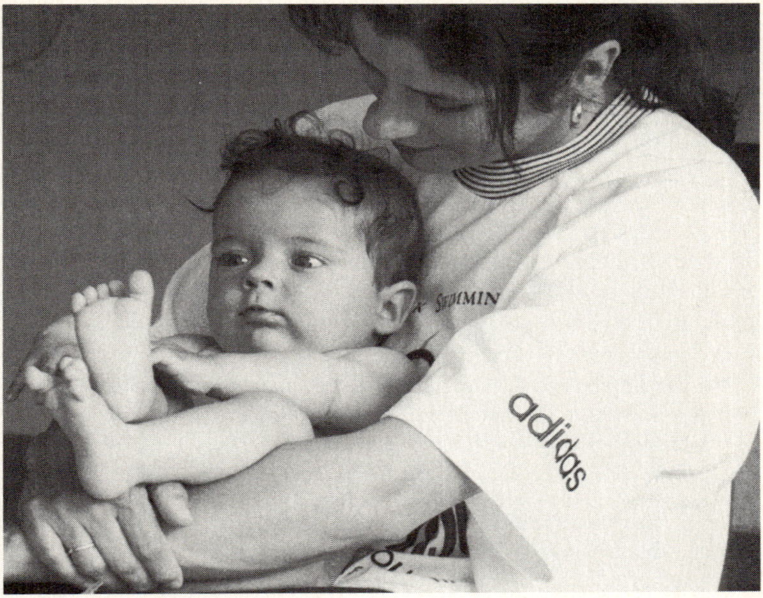

täglich gleich bleibt, wird das Kind sich daran gewöhnen und sich darauf freuen.

«Unser Tobias spielt oft allein in seinem Bett. Darüber bin ich sehr froh. Besonders weil der große Bruder auch viel Aufmerksamkeit haben will. Ich gehe dann zu Tobias, wenn er knatschig wird. Das passiert allerdings in letzter Zeit häufiger» (Ute, Krankenschwester, 29).

Tobias hat gelernt, sich allein zu beschäftigen. Aber auch er will manchmal mit Vater oder Mutter spielen. Sie kommen immer dann, wenn Tobias weint. Er lernt: «Ich muß weinen, damit ich Zuwendung bekomme.»

Wenn wir mit dem Baby zu einer bestimmten Zeit für eine Weile spielen, wird es sich darauf einstellen und uns nicht mit Weinen immer herbeirufen.

«Unsere Wohnung kann ich nicht so aufwärmen, daß Maren nackt auf einer Decke liegen kann. Bei jedem Windelwechseln lasse ich sie einige Minuten nackt oder nur mit Hemdchen bekleidet liegen und spiele mit

ihr. Sie bewegt sich gern und freut sich, ausgezogen zu sein. Wenn ich sie wieder anziehe, wird sie ärgerlich und fängt an zu weinen. Das freie Strampeln ohne Windel macht ihr viel Spaß» (Anja, Psychologin, 36).

Wenn Ihr Baby auf dem Wickeltisch liegt, können Sie mit ihm spielen. Lassen Sie es gegen Ihren Bauch treten. Es spürt den Widerstand und wird stärker treten. Wenn Ihr Baby nicht gern auf dem Bauch liegt, können Sie sich vor den Wickeltisch setzen. Legen Sie Ihr Kind auf den Bauch, so daß es Sie ansehen kann, und sprechen Sie mit ihm. Es wird den Kopf heben, um Sie zu sehen. Nach kurzer Zeit wird Ihr Kind vielleicht nicht mehr auf dem Bauch liegen wollen. Drehen Sie es zurück auf den Rücken.

Ihr Kind sollte nicht lange, aber immer wieder auf dem Bauch liegen. Zeigen Sie ihm dabei interessante Dinge, die es die Anstrengung des Kopfhaltens vergessen lassen.

«Wenn Thomas auf dem Wickeltisch liegt und ich mich über ihn beuge, tritt er mir mit wachsender Begeisterung vor den Bauch» (Liesel, Sozialarbeiterin, 25 Jahre).

Hier drückt Thomas keine Aggressionen aus, sondern übt reflexhaft Bewegungen aus. Nutzen Sie diesen Mechanismus, indem Sie Ihrem Kind ganz bewußt Ihren Körper als Möglichkeit zur Bewegung anbieten.

Kapitel 3

Anregungen zur Bewegung und zum Spielen im ersten Lebensjahr

Grundlagen

In unserer Gesellschaft leiden sowohl Erwachsene als auch Kinder oft an Bewegungsmangel. Das Lebenstempo verleitet uns dazu, schnelle, bequeme Verkehrsmittel zu benutzen, und die meiste Arbeit heute fordert nicht unsere Bewegung, sondern erfolgt im Sitzen.

Die Wohnungen sind vielfach eng, so daß sich auch die Kinder zu wenig bewegen. Dieser Mangel wirkt sich bereits im Säuglingsalter aus. Das Baby wird von Anfang an in ein Bettchen oder eine Wiege gelegt und wenig getragen, und zum Spazierengehen wird es in einem Kinderwagen gefahren. Oft wird es nur zum Füttern, Wickeln und Baden hochgenommen.

Bereits das ungeborene Kind bewegt sich selbst im Uterus und wird durch die Mutter bei jeder ihrer Bewegungen mitbewegt. Seine Bewegungsfreiheit sollte auch nach der Geburt möglichst wenig eingeschränkt werden.

Das Kind zeigt sofort nach der Geburt schon eine Menge Bewegungsfertigkeiten wie Beugen und Strecken der Finger, der Arme, der Füße und der Beine. Es zieht in Bauchlage seine Knie unter den Bauch und klammert sich mit seinen Fingern so fest, daß es hochgezogen werden kann.

Aus diesen Gründen ist es gut, wenn das Baby nach der Geburt seinen spontanen Drang nach Bewegung ausleben kann. Wir dürfen das

Kind nicht durch festes Wickeln oder unbequeme Kleidung, z.B. eine enge Jeanshose, einengen.

Wenn wir bedenken, daß das Kind im ersten Lebensjahr seinen Zugang zur Umwelt ausschließlich über seine Bezugspersonen erfährt, ist es von großer Bedeutung, daß diese ihm vielfältige Möglichkeiten bieten, Umwelterfahrungen zu machen, indem sie es an ihrem Leben teilnehmen lassen. Babys sammeln schon in den ersten Wochen Erfahrungen, auf die ihre weitere Entwicklung aufbaut.

Wenn das wenige Tage alte Baby wach ist, können wir es auf verschiedene Arten in der Wohnung tragen (siehe Anregungen zum Tragen, S. 54ff.) und an unserem Leben teilnehmen lassen.

Kleine Kinder bewegen sich gern und werden immer geschickter, wenn sie Stufe um Stufe ihre Bewegungsfertigkeiten erweitern. Durch Bewegungseinschränkung bleiben sie oft ungeschickt und unbeholfen.

«Wenn unsere Cornelia auf ihrer Decke im Wohnzimmer lag, rutschte sie immer nach hinten, so daß sie manchmal unter dem Tisch landete und anfing zu weinen. Daraufhin setzte ich sie verstärkt in die Wippe, weil ich sie dort unter Kontrolle hatte. Zuerst knatschte sie, dann blieb sie immer ruhig sitzen. Als ich sie einige Tage später wieder auf den Boden legte, merkte ich, daß sie sich weniger bewegte als vorher. Nun nehme ich Cornelia mit ihrer Decke überall mit hin, wo ich gerade zu tun habe. Sie ist zufrieden und hält den Kopf immer höher und länger» (Gundel, 31, Apothekerin).

Die Mutter hat die Bewegungsfähigkeit und Freude ihrer Tochter wahrgenommen und aus Sicherheitsgründen erst mal eingeschränkt. Aber durch gute Beobachtung fiel ihr auf, daß Cornelia einen Rückschritt machte, und sie hat sich einfühlsam richtig verhalten. Das «Zurückrutschen» ist ein Entwicklungsschritt, den viele Babys durchlaufen, bevor sie anfangen, nach vorne zu robben.

Wenn wir Säuglinge in Alltagssituationen beobachten, sehen wir, daß Bewegung ein zentrales Lebenselement gesunder Kinder ist.

Stimmungen, Gefühle und Beziehungen werden besonders von Kindern häufig durch Bewegung ausgedrückt. Durch Lernen motorischer Fertigkeiten werden auch andere weiterführende Leistungen ermöglicht wie z.B. die Entwicklung der Sinnesfunktionen und der Aufbau der Wahrnehmungs- und Vorstellungswelt, die Entwicklung der Sprache, des Denkens, des Wollens, des sozialen Verhaltens und vielfältige Erlebnisfähigkeiten.

Sie können sich das vereinfacht folgendermaßen vorstellen: Bei der Geburt ist das zentrale Nervensystem wie ein Baum mit nur wenigen Ästen. Durch Anregungen, besonders im ersten Lebensjahr, bekommt der Baum und damit seine Äste Nahrung, sie können wachsen, und weitere Verästelungen entstehen.

Wir zeigen dem Baby eine Rassel. Das Kind sieht sie, verfolgt sie mit den Augen und tut somit etwas für die Verästelung im Bereich Sehen. Gleichzeitig hört es, daß die Rassel Töne von sich gibt. Wenn es die Rassel berührt, macht es darüber hinaus Erfahrungen zur Sensibilisierung seines Tastsinns. Im Zentralnervensystem des Babys werden die Reize in den Bereichen Sehen, Hören und Fühlen aufgenommen und führen zu einer differenzierten Verästelung in diesen Bereichen.

Die zunehmende optische Wahrnehmungsfähigkeit zeigt sich im Anschauen und später beim Verfolgen eines Gegenstands. Zuerst schaut das Baby aufgrund seiner angeborenen Reflexe, wenn ihm etwas vor die Augen gehalten wird. Bald wird es den Gegenstand bewußt prüfen und immer differenzierter wahrnehmen.

Um es an der Rassel zu verdeutlichen: Nur wenn dem Baby die Rassel von einer vertrauten Person gezeigt und seine Aufmerksamkeit auf diesen Gegenstand gelenkt wird, kann das Kind die Rassel frühzeitig entdecken. Wenn das Baby an die Rassel stößt, hört es sie, spürt sie und sieht sie. Es entdeckt sie erst tastend und unsicher. Durch wiederholte Bewegungen und Ertasten wird das Kind sicherer und macht sich eine Vorstellung von dem, was der Erwachsene als Rassel benennt. So wird schon in einem frühen vorsprachlichen Entwicklungsstadium der Begriff Rassel aufgenommen. Kinder, die den Begriff kennen, werden später keine Schwierigkeiten haben, den Gegenstand zu benennen, da sie ihn durch eigenen Umgang «begriffen» haben.

Eine Rassel als Spielzeug ist für ein Baby schon in den ersten Monaten aus folgenden Gründen sinnvoll: Die frühe Förderung der Hand- und Fingerbewegungen ist für die Fähigkeit des Spracherwerbs wichtig, weil diese erst nach gezieltem Greifen und Lernen komplizierter Mundbewegungen möglich ist. Es läßt sich nachweisen, daß Hand- und Fingergeschickübungen die Sprachentwicklung anregen. Tastsinn und optische Wahrnehmung werden gleichzeitig unterstützt. Wichtig ist, daß das Baby Dinge nicht nur sieht, sondern eine Gedächtnisverbindung zwischen Tasten und Wortbezeichnung herstellt.

Wenn das Baby seine ursprünglich unkontrollierten Bewegungen der Arme zunehmend auf bestimmte Gegenstände, die wir ihm hinhalten, hinlenkt, kann es Augen und Handbewegungen bereits abstimmen. Die Handbewegung unter Kontrolle der Augen zu einem Gegenstand ist sowohl eine körperliche als auch eine geistige Anstrengung.

Kinder, denen wenig Anreize geboten werden, können sich später weniger differenziert bewegen, Dinge erfassen und benennen.

Forschungen zeigen, daß

- die Umweltfaktoren eine große Bedeutung für die Entwicklung der Bewegung haben,
- Entwicklungsanreize zur aktiven Bewegung entscheidende Voraussetzungen für eine gesunde körperliche und geistig-seelische und sozial-emotionale Entwicklung sind.

Die Entwicklung der Bewegungen beeinflußt auch die geistige Entwicklung. Einschränkungen in der Bewegung, z. B. durch Hilfsgeräte wie Gehfrei, Wippe, Babysafe, haben oft nachteilige Auswirkungen auf andere Bereiche, obwohl auch andere Einflußfaktoren eine Rolle spielen.

In der «Erziehung durch Bewegung», wie J. Koch seine Anregungen nannte, werden Bewegungs- und Sinnesanregungen geboten, die die Entwicklung des Babys in allen Bereichen seiner Persönlichkeit unterstützen.

Beobachtungen zeigen, daß Kinder, die an einer PEKiP-Gruppe teilgenommen haben, am Ende des ersten Lebensjahres in ihren Körperbewegungen, in ihrer Sozial- und Selbständigkeitsentwicklung einen guten umfassenden Entwicklungsstand zeigen und oft anderen Kindern im gleichen Alter überlegen sind.

Damit der Säugling seine vielfältigen Entwicklungsmöglichkeiten entfalten kann, bedarf es außer vielseitiger Anregung auch eines besonderen Einfühlungsvermögens der betreuenden Bezugsperson.

So sind z. B. schon bei der Geburt die Hautsinne und die Bewegungssensibilität gut entwickelt. Auf Streicheln und Wärme reagiert das Baby mit Zufriedenheit.

Untersuchungen haben gezeigt, daß Säuglinge, die in den ersten Lebenstagen gestreichelt wurden, sich positiv von Säuglingen unterschieden, die nicht diese Zuwendung bekamen.

Eltern sollten alle Fähigkeiten ihrer Kinder anregen: ihre Sinne, ihr Spielverhalten, ihr Denken, ihr Sprechen, ihre Gefühle, ihre Verhaltensweisen, das Sammeln von Lebenserfahrungen und vieles mehr.

Ein Neugeborenes braucht gute emotionale Bedingungen, um sich wohl zu fühlen. J. Koch geht im Ansatz und in der Begründung seines Konzepts von Anregungen für das Zentralnervensystem und dem Einfluß der frühen Bewegungsanregung für die Entwicklung aus.

Beim PEKiP werden die beiden Aspekte (senso)motorische Anregung und psychosoziale Kontaktaufnahme als Einheit gesehen. Wenn das kleine Kind angeregt wird, sich physisch zu bewegen, so bekommt das Gehirn des Kindes eine größere Menge Blut zugeführt als normal. Die wachsende Blutzufuhr umgekehrt macht das Kind aufnahmefähiger für Stimulationen (vgl. Koch 1976, S. 330). Solche Anregungen sind bereits während der ersten Lebenswochen möglich.

Auch wenn Ihr Baby bereits älter als sechs Monate ist, können Sie seine Entwicklung mit Bewegungsstimulationen unterstützen. Jede Art von Unterstützung, die der Situation und der Entwicklung des Kindes entspricht, ist besser als keine.

Beim frühen Lernen macht sich das Baby nicht nur mit seiner Umwelt bekannt, sondern es lernt und erwirbt auch Kenntnisse über sich selbst, wie es seinen Körper und seine Sinnesorgane benutzen kann.

Dabei ist es für die Erwachsenen gar nicht so einfach, die Balance zwischen Abwarten und Anregen und zwischen dem Wahrnehmen der Bedürfnisse eines kleinen Kindes und seinen Reaktionen und seinen Aktionen zu finden.

Die ersten Lebensmonate und -jahre sind mitentscheidend für eine gesunde Entwicklung. Kleine Kinder sammeln mit Mühe und Freude ihre ersten Erfahrungen. Spätere Erfahrungen erwerben sie mit Hilfe der früheren.

Erfahrungen zum Körpergefühl, zu den Sinnesorganen, der Bewegungs- und Sprachentwicklung, dem geistigen und gefühlsmäßigen Wachstum macht das Baby im ersten Lebensjahr ohne Hintergrundwissen. Späteres Lernen und neue Situationen bauen darauf auf, sie sind gebunden an eine Mischung von Bekanntem und Neuem.

Voraussetzungen für das Spielen mit dem Kind

Die folgenden Orientierungspunkte sollten Sie bei den Spielen und Anregungen zur Bewegung beachten:

Nehmen Sie sich jeden Tag Zeit, intensiv mit Ihrem Baby zu spielen. Versuchen Sie, sich dabei ausschließlich auf Ihr Kind zu konzentrieren, ohne an andere Dinge zu denken. Dies gilt sowohl für die Mutter als auch für den Vater, der sich z. B. abends eine gewisse Zeit fürs Baby nimmt. Dem Baby gefällt es besonders, wenn das Spielen jeden Tag zur selben Zeit möglich ist. Es stellt sich darauf ein.

- Wenn Sie mit dem Baby spielen, tut es ihm gut, nackt zu sein; da es sich dann freier bewegen kann, ist es zufriedener.
- In den Gruppen des PEKiP ist der Raum gut aufgeheizt, damit die nackten Babys sich wohl fühlen. Für die Babys im ersten Vierteljahr, in dem sie sich noch nicht so viel bewegen, beträgt die Temperatur ca. 25° C. Beobachten Sie zu Hause Ihr Baby, und heizen Sie so, daß Ihr Kind sich wohl fühlt. Das Wärmebedürfnis ist schon bei Babys sehr unterschiedlich.
- Wenn Sie mit dem nackten Baby spielen, legen Sie Ihren Schmuck wie Uhren, Armbänder, Ringe etc. ab, damit sich Ihr Baby nicht daran verletzt.
- Wenn das Baby zum Spielen oder Wickeln ausgezogen wird, beteiligen Sie es aktiv an dieser Handlung, und lenken Sie die Aufmerksamkeit auf den Vorgang «Ausziehen». Vielleicht erzählen Sie ihm, was Sie vorhaben. Sie verstärken damit Ihre Zuwendung und die Konzentrationsbereitschaft Ihres Kindes.

«Peter, jetzt wollen wir die nasse Windel ausziehen. Das Hemd ist ja auch schon naß. Zuerst nimm mal den Po hoch, damit ich dir die Strampelhose ausziehen kann. Das hast du gut gemacht. Jetzt ziehen wir das Hemd aus. Reich mir mal den Arm. So ist es schön. Nun mach ihn ein wenig krumm, damit ich den Ärmel über die Hand ziehen kann. Da hast du aber gut geholfen. Jetzt das gleiche mit dem anderen Arm. Paß auf, jetzt wird es dunkel, wir müssen das Hemd über den Kopf ziehen. Ich weiß, daß dir das gar nicht behagt, und werde mich beeilen. Hallo, Peter, guck, da bist du ja wieder. Nun nehmen wir die nasse Windel ab. Das gefällt dir. Gut, jetzt strampelst du ohne deine Windel.»

So oder ähnlich könnte es sich anhören, wenn Sie Ihr Baby ausziehen. Das Baby hört Ihre Stimme und wird mit der Zeit auch immer mehr Worte verstehen und Ihnen intensiv zuhören und sich dementsprechend verhalten.

Ziel eines guten Zusammenspiels ist es:
- sicher im Umgang mit dem Baby zu werden
- es in seiner Eigenständigkeit zu achten
- ihm beim Spiel Zeit zu lassen
- sich ihm vollständig zuzuwenden
- seine Bedürfnisse zu erkennen
- es zu ermutigen, neue Möglichkeiten auszuprobieren
- sich über eigene Gefühle dem Kind gegenüber klarzuwerden
- und diese Gefühle dem Kind gegenüber zu verdeutlichen
- und sich entsprechend zu verhalten.

Ihre Gefühle Ihrem Kind gegenüber werden nicht nur positiv sein. Wenn Sie sich z. B. gerade umgezogen haben und Ihr Baby Sie zum wiederholten Male bespuckt, stellen sich ganz natürlich Gefühle von Wut und Ablehnung ein. Akzeptieren Sie ohne Schuldgefühle diese Gedanken. Vielleicht ist es in dieser Stimmung günstiger für Sie und Ihr Kind, wenn Sie sich jetzt zunächst einmal beide allein beschäftigen.

Ihr Kind verkraftet es besser, wenn Sie mal nicht mit ihm spielen, als wenn es Ihre negative Stimmung spürt. Suchen Sie sich entspannende Situationen. Hören Sie z. B. mit Ihrem Baby Ihre Lieblingsmusik, oder teilen Sie anderen Ihre Sorgen und Empfindungen mit.

Nach meinen Erfahrungen tragen die folgenden Empfehlungen dazu bei, eine Atmosphäre zu schaffen, in der die Spiele und Anregungen Ihnen und Ihrem Baby Freude bereiten.

- Je mehr Platz Ihr Baby zum Spielen hat, desto intensiver bewegt es sich. Vielleicht legen Sie eine Decke auf den Fußboden, damit es seinen ganzen Bewegungsdrang voll entfalten kann.
- Wenn Sie sich mit Ihrem Baby beschäftigen, wird es sich mehr freuen und intensiver bewegen, als wenn Sie ihm ein Spielzeug geben.
- Nähern Sie sich Ihrem Baby behutsam, damit es sich nicht erschrickt.
- Wenn Sie ein Spiel beenden oder das Kind hinlegen, halten Sie Ihre Hände noch eine Weile am Körper des Kindes. Es tut Ihrem Baby gut, das Spiel langsam ausklingen zu lassen und noch eine Weile Ihre Nähe und Wärme zu spüren.
- Ihr Baby sollte sich nach jedem Spiel ausruhen und entspannen können, wenn es das wünscht. Die Reihenfolge der Spiele für die ersten Wochen und Monate sollte so gewählt werden, daß sich ruhige und anstrengende Spiele bzw. Spiele in der Bauch- und Rückenlage abwechseln.

- Um keine einseitige Entwicklung zu erreichen, sollten Sie die Spiele sowohl zur rechten als auch zur linken Seite ausführen.
- Die Freude Ihres Kindes steht im Mittelpunkt der Spiele. Wenn es keine Lust mehr an einem bestimmten Spiel hat, wechseln Sie zu einem anderen oder beenden Sie das Spielen insgesamt.
- Regen Sie Ihr Baby nur zu Bewegungen an, die an seiner momentanen Entwicklung und seinen Bewegungsmöglichkeiten anknüpfen. Überforderungen bewirken oft Unlust.
- Die Anregungen für die ersten Monate eignen sich auch für ältere Kinder.
- Begleiten Sie die Spiele und Anregungen mit Blickkontakt und freundlichen Worten.
- Streicheln Sie Ihr nacktes Baby am ganzen Körper. Berühren Sie es dabei mit der ganzen Fläche Ihrer Hand. Durch Berührungen und Streicheln spürt der Säugling seinen Körper, bekommt Bewußtsein für ihn und kann langsam sein Selbstbewußtsein und seine Selbstkontrolle ausbilden. Wenn Ihr Baby versucht, nach Ihnen zu tasten und Sie zu streicheln, kann es erfahren, welche Empfindungen von Nähe es damit bei Ihnen auslösen kann.
  Wenn Ihr Kind zu Hautproblemen wie zum Beispiel Neurodermitis neigt, ist es vielleicht für Sie nicht einfach, es zu streicheln. Dabei ist Streicheln für Ihr Kind in dieser Situation besonders wichtig, um Zuwendung zu erfahren und damit seine Hautfunktionen zusätzlich angeregt zu bekommen.

In den vorherigen Kapiteln wurden einzelne Anregungen fürs erste Vierteljahr in die jeweiligen Themen eingebracht.

Einige der folgenden Spiele machen Sie sicherlich schon unbewußt mit Ihrem Baby. Sie gehören zum normalen Leben mit einem Baby. Ich möchte sie Ihnen bewußt machen. Bei den Spielen des PEKiP geht es darum, das Kind in seiner Entwicklung zu unterstützen, und das ist vielfach mit «normalem» Verhalten am wirkungsvollsten.

Anregungen für das erste Vierteljahr

Es gibt nicht das sogenannte «dumme Vierteljahr». Babys sind von Geburt an aufnahmebereit und aktiv.

Über die bereits dargestellten Spiele hinaus unterstützen Sie im ersten Vierteljahr Ihr Baby in der Entwicklung mit den folgenden Anregungen.

Die zuerst dargestellten Spiele können Sie gleich nach der Geburt ausprobieren, da sie vom Baby als anregend und kaum als anstrengend empfunden werden.

Hände öffnen durch Streicheln
Ihr Säugling liegt auf dem Rücken vor Ihnen. Seine Hände sind oft zu Fäustchen geschlossen. Sie können Ihr Kind dazu veranlassen, die Fäuste zu öffnen. Streicheln Sie eine Hand Ihres Babys an der Außenseite bzw. an Außenseite und Handrücken. Das Kind wird die Hand öffnen.

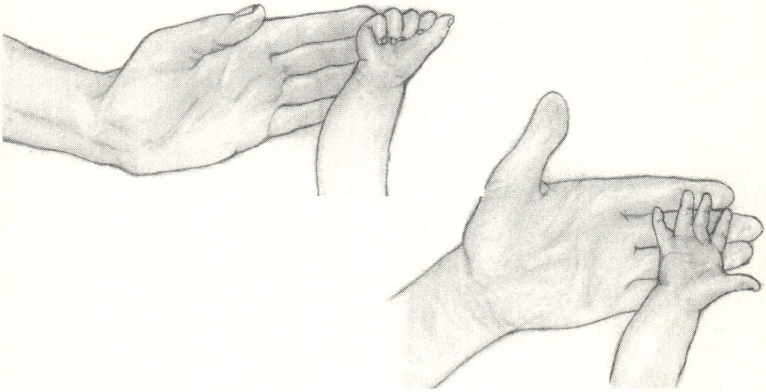

Vielleicht schließt es die Faust sofort wieder. Es kommt nicht darauf an, daß es die Hand offen hält, sondern auf die Bewegung des Öffnens und Schließens, die seine Muskeln anregt und die Hände entspannt und beweglich macht.

Ihr Baby fängt vielleicht gleichzeitig an, mit den Armen zu rudern, so daß Sie nicht die Hand streicheln können. Halten Sie Ihrem Baby nicht den Arm fest, sondern lassen Sie ihm die freie Bewegung. Versuchen Sie es nach einiger Zeit noch einmal.

Damit sich Ihr Baby beidseitig gut entwickelt, probieren sie dasselbe mit der anderen Hand des Kindes. Wenn der Säugling die Faust nicht öffnet, kann es sein, daß das Baby zu angespannt ist. Nach den ersten Wochen verliert sich dieser Reflex des Handöffnens durch Streicheln.

Sie können auch die Innenfläche der Hand streicheln oder in die geöffnete Hand des Kindes Ihren Finger legen. Es wird ihn reflexhaft festhalten. Übrigens umfaßt es beim Greifreflex viel eher Ihren Finger als einen toten Gegenstand, denn es reagiert eher auf Menschen als auf Unbelebtes.

Das Baby wird aber auch andere Dinge festhalten, wie z. B. ein Stück glatten Stoff, Samt, Seide oder Frottee, das Sie ihm in seine Hand geben. Wie Sie es auf der Zeichnung sehen, können Sie ihm auch eine Rassel oder einen Ring geben. Das Material fühlt sich kühler und härter an. Das Baby lernt, daß verschiedene Dinge sich unterschiedlich anfühlen.

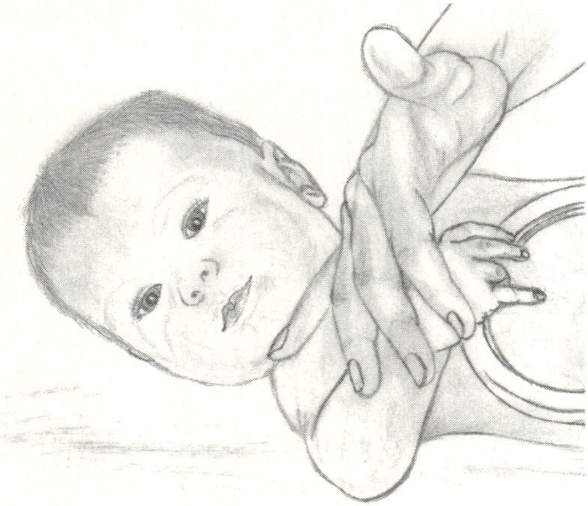

Das Festhalten in den ersten Wochen ist kein bewußtes Greifen, sondern ein Reflex, der sich danach verliert. Später lernt das Kind dann bewußt zu greifen.

Sprechen Sie mit Ihrem Kind, wenn Sie ihm den Finger oder ein Spielzeug geben. Erzählen Sie ihm, was Sie ihm geben, und ermuntern Sie es, es festzuhalten, und bestärken Sie es mit Worten, wenn es das Spielzeug in den Händen hält.

Sie werden feststellen, daß sich die Fäustchen jeden Tag häufiger öffnen und länger geöffnet bleiben.

Ab der achten bis zehnten Woche fängt das Kind an, Dinge mit beiden Händen zu ertasten. Wir geben ihm eine Kugelkette, ein Schlauchstück oder ein Stoffsäckchen.

Das Neugeborene nimmt über seine Augen vielfältige Reize auf. Die Eltern lenken schon von Geburt an die Aufmerksamkeit des Babys auf sich, wenn sie ihrem Baby lange ins Gesicht sehen und mit ihm sprechen. Wenn das Baby die Mutter ansieht, hebt diese oft die Augenbrauen, wodurch die Augen sich weiter öffnen, und beugt sich danach nach vorn, redet mit dem Baby und lächelt. Sie zeigt lebhaftes Interesse am Kind. Das Baby erlebt diese Situation immer wieder und fängt hierdurch an, sein Gesichtsschema aufzubauen, das heißt, sobald es ein Gesicht sieht, ist sein Interesse schneller und stärker geweckt, als wenn ihm ein Gegenstand hingehalten wird. Schon direkt nach der Geburt hat das Kind Interesse an Gesichtern.

Nach einigen Tagen wird das Kind von sich aus Kontakt zum Gesicht des Erwachsenen suchen, dieses intensiv anschauen, und die Mutter wird auf das Anschauen reagieren.

Um dem Kind vielfältige Erfahrungen mit dem Sehen zu ermöglichen, zeigen wir ihm im Laufe der Zeit verschiedene Dinge und Personen.

Gesicht mit den Augen verfolgen

PEKiP

Halten Sie Ihr Gesicht so vor das Gesicht des wenige Tage alten Kindes, daß es Sie sehen kann. Der günstigste Abstand zwischen Babys Gesicht und Ihrem ist bei einem Neugeborenen 20–25 cm.

Wenn Sie den Eindruck haben, daß Ihr Baby Ihr Gesicht im Blickfeld hat, bewegen Sie es behutsam zur Seite. Achten Sie dabei darauf, daß Ihr Baby Sie nicht aus den Augen verliert. Neigen Sie sich dann langsam wieder zur Mitte und ein wenig zur anderen Seite.

Das ist Ihnen besonders gut gelungen, wenn Ihr Kind Sie zwischendurch nicht aus den Augen verloren hat.

Am Anfang wird Ihr Neugeborenes die Augen nur ein wenig nach rechts und links bewegen. Wenn Sie dieses Spiel regelmäßig mit Ihrem Kind machen, werden Sie feststellen, daß das Baby seine Augen im Laufe der Zeit immer ein Stück weiter zu den Seiten bewegen wird. Am Ende des ersten Vierteljahres wird es sogar seinen Kopf mit nach rechts und links drehen.

Spielzeug verfolgen

PEKiP

Wenn Ihr Kind Ihr Gesicht gut fixiert, können Sie ihm auch leicht ein erkennbares, nicht zu kleines, farbiges Spielzeug zeigen und dieses bewegen.

«Meine Annika schaut die Rassel oft nicht an. Ich habe den Eindruck, daß sie entweder hindurchguckt oder mich ansieht.»

Es kann durchaus sein, daß das Spielzeug nicht so interessant ist wie

Ihr Gesicht. Schließlich zeigt es ja keine Mimik und reizt das Kind dadurch nicht so zum Hinschauen.

Der Mensch ist der stärkste Reiz, der das Kind zu Bewegungen anregt. Einfühlsames Verhalten beeinflußt die Freude des Kindes an den Bewegungen.

«Oft klappt es ganz gut, daß Lukas ein Spielzeug verfolgt. Aber zu anderen Zeiten macht er es überhaupt nicht. Ich habe sogar den Eindruck, daß er gewollt vorbeiguckt. Jedesmal, wenn ich das Spielzeug genau in sein Blickfeld bringe, wendet er sich ab. Inzwischen nimmt er manchmal sogar den Kopf zur Seite.»

Säuglinge verhalten sich so, wenn sie genug von diesem Spiel haben. Für Kinder dieses Alters ist es schon eine enorme Leistung, sich kurze Zeit zu konzentrieren, einen Gegenstand anzuschauen, ihn fest ins Blickfeld zu bekommen, ihn zu verfolgen und nicht aus den Augen zu verlieren.

Überlegen Sie, warum Ihr Baby nicht mehr will:

- Haben Sie schon längere Zeit mit ihm gespielt, so daß es Ruhe haben will?
- Ist das Baby müde?
- Will es sich nach gemeinsamem Spiel allein beschäftigen?
- Hat Ihr Baby Hunger?
- Ist es von der Umgebung abgelenkt?
- Hört es Geräusche, Musik, Stimmen, die es mehr interessieren als das Spiel?

Versuchen Sie den Grund herauszufinden und darauf so zu reagieren, daß Ihr Kind zufrieden wird.

Spielzeug nach oben und unten bewegen

Wenn Ihr Baby das Spielzeug gut von der einen zur anderen Seite verfolgt, können Sie das Spiel erweitern. Bewegen Sie das Spielzeug mal mehr nach oben zur Stirn hin oder in Richtung der Füße. Ihr Baby wird die Pupillen bis zum oberen und unteren Lid bewegen. Auf der Zeichnung sehen Sie, wie das Baby das Spielzeug mit seinen Pupillen bis zum oberen Rand der Augen verfolgt. Mit zunehmendem Alter wird es das Spielzeug auch mit dem Kopf verfolgen.

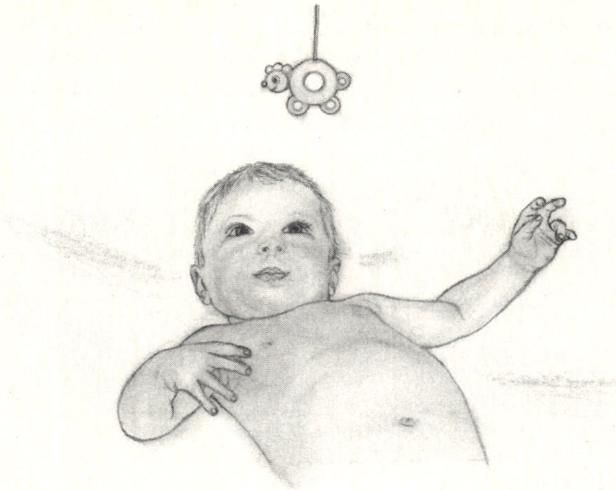

Spielzeug im Kreis drehen
Drehen Sie das Spielzeug, wenn das Baby die vorige Anregung beherrscht, im Kreis. Es wird mit seinen Augen den Gegenstand im Kreis verfolgen. Später wird es den Kopf mitbewegen, um das Spielzeug nicht aus den Augen zu verlieren. Dann können wir sowohl das Ausmaß nach rechts und links als auch die Bewegung des Kreises weiter vergrößern. Das Kind wird Ende des ersten Vierteljahres anfangen, auch den Kopf in Richtung des Spielzeugs zu bewegen.

«Wenn ich meiner Anastasia ein Spielzeug zeige, wird sie immer ganz unruhig. Sie zappelt mit Armen und Beinen. Ich weiß gar nicht, ob das gut ist» (Susanne K., 29 J., techn. Zeichnerin).

Frau K. hat ihre Tochter gut beobachtet. Das Anschauen des Gegenstands mobilisiert nicht nur ihre Augen. Das Baby möchte den Gegenstand greifen. Dies ist noch zu früh. Es kann seine Arme und Beine noch nicht unabhängig voneinander bewegen, was zu dieser «Massenbewegung» führt.

Im Laufe der ersten Monate wird das Baby anfangen, die Fäuste zu öffnen, wenn es einen Gegenstand greifen möchte. Am Ende des ersten Vierteljahres wird es die Arme immer weiter zur Mitte bewegen können. Dies können wir auf der Zeichnung oben auch erkennen.

Den Rücken streicheln
Ihr Neugeborenes ist wach, liegt auf dem Bauch und hält den Kopf nach einer Seite. Streicheln Sie ihm vom Kopf über seinen Rücken bis

zum Po mit der ganzen Handfläche. Das Baby wird sich wohl fühlen. Wenn Sie einen leichten Druck auf seinen Po ausüben, wird es versuchen, sein Köpfchen kurzfristig anzuheben. Wenn Sie gleichzeitig mit ihm sprechen, wird es sich noch aufmerksamer verhalten.

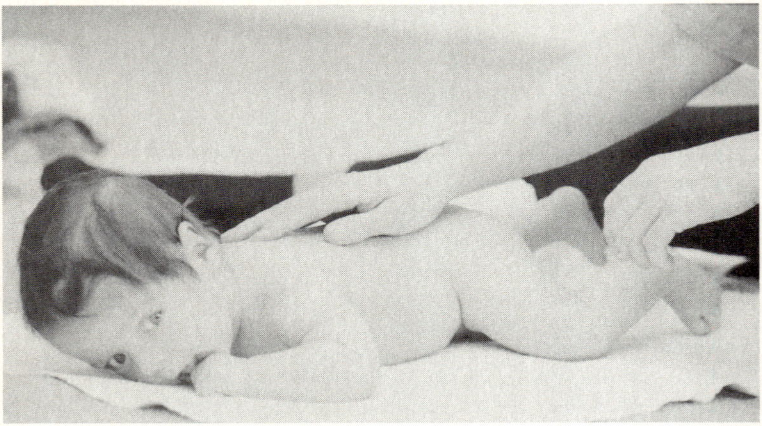

An einem Wasserball (ca. 25 – 30 cm Durchmesser) wird Ihr Baby viel Freude haben. Da er größer als Ihr Gesicht oder als andere Spielsachen ist, zeigen Sie ihn dem Baby erst von weitem, so daß es sich langsam an ihn gewöhnt.

Treten gegen einen Wasserball

PEKiP Lebhaftes Strampeln des Babys erreichen wir mit Hilfe eines kleinen Wasserballs. An dem Ball befestigen wir ein Band, am besten am Ventil. Wie bei allen Spielen ist es am besten, wenn das Baby nackt ist. Falls dies nicht möglich ist, müssen aber die Füße nackt sein, da das Kind sonst den Ball an den Füßen nicht spüren kann.

Das Baby liegt auf der Decke oder dem Wickeltisch vor uns. Eine Hand hält die Schnur des Wasserballs. Die andere Hand legen wir unter den Po des Kindes und halten ihn so hoch, daß die Beine des Babys nicht mehr auf der Unterlage liegen. Nun halten wir den Ball an die Fußsohlen des Babys. Es spürt den leichten Widerstand des Balles und wird anfangen, reflexhaft abwechselnd danach zu treten. Vielleicht tritt das Baby nicht sofort nach dem Ball. Lassen wir ihm Zeit. Es kann einige Minuten dauern, bis das Kind den Widerstand registriert und anfängt, gegen den Ball zu treten (siehe auch Zeichnung oben rechts).

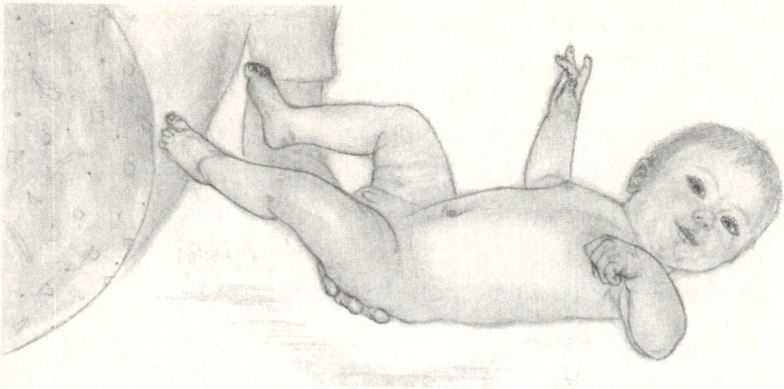

Manchmal ist das Kind auch müde. Es tritt nicht gegen den Ball, oder seine Bewegungen werden langsamer und hören auf.

Wenn Ihr Baby müde ist oder aus anderen Gründen keinen Spaß am Spielen hat, beenden Sie das Spiel.

Ein Baby, das schon über zwei Monate alt ist, nimmt seine Beine womöglich schon selbst vom Boden und braucht unsere Hilfestellung mit der Hand unter dem Po nicht mehr, um gegen den Ball zu treten.

Wenn das Baby über drei Monate alt ist, tritt es vielleicht nicht mehr gegen den Ball. Der Grund: Der Reflex, allem, was das Kind unter den Fußsohlen spürt, Widerstand zu geben, ist verschwunden. Wir zeigen dem Kind den Ball, und es wird vielleicht bewußt die Beine hochnehmen und gegen den Ball treten. In PEKiP-Gruppen kommt es vor, daß Väter von der Aktivität ihres ca. sechs Wochen alten Kindes beim Treten gegen den Ball so fasziniert sind, daß sie ihm eine Fußballkarriere voraussagen…

Beobachten Sie Ihr Baby. Es ist vom Kopf über Arme, Hände, Körper, Beine, Füße bis zu den Zehen aktiv. Auf dem Foto sehen wir, wie das Kind die Zehen bewegt.

Bälle sind ein wichtiges Spielzeug für die Bewegungsentwicklung Ihres Babys. In der vorigen Anregung wurde ein Wasserball benutzt, der Kindern bis ins Schulalter Freude bereitet.

Wenn Sie einen Ball vor dem Baby bewegen, beobachtet es ihn fasziniert. Später versucht es, ihn zu berühren, festzuhalten und wegzustoßen. Der Ball rollt weg. Dies veranlaßt das Baby, sich lang zu strecken, um ihn zu erreichen und das Spiel neu beginnen zu lassen.

In der ersten Zeit hat Ihr Baby Freude an einem weichen Ball, den es gut festhalten und in den Mund stecken kann. Wählen Sie einen waschbaren Ball mit einer kräftigen Farbe. Später hat Ihr Kind Freude an festeren Bällen in unterschiedlicher Größe und Form.

Spiele auf dem Körper der Mutter (des Vaters)

PEKiP

Kind auf den Oberkörper legen

Legen Sie sich mit einer Rolle im Nacken bequem hin, und legen Sie Ihr wenige Tage altes Baby mit dem Bauch auf Ihren Oberkörper. Es spürt Ihren Herzschlag und das Auf- und Abbewegen Ihres Körpers. Wenn Sie sich stärker bewegen, indem Sie leicht hin- und herschaukeln, wird es diese Bewegung aktiv mitmachen. Stützen Sie das Baby mit einer Hand am Po, um ihm Halt und Sicherheit zu geben. Das Kind versucht, seinen Kopf zu heben, um Sie anzuschauen, wenn Sie mit ihm sprechen. Es wird Ihrer Stimme zuhören und auch die Vibrationen, die sie auslöst, wahrnehmen. Sie können das Baby auch mal mit dem Rücken auf Ihren Oberkörper legen.

- Wie fühlen Sie sich?
- Welche Lage bevorzugt das Baby?

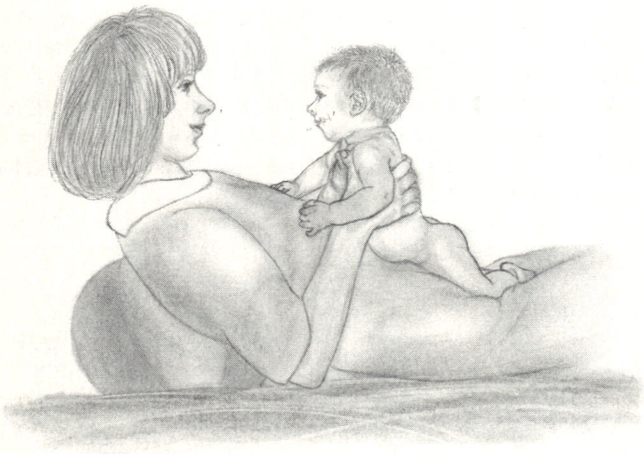

Wir legen uns mit einem dicken Kissen im Rücken auf den Boden oder in Schräglage aufs Bett. Das Kind liegt wieder in Bauchlage auf unserem Oberkörper. Das Kind bewegt aktiv seine Arme und macht mit den Beinen Kriechbewegungen. Außerdem wird es wieder versuchen, den Kopf zu heben, um mit uns in Kontakt zu kommen. Das Baby sieht uns bei diesen Spielen aus einer anderen Perspektive als normalerweise.

Setzen Sie sich leicht nach hinten gebeugt in einen Sessel, und legen Sie das Baby wieder in Bauchlage auf Ihren Oberkörper. Das Kind stemmt sich mit seinen Füßen aktiv gegen Ihren Schoß. Fassen Sie es im Schalengriff um seinen Oberkörper, und heben Sie es etwas hoch. Das Baby wird sich stärker und öfter abstoßen. Das Gewicht des Kindes wird vom Erwachsenen gehalten, denn das Baby darf noch nicht auf seinen Füßen stehen.

Leichter Zug nach rechts und links

PEKiP

Das Baby liegt auf dem Rücken vor uns. Wir sprechen mit ihm und strecken ihm unsere Hände entgegen und streicheln mit ihnen seine Fäuste: Wenn wir mit unserem Zeigefinger ein wenig gegen die Handinnenflächen drücken, wird es sie festhalten. Unseren Daumen oder einen anderen Finger halten wir leicht auf der Handoberfläche, damit es sich nicht erschrickt, wenn es plötzlich losläßt.

Wenn das Baby unseren Zeigefinger umklammert, bewegen wir ihn langsam zur Körpermitte des Babys. Das Kind bewegt seine Hand und seinen Arm leicht zur Mitte. Am Anfang wird das Baby diese Bewegung zögernd ausführen, aber mit der Zeit wird es sicherer, kräftiger und aktiver.

Hält das Baby unseren Zeigefinger längere Zeit fest, zieht es sich über die Mitte bis in die Seitenlage. Wir achten darauf, daß es seinen Kopf und seine Beine mit zur Seite dreht. Die Aktivität geht immer vom Kind aus. Es ist nicht sinnvoll, daß wir das Kind zur Seite ziehen, wenn es seinen Kopf, seinen Körper und die Beine nicht selbst mit zur Seite nimmt.

Beobachten Sie Ihr Baby:

- Greift es links genausogut wie rechts?
- Nach welcher Seite schaut es bei diesem Spiel am liebsten?
- Nimmt es seinen Körper zu beiden Seiten gleich intensiv mit?
- Hält es den Körper gerade, oder macht es ein Hohlkreuz?

Wenn Ihr Baby ein Hohlkreuz bei dieser Anregung macht, ist sie für Ihr Kind im Moment nicht geeignet.

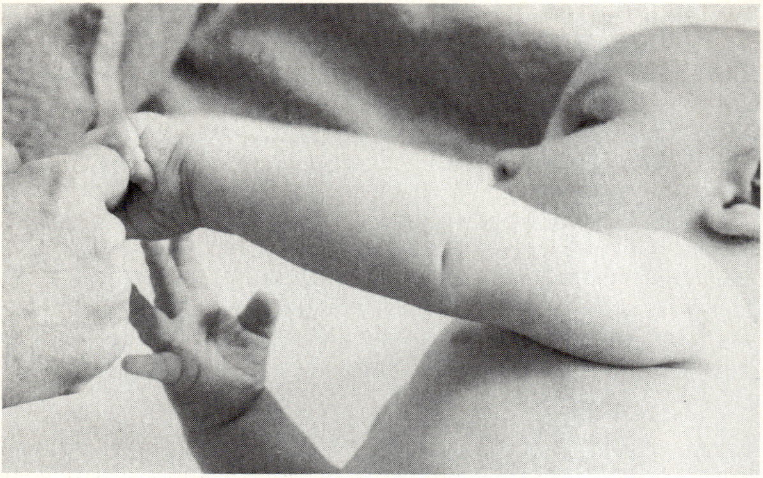

Leichter Zug zu den Seiten mit beiden Händen

PEKiP Wir reichen dem auf dem Rücken liegenden Baby unsere Zeigefinger. Wenn es sie mit seinen Händen festhält, bewegen wir sie beide sanft zur einen, dann zur anderen Seite des Babys. Es dreht seinen Körper langsam ein wenig zur Seite; den Kopf kann es oft schon ganz auf die Seite drehen.

Es kommt darauf an, daß das Baby nicht gezogen wird, sondern sich selbst aktiv zur Seite zieht.

Heben des Kopfes in der Bauchlage

PEKiP Wenn Ihr neugeborenes Baby auf dem Bauch liegt, wird es am Anfang mit viel Anstrengung den Kopf von einer auf die andere Seite legen. In den nächsten Wochen wird es den Kopf immer ein wenig länger und höher halten. Es ist interessant und spannend zu beobachten, wie das Baby es jeden Tag schafft, den Kopf ein wenig länger oder höher zu halten. Das Schauen in dieser Lage ist anders als auf dem Rücken liegend. Das Kind hat eine aufrechte Perspektive, die es mit zunehmendem Alter immer mehr schätzt.
Es gibt auch Zeiten, in denen wir kaum eine Veränderung wahrnehmen. Das Baby konzentriert sich vielleicht im Moment auf einen ande-

ren Entwicklungsbereich. Es hat vielleicht gerade entdeckt, daß es seine Hände vor das Gesicht nehmen und sie beobachten kann. Deshalb will es vielleicht besonders oft auf dem Rücken liegen, um mit seinen Händen zu spielen.

Wenn Sie dem Baby ein Spielzeug zeigen, wird es versuchen, seinen Kopf zu heben und das Spielzeug anzusehen, und es anfangs kurz, mit der Zeit immer länger, im Blick behalten. Das Baby schaut zuerst von einem Augenwinkel zum anderen, wenn Sie das Spielzeug bewegen. Bald wird es den Kopf mitbewegen und den Radius des Nachschauens vergrößern.

Am Anfang hält das Baby nur den Kopf, dann stemmt es sich auch mit den Armen ab und hebt so die Schultern über den zusammengeballten Fäusten.

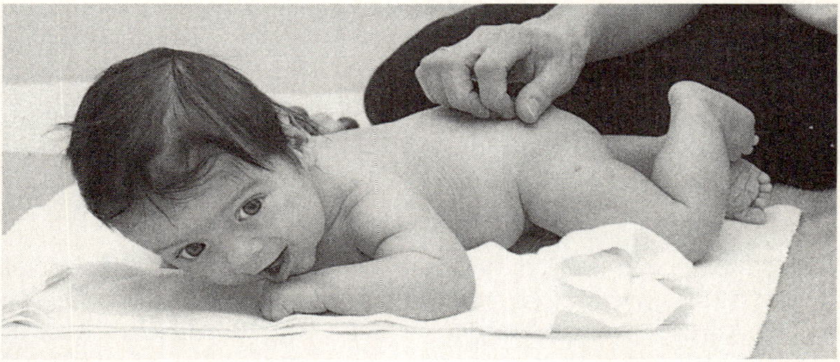

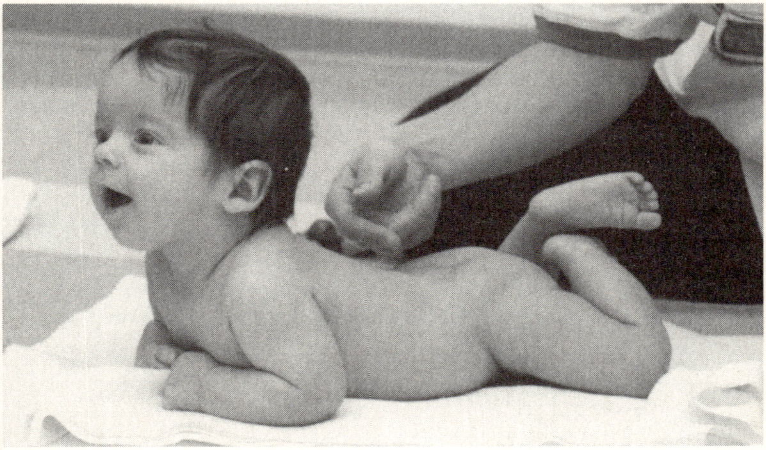

Ende des ersten Vierteljahres hebt es Schultern und Kopf von der Unterlage und stemmt sich auf die Unterarme.

Wenn das Kind mit Augen und Kopf die Bewegung des Spielzeugs verfolgt, unterhalten Sie sich mit ihm vielleicht so: Wo ist die Rassel? Schön schaust du hinterher. Das fällt dir gar nicht so einfach, den Kopf zu halten. Du strengst dich aber an.

Wie anstrengend diese Haltung ist, probieren Sie am besten selbst aus. Legen Sie sich in Bauchlage auf den Boden, ohne sich mit den Armen abzustützen, die Sie neben dem Körper liegen lassen. Jetzt heben Sie den Kopf, drehen ihn nach rechts und links und halten ihn eine Weile oben.

Sie werden feststellen, wie angespannt Ihr ganzer Körper, aber besonders Ihre Nackenmuskeln sind. Selbst ausprobieren zeigt, wie anstrengend die Spiele für das Kind sind, das z. B. noch nicht gelernt hat, selbst den Kopf zu halten. Außerdem wird sich das Kind freuen, wenn Sie auch auf dem Boden liegen und das gleiche machen wie es selbst.

Wenn Sie mit Ihrem Baby ein Spiel gemacht haben, ruhen Sie sich gemeinsam aus, unterhalten Sie sich mit dem Kind, oder streicheln Sie es zur Entspannung.

Mit diesen ersten Spielen können Sie beginnen, wenn das Baby sein Geburtsgewicht wieder erreicht hat.

Die Anregungen zum Tragen, die auf S. 54ff. beschrieben wurden, eignen sich auch schon für die ersten Tage, wenn sich der Erwachsene dabei dem Kind so anpaßt, daß es die Bewegungen des Erwachsenen mitmachen kann und dabei zufrieden ist.

In den ersten Tagen und Wochen sind die Wachzeiten kurz, und das Spielen wird sich auf wenige Minuten, z. B. während des Wickelns, beschränken. Mit zunehmendem Alter des Kindes werden die Wachzeiten länger, und es wird eine Zeit am Tag geben, in der Sie sich länger mit Ihrem Baby beschäftigen, je nach seinen Bedürfnissen.

Das Baby bestimmt von Anfang an mit, ob und wie miteinander gespielt wird. Durch Miteinanderspielen lernen Sie, das eigene Handeln immer mehr mit dem des Kindes in Einklang zu bringen.

Dadurch, daß Sie z. B. beim Kind Anzeichen von Müdigkeit sehen und entsprechend reagieren, wird das Kind an Sicherheit und Zufriedenheit gewinnen.

Die Anregungen, die bisher beschrieben wurden, können wir immer wieder umsetzen, auch mit dem älteren Baby. Das Spiel verändert sich dann. So wird das Baby irgendwann, wenn wir seine Hände streicheln wollen, unsere Hand von sich aus ergreifen und uns zeigen, was es tun möchte.

Ausruhen und spielen auf den Oberschenkeln der Mutter

Legen Sie sich auf den Boden, oder setzen Sie sich auf die Couch, und stellen Sie Ihre Beine leicht hoch. Nehmen Sie Ihr Baby, und legen Sie es mit seinem Oberkörper an Ihre Oberschenkel. Seine Beine liegen auf Ihrem Bauch. Wichtig ist, daß das Kind an die Oberschenkel gelehnt bleibt, nicht sitzt, sondern in Schräglage liegt. Schaukeln Sie das Baby leicht hin und her, und bewegen Sie Ihre Beine leicht auf und ab. Sie werden feststellen, daß dies beim Baby auch Bewegungen auslöst als Antwort auf Ihr eigenes Bewegen.

Wenn Sie Ihren Kopf bewegen, wird das Kind Sie mit seinen Augen verfolgen. Auch fällt es dem Baby leicht, in dieser Haltung ein Spielzeug mit Augen und Kopf zu verfolgen. Kindern, die einen stark aus-

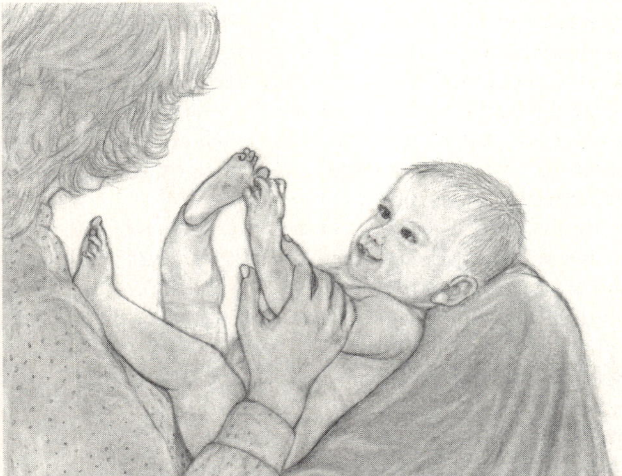

geprägten Hinterkopf haben, fällt es eher schwer, am Anfang ihren Kopf in Rückenlage von einer Seite zur anderen zu drehen. In dieser Lage fällt es ihnen leichter.

In dieser Haltung können Sie sich gut mit Ihrem Baby unterhalten. Erzählen Sie ihm etwas. Das Baby hört zu und reagiert, indem es seine Lippen und Augen und seinen Kopf bewegt. Die menschliche Stimme ist eine besondere akustische Stimulation fürs Baby, wenn wir uns ihm zuwenden. Es fühlt sich aufgefordert, seinerseits zu reagieren. Obwohl es die Worte noch nicht versteht, nimmt es die Art des Sprechens und Ihre Mimik und Gestik wahr und versucht, sie nachzuahmen und Ihnen zu antworten.

Schaukeln Sie mit dem Baby, indem Sie sich aufsetzen und wieder hinlegen.

PEKiP

Abstoßen vom Wasserball

Für dieses Spiel benötigen wir einen Wasserball mit einem Durchmesser von maximal 30 cm.

Wir nehmen unser Baby aus der Bauchlage hoch, indem wir unsere Hände wie eine Schale um seinen Brustkorb legen. Legen Sie das Baby mit dem Oberkörper auf den Ball, und behalten Sie den Schalengriff bei. Das Kind wird von hinten gehalten. Das Kind kann Arme und Beine frei bewegen. Die Hände wird es am Anfang noch oft zu Fäusten geballt haben.

Wir achten darauf, daß das Baby mit seinen Füßen leicht den Boden berührt. Das Gewicht des Kindes darf keinesfalls von den Füßen getragen werden, sondern liegt auf dem Ball. Das Baby spürt den Widerstand des Bodens abwechselnd unter seinen Füßen. Es zieht den einen Fuß hoch und stößt sich mit dem anderen ab, immer abwechselnd. Dies ist in den ersten zwei bis drei Monaten noch eine Reflexhandlung. Manche Kinder brauchen trotzdem etwas länger, um zu reagieren. Lassen Sie Ihrem Baby viel Zeit.

Die Bewegung des Abstoßens unterstützen wir, indem wir den Ball im Rhythmus des Kindes mitbewegen. Wenn es sich nur wenig oder gar nicht abstößt, ist es vielleicht mehr damit beschäftigt, sein Gleichgewicht auf dem Ball auszubalancieren oder mit seinen Händen etwas zu tun.

Der Reflex des Abstoßens verliert sich im Laufe des ersten Vierteljahres.

Beobachten Sie, wie intensiv das Baby bei diesem Spiel mit seinen Füßen arbeitet.

Ihr Baby stößt sich nicht ab? Vielleicht ist es müde, oder es möchte

im Moment ganz etwas anderes tun. Versuchen Sie es herauszufinden, und beachten Sie beim Spielen immer seine Selbständigkeit.

Kind über den Kopf heben

Wir nehmen das auf dem Rücken liegende Kind über die Seite hoch (wie im Kapitel Tragen auf S. 50ff. beschrieben) und halten es im Schalengriff – unsere Hände bilden eine Schale um den Brustkorb des Kindes – aufrecht vor unser Gesicht. Dabei nehmen wir Blickkontakt zum Kind auf. Unsere Hände halten das Kind sanft und sicher, ohne es einzuengen. Wir heben es langsam über unseren Kopf und schauen es weiter an. In der waagerechten Haltung über unserem Kopf balanciert das Baby aktiv seinen Kopf, seinen Körper und seine Beine aus. Mit zunehmendem Alter fühlt es sich sicherer und hat immer mehr Freude an dem Spiel. Wir bewegen das Kind langsam und engen es nicht ein, damit es sich mit eigenen freien Bewegungen auf unser Halten einstellen kann.

PEKiP

In der sechsten Lebenswoche nehmen wir das Kind nur für einige Sekunden vorsichtig hoch. Mit zunehmendem Alter verlängern wir diese Zeiten. Bis zum Ende des ersten Lebensjahres hat das Kind Freude daran, hoch über dem Erwachsenen gehalten zu werden.

Das Baby spürt Nähe, Geborgenheit und Verbundenheit mit den Eltern, wenn Sie sich gemeinsam mit ihm freuen und mit ihm reden.

Schnell sagt jemand: Mir wird das Kind zu schwer. Aber gerade bei diesem Spiel werden Sie erleben, wie Sie Vorteile aus dem gemeinsamen Spiel ziehen. Auch die Muskulatur des Erwachsenen reagiert auf die Anforderung, wird gestärkt und kraftvoller.

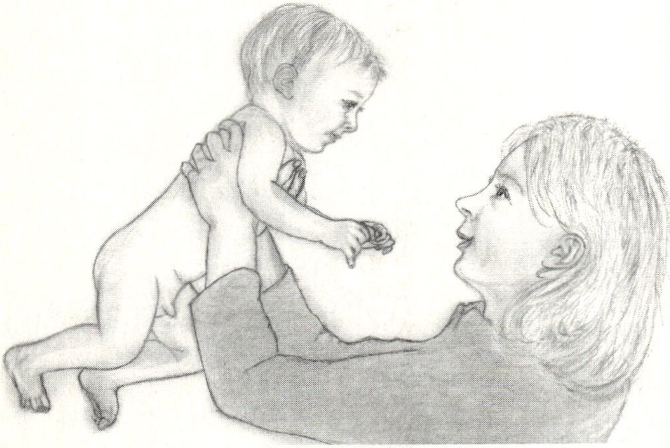

Nach Spielzeug «greifen»

Wenn Sie ein Spielzeug über das Gesicht des Babys halten, wird es dieses zunächst nur anschauen. Achten Sie außer auf seine Augen mal auf seine Beine, Arme und Hände, wenn Sie das Spielzeug längere Zeit ruhig über das Kind halten.

Ihr Baby gerät vielleicht in Bewegung. Es strampelt mit den Beinen, rudert mit seinen Armen und öffnet die Fäustchen.

Mit zunehmendem Alter hebt das Baby Arme, Hände und Beine immer höher vom Boden und versucht, sie zur Körpermitte zu bewegen und die Hände vor dem Gesicht zusammenzubringen.

Es lenkt seine Arme zielstrebig auf bestimmte, fixierte Gegenstände hin. Es lernt, die Augen mit der Handbewegung abzustimmen. Diese Handbewegung unter Kontrolle der Augen auf einen Gegenstand hin ist eine sowohl körperliche wie geistige Anstrengung.

Das Baby greift nach dem Gegenstand; es ergreift ihn, indem es ihn mit seinen Händen hält, und begreift ihn, indem es seine Größe, Form, Farbe, Materialbeschaffenheit und Oberflächengestaltung ertastet, erspürt und verarbeitet.

Gegen Ende des dritten Monats können Sie Ihrem Baby den Wasserball zum Ertasten mit den Händen hinhalten. Es bewegt den Ball, indem es ihn mit den Händen abstößt und in Bewegung bringt.

Wenn das Baby seine Hände vors Gesicht nehmen kann, wird es sie betrachten und mit ihnen spielen. Zuerst wundert es sich über die Bewegungen der Hände und Finger. Erst mit der Zeit und durch ständige Wiederholungen versteht es, daß diese Hände ein Teil von ihm sind und daß es selbst die Bewegungen ausführt. Es ist faszinierend fürs Kind, seine aktiven Hände zu beobachten. Als Erwachsener staunt man, mit welcher Ausdauer und Intensität Kinder ihre Hände beobachten und mit ihnen spielen. Später werden sie andere Teile ihres Körpers und deren Funktionen wahrnehmen und begreifen.

Schnur mit Gegenständen betrachten

PEKiP

Spannen Sie über das Kind im Kinderwagen ca. 10–15 cm über der Brust oder über seine Spieldecke auf dem Boden eine Schnur, an die Sie aufgefädelte Knöpfe, dicke Holzperlen, Stoffstücke, Rassel oder knisterndes Butterbrotpapier anbringen. Zuerst wird das Baby durch spontane Armbewegungen die Gegenstände zufällig berühren, anfassen und wieder loslassen. Das Kind freut sich über die Geräusche, die entstehen, wendet seinen Kopf hin, realisiert mit der Zeit, daß es häufiger Geräusche gibt, wenn es seine Arme nach oben bringt, und wird Arme und Hände zu den Gegenständen bewegen.

Am Ende des ersten Vierteljahres werden aus den eher zufälligen Greifbewegungen willkürliche Bewegungen. Das Baby versucht bewußt, nach den Dingen zu greifen, die über ihm hängen.

Über das Bett des Kindes können Sie ein Mobile aus großen, einfarbigen, geometrischen Formen hinhängen. Wenn das Baby wach ist, wird es die Figuren mit seinen Augen verfolgen.

Kind in aufrechter Haltung nach rechts und links neigen

PEKiP

Wir fassen das auf dem Rücken liegende Kind so, daß unsere Handflächen und Finger einen breiten Gürtel um den Oberkörper des Kindes bilden. Wir nehmen das Baby über die Seite hoch in die aufrechte Lage. Wir neigen seinen Kopf ein wenig zur einen Seite und langsam wieder zur Mitte und behutsam zur anderen Seite. Dieses versuchen wir nur so weit, wie es den Kopf zu halten vermag. Das Kind balanciert seinen Oberkörper. Im zweiten Monat neigen wir das Kind bis zu 45 Grad nach rechts und links.

Sie können auch das Baby mit dem Kopf nach vorn neigen. Wichtig bei dieser Anregung – wie auch bei allen anderen – ist, daß Ihr Baby mit Freude bei der Sache ist. Wenn es ängstlich ist, sollten Sie die An-

regung abbrechen und zu einem späteren Zeitpunkt noch einmal mit ihm machen. Normalerweise haben die Kinder Freude an diesen Lageveränderungen.

Die bisher dargestellten Anregungen sind in der Regel für Babys bis Ende des ersten Vierteljahres geeignet. Beginnen Sie mit den zuerst beschriebenen Spielen, und machen Sie am Anfang nur ein bis zwei: Wechseln Sie zwischen einem aktiven und einem ruhigen Spiel, und achten Sie darauf, welche Anregungen Ihrem Baby besondere Freude machen, und wiederholen Sie sie. Verlieren Sie die anderen Spiele nicht aus den Augen. Die Vorlieben Ihres Babys können sich von einem Tag zum nächsten ändern.

Ihr Baby wird sich freuen, wenn Sie ihm etwas vorsingen. Erinnern Sie sich, welche Lieder Ihnen in der Kindheit gefallen haben, und singen Sie diese dem Baby vor, wie z. B. das Lied «Backe, backe Kuchen» oder «Hänschen klein».

Sie können natürlich auch selbst Melodien und Texte erfinden und sie z. B. beim Ausziehen singen.

Das Kind gewinnt Sicherheit, wenn seine Bedürfnisse gesehen und ernst genommen werden, indem wir seine Signale beachten und auf sie reagieren.

Die vorher beschriebenen Spiele eignen sich so lange für Ihr Kind, bis es keinen Spaß mehr an ihnen hat, weil andere Spiele seinem Entwicklungsstand eher entsprechen. Ich habe versucht, die Spiele so zu ordnen, daß sie zwischen Ruhe und Anstrengung, Bauch- und Rükkenlage, Ansprache der verschiedenen Körperteile abwechseln, so daß Sie zwei Spiele nacheinander machen können, später auch mehr. Im Laufe der Zeit werden Sie selbst Reihenfolge und Art der Spiele bestimmen, wie sie Ihrem Baby am meisten Freude machen.

Bei den Spielen fürs zweite Vierteljahr werden Sie einige hier beschriebene Spiele wiederfinden. Es wird dort auf den inzwischen fortgeschrittenen Entwicklungsstand des Kindes eingegangen und darauf aufgebaut.

Anregungen für das zweite Vierteljahr

Im zweiten Vierteljahr wird das Baby schon ein wenig selbständiger. Wenn Sie ihm den Ball hinhalten, dreht es sich vielleicht zur Seite, anstatt gegen den Ball zu treten. Versuchen Sie nicht, Ihre Vorstellung durchzusetzen, sondern überlassen Sie Ihrem Kind die Initiative und unterstützen Sie es, sich z. B. weiter auf den Bauch zu drehen.

Die Asymmetrie der Körperhaltung – wie ein Fragezeichen zu liegen und Arme und Beine unterschiedlich zu bewegen – verliert sich langsam. Das Baby liegt und bewegt sich jetzt symmetrisch. Es spielt mit seinen Händen und Fingern und steckt sie in den Mund. Gegenstände werden ergriffen und zum Mund geführt. Der Mund ist in dieser Lebensphase das wichtigste Tastorgan des Kindes. Am Ende des sechsten Monats wechselt es Spielzeug zwischen seinen Händen hin und her.

Das Kind erforscht mit seinen Tastsinnen die Umwelt. Es wird auf immer feinere akustische Reize aufmerksam und wendet seinen Kopf in Klangrichtung. Es freut sich, wenn sich Schritte nähern, und unterscheidet mit der Zeit vertraute von unbekannten Personen.

Das Kind stützt sich vielfach bereits am Ende des zweiten Vierteljahres in Bauchlage mit weit nach vorn gelegten Armen sicher ab. Die Hände sind dabei oft geöffnet, und der Kopf wird senkrecht zur Unterlage gehalten. Gegen Ende des ersten Lebenshalbjahres stützen sich viele Kinder bereits mit gestreckten Armen auf den Händen ab.

«Alexandra nimmt ihren Kopf in Bauchlage jetzt sehr hoch. Der Rükken ist total durchgedrückt. Bekommt sie dadurch ein Hohlkreuz, wenn sie das oft macht? Soll ich sie lieber nur auf den Rücken legen?» (Regina, 29, Nachtschwester).

Es ist normal, was Alexandra macht. Kinder in dieser Entwicklungsphase bewegen ihr Rückgrat intensiv, um die Muskulatur zu entwickeln, die Bewegungsmöglichkeiten zu erproben und die Dinge aus verschiedenen Perspektiven zu betrachten.

Wenn das Baby auf dem Rücken liegt, macht es genau das Gegenteil wie in der Bauchlage. Es nimmt seine Beine hoch, greift erst an seine Oberschenkel, dann an seine Knie, später an die Zehen, und im zweiten Halbjahr nimmt es manchmal schon seine Füße in den Mund. Bei all diesen Handlungen macht es einen runden Rücken. Das Baby «schwimmt» im zweiten Vierteljahr oft in Bauchlage. Das heißt, es nimmt Arme und Beine hoch und streckt sie, so daß nur noch der Bauch aufliegt.

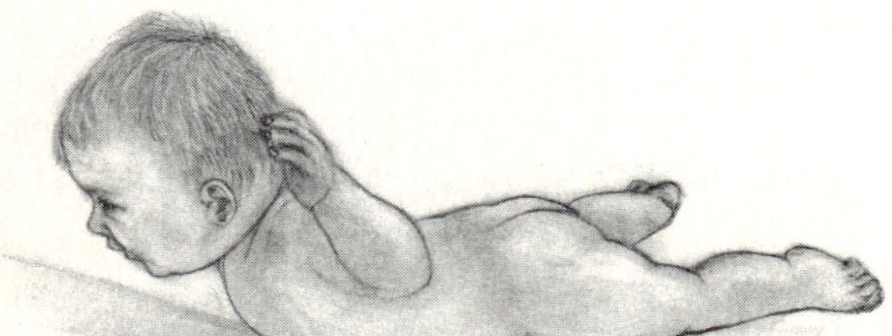

Jedes Kind entwickelt sich von allein so, wie es für seine optimale Entwicklung richtig ist. Es wird sich beispielsweise erst dann hinsetzen (frühestens mit acht Monaten), wenn sein Rückgrat die erforderliche Reife besitzt und es die hierzu notwendigen Bewegungen koordinieren kann.

Nach meinen Erfahrungen sollten Sie das Baby auf keinen Fall hinsetzen, auch nicht durch Kissen abgestützt. Es ist für seine Wirbelsäule schädlich. Vielleicht sind viele Rückenleiden bei Erwachsenen durch frühes Hinsetzen im ersten Lebensjahr mit bedingt.

In manchen Entwicklungskalendern sind zu frühe Zeitpunkte angegeben, wann ein Kind einen bestimmten Entwicklungsstand erreicht haben sollte. Wenn Ihr Baby noch nicht so weit entwickelt ist und Sie beunruhigt sind, sprechen Sie mit Ihrem Kinderarzt. Kinder entwickeln sich unterschiedlich. So kann beispielsweise ein Kind ein Spielzeug gut greifen, seinem Entwicklungsstand also einen Schritt voraus sein, und gleichzeitig den Kopf noch nicht gut halten.

Es ist wichtig, daß sich ein Baby stetig weiterentwickelt und nicht in seiner Entwicklung stehenbleibt. Wie schnell oder langsam dies geschieht, hängt vom einzelnen Kind ab.

Jedes Kind bemüht sich aktiv, neue Entwicklungsphasen zu erreichen. Deshalb sollten die Anregungen immer die im Moment vorhandenen Fähigkeiten gezielt unterstützen.

Wir wollen nur die Bewegungen unterstützen, die dem individuellen Entwicklungsstand eines Kindes entsprechen. Diese unterscheiden sich selbstverständlich bei allen Kindern.

Das Kind entwickelt Vorlieben für bestimmte Dinge, mit denen es gern spielt. Achten Sie darauf, worüber Ihr Baby sich besonders freut. Auch sollte Ihr Baby – auch Ihr Sohn – eine weiche Puppe zum Schmusen besitzen, die es beim Schlafengehen begleitet und wenn nötig, ihm Trost spendet.

Spielzeug in Bauchlage verfolgen und ergreifen

PEKiP

Wenn Ihr Baby auf dem Bauch liegt, wird es die Dinge, die sich in seiner Reichweite befinden, berühren, dann nach ihnen greifen und mit ihnen hantieren, indem es sie hin- und herbewegt und drückt. Das Kind «begreift» auf diese Art seine Umwelt.

Wie im ersten Vierteljahr zeigen Sie Ihrem Baby ein Spielzeug. Ihr Kind wird es jetzt nicht nur mit den Augen verfolgen, sondern auch seinen Kopf in Richtung des Spielzeugs drehen. Ändern Sie Tempo und Ausmaß beim Bewegen des Gegenstands. Halten Sie das Spielzeug hoch, damit das Kind den Kopf mehr anhebt.

Das Baby fängt an, nach dem Gegenstand zu greifen. Wir reichen dem auf dem Bauch liegenden Kind ein Spielzeug. Es verlagert sein Gewicht auf den Bauch und einen Unterarm und greift mit der anderen Hand nach dem Spielzeug. Es kann seinen Körper in dieser Stellung einige Sekunden balancieren. Überlassen Sie ihm den Gegenstand zum Betasten und In-den-Mund-Stecken. Wie lange sich das Kind mit dem Spielzeug beschäftigt, überlassen Sie ihm ebenfalls selbst.

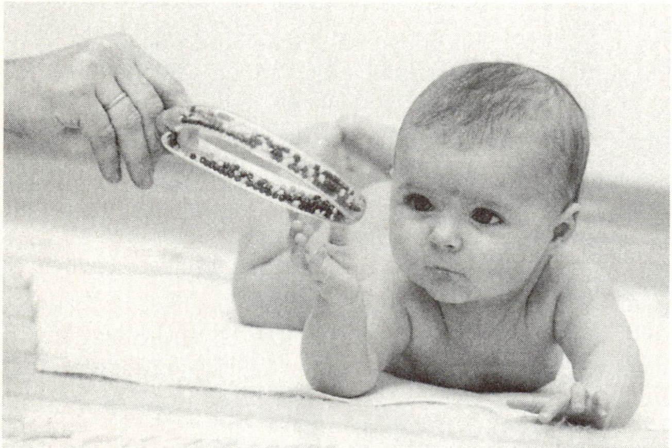

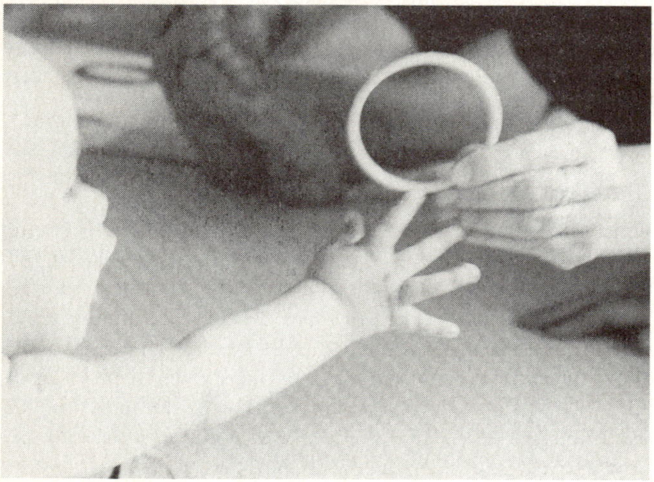

Auf den beiden Fotos sehen Sie, wie unterschiedlich Kinder greifen. Seien Sie nur behilflich, wenn das Spielzeug weggerollt ist oder das Kind danach verlangt.

Am Ende des ersten Halbjahres wird das Baby sich vielleicht schon auf die Hände abstützen. Die Arme sind gestreckt. Der Kopf ist hoch über die Unterlage hinaus erhoben. Auch wird es sich auf einem Arm abstützen und mit dem anderen Arm hoch nach einem Spielzeug greifen. Meistens macht es dies einige Zeit nur mit einer Seite. Versuchen Sie aber immer wieder, das Spielzeug von beiden Seiten zu reichen.

Im zweiten Vierteljahr wird das Baby länger und ausdauernder auf dem Bauch liegen und dabei umherschauen und spielen. Auf der Dekke überblickt es in der Bauchlage das gesamte Zimmer und verfolgt die Mutter bei ihrem Tun. Es interessiert sich für alles, was in seiner Umgebung passiert. Wenn Sie es selbst mal ausprobieren, werden Sie feststellen, daß Sie in der Bauchlage sehr viel mehr sehen als in der Rückenlage.

Das Kind beobachtet Sie genau und wird sich merken, wie es sich z. B. anhört, wenn Sie seine Flasche zubereiten. Erzählen Sie ihm, was Sie tun. Das Kind hört Ihnen gern zu und wird Ihnen vielleicht «antworten». Nachdem es Sie einige Male beobachtet hat, wird es die Geräusche zuordnen, ohne zu sehen, daß Sie sein Essen zubereiten.

Zeiten, in denen das Kind sich mit sich selber oder mit Spielsachen beschäftigt, sind für seine Entwicklung, besonders auch für die Entwicklung der Selbständigkeit, sehr wichtig.

Kind auf dem Schoß hopsen lassen

PEKiP

Die Bewegungen der Beine und Füße regen wir an, indem wir diese oft mit einer Fläche in Berührung bringen, so daß sich das Kind gegen diese Fläche stemmen kann.

Wir fassen das Baby im Schalengriff unter den Armen und halten es senkrecht hoch über unseren Schoß. Wir lassen das Kind mit seinen gebeugten Beinen unseren Schoß leicht berühren. Das Gewicht wird vom Erwachsenen gehalten. Das Baby stemmt sich rhythmisch mit den Beinen gegen den Schoß und zieht sie wieder an. Wir helfen dem Kind, indem wir es in dem Moment, wenn es sich mit den Füßen abdrückt, ein wenig heben. Wir helfen ihm dadurch, in eine gestreckte Haltung zu gelangen. Wenn es die Beine entspannt, lassen wir es einige Zentimeter sinken. Das Kind übernimmt eigenständig die Bewegung durch wechselndes Beugen und Strecken der Beine. Das Gewicht des hüpfenden Kindes wird von unseren Händen gehalten. Wir lassen

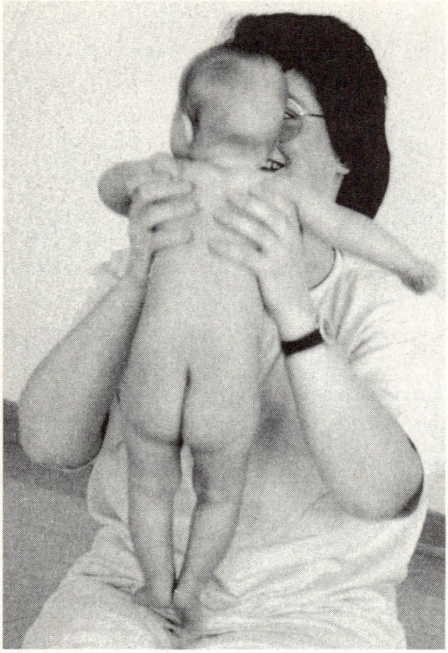

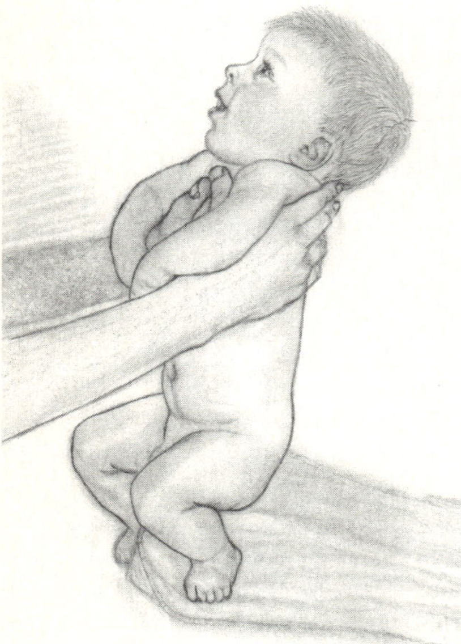

das Baby nicht mit seinem ganzen Gewicht auf den Füßen stehen.

Am Anfang wird das Kind besonders gern auf unserem Schoß hüpfen. Nach einiger Zeit wird es sich genausogern vom Tisch oder Boden abstoßen.

Wir sprechen mit dem Kind beim «Hopsen», um es zu unterstützen. Das Kind schaut uns aufmerksam an. Durch das Hochheben probiert das Baby seinen Gleichgewichtssinn aus, kräftigt seine Bauch- und Beinmuskeln, übt seine Kopfkontrolle und freut sich über unsere Zuwendung.

«Meine Tochter ist mir zu schwer dazu. Ich habe in einem Katalog ein Hüpfgerät gesehen, das man an den Türrahmen anbringen kann. Ist das nicht das gleiche?» fragte Christa, 31, Verkäuferin, als wir an einem Elternabend über Hüpfgeräte sprachen.

Christa hat teilweise recht. Mit zunehmendem Alter werden die Kinder schwerer, und viele Mütter müssen sich sehr anstrengen, die beschriebene Anregung mit ihrem Baby durchzuführen. Vielleicht sehen Sie dieses Spiel als eine Gymnastikübung für Ihre Arme und Ihre Brustmuskulatur. In ein Hüpfgerät wird das Kind in einer Hose gehängt. Meistens berühren nur die Fußspitzen den Boden. Das Kind wird seine Zehen nach unten bewegen, um den Boden zu erreichen und sich abzustoßen. Wenn das Kind es länger als fünf bis zehn Minuten am Tag benutzt, kann es zu einer Spitzfußstellung kommen.

Wenn das Baby auf der ganzen Fußsohle in dem Gerät steht, wird das Hüftgelenk zu stark belastet.

Mein wichtigster Einwand gegen Hüpfgeräte: Es fehlt der innige Kontakt zwischen Mutter und Kind. Wenn Sie Ihr Baby nicht mehr halten können, sollten Sie es lieber in die Bauchlage oder auf den Rükken legen. Es hat dort viel mehr Möglichkeiten, sich auszuprobieren und seine Umgebung kennenzulernen. Der Vater wird abends vielleicht mit dem Baby hopsen, wenn es viel Freude an dieser Bewegung hat.

Wir können bei dieser Anregung auch das Baby mit dem Gesicht in den Raum halten, wenn es sich bei diesem Spiel sicher fühlt.

Wasserball mit Händen und Füßen greifen

PEKiP

Über die Brust des Kindes halten wir den Wasserball an einer Schnur. Das Kind wird jetzt nicht nur in den Ball schlagen, sondern ihn vorsichtig mit den Händen berühren und versuchen, nach ihm zu fassen. Es greift am Anfang noch unsicher, wird aber jeden Tag sicherer.

Beobachten Sie die Hände des Babys bei diesem Spiel. Etwa mit drei Monaten hält es die leicht geöffnete Hand gegen den Ball. Mit einem halben Jahr etwa sind die Finger auseinandergespreizt und bilden eine Schale um den Ball. Das Kind hält den Ball fest vors Gesicht und leckt ihn manchmal ab.

Wenn Sie den Wasserball über seine Füße halten, winkelt es jetzt selbständig seine Beine hoch, um gegen den Ball zu treten. Sie brauchen nicht mehr die Hand unter den Po zu halten.

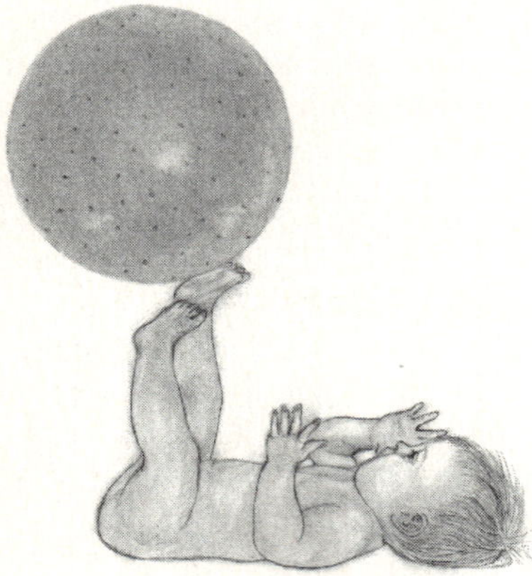

Zuerst strampelt das Baby bewußt gegen den Ball, berührt ihn dann behutsamer mit den Zehen und betastet ihn mit den Füßen.

Am Ende des ersten Lebenshalbjahres überreicht das Kind den Ball von den Füßen an die Hände und umgekehrt. Auch klemmt es ihn zwischen Händen und Füßen fest.

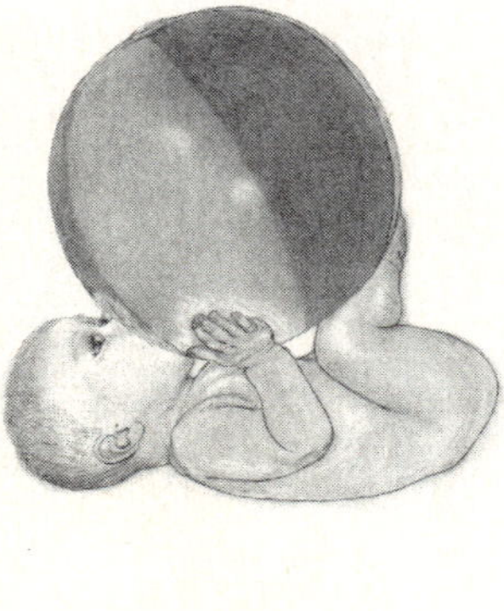

Greifen nach unseren Fingern und Füßen

Wir zeigen dem vor uns auf dem Rücken liegenden Kind unsere Hände. Wir bewegen die Finger vor seinem Gesicht. Das Baby ist fasziniert von den Bewegungen. Es betrachtet und verfolgt unsere Finger mit den Augen. Mit ca. vier Monaten nimmt es seine Hände hoch und fängt an, nach unseren Fingern zu greifen. Bald wird es sie nicht nur ergreifen, sondern auch zum Mund führen und eine Geschmacksprobe nehmen, da es sie auch mit dem Mund, den Lippen, der Zunge und dem Gaumen «begreifen» möchte. Lassen Sie Ihr Kind an Ihren Fingern nuckeln. Es ist für Ihr Baby interessant zu erfahren, wie Sie «schmecken». Ihre Finger sind weicher und wärmer als die meisten Gegenstände, die es sonst in den Mund nimmt. Erstaunt wird Ihr Kind sein, wenn Sie Ihren Finger in seinem Mund bewegen.

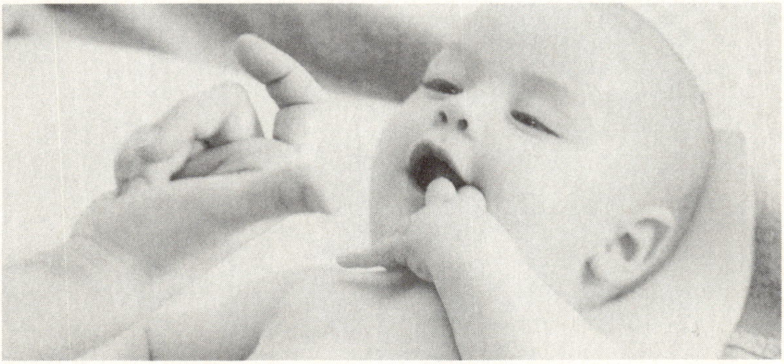

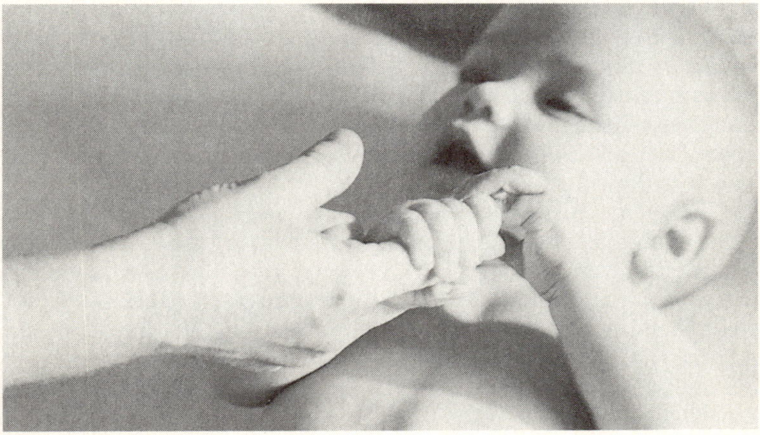

Wenn das Baby auf dem Boden liegt, zeigen wir ihm unsere Füße und bewegen unsere Zehen. Das Kind wird sich bemühen, nach ihnen zu greifen, und auch mit ihnen spielen. Wenn wir Strümpfe anhaben wie gewöhnlich, wird es wissen, so sehen Mamas Füße aus und entsprechend schmecken sie. Ohne Strümpfe sehen die Füße anders aus. Die einzelnen Zehen sind zu sehen und bewegen sich unterschiedlich.

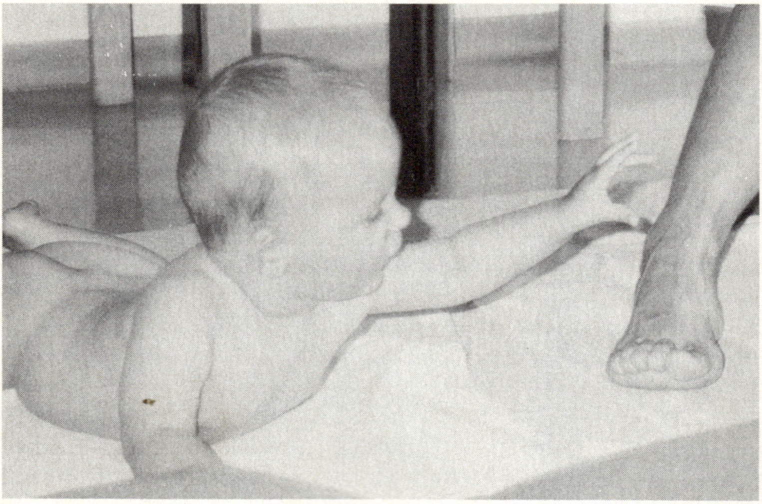

Drehen über die Seiten- in die Bauchlage

PEKiP

Im zweiten Vierteljahr fängt das Baby an, sich zur Seite zu drehen, und bis zum achten Monat kann es sich vielfach schon vollständig in die Bauchlage drehen. Mit leichter Unterstützung können wir dem Baby helfen, sich erst in die Seitenlage zu legen und später weiter auf den Bauch zu drehen.

Wir legen, wie vorher beschrieben, unseren Zeigefinger in eine Hand des Kindes. Wenn es den Finger festhält, legen wir den Daumen oder den Mittelfinger auf die Handoberfläche. Wir bewegen unsere Hand zur anderen Seite, so daß das Kind sich selbst in die Seitenlage zieht. Wenn es die Mittelstellung des Körpers aufgibt, erfolgt eine aktive selbständige Bewegung mit seinen Beinen – als wollte es sich umdrehen. Mit zunehmendem Alter dreht sich das Kind selbst bis in die Bauchlage.

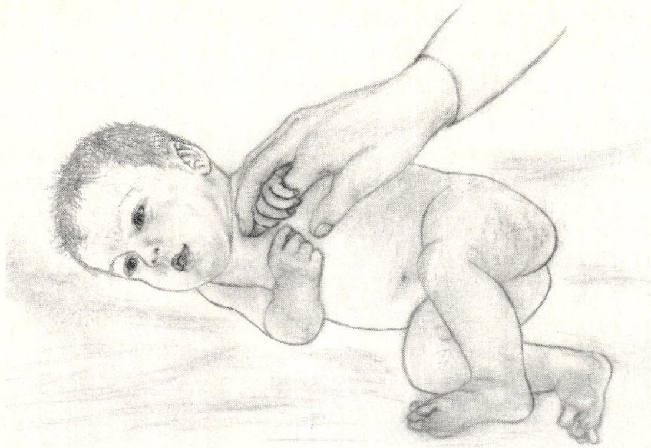

Oft liegt dabei am Anfang sein Arm, über den es sich gedreht hat, noch unter dem Körper. Wir streicheln den Rücken, das Kind hebt den Kopf höher und schafft es vielleicht allein, seinen Arm unter dem Körper vorzuziehen.

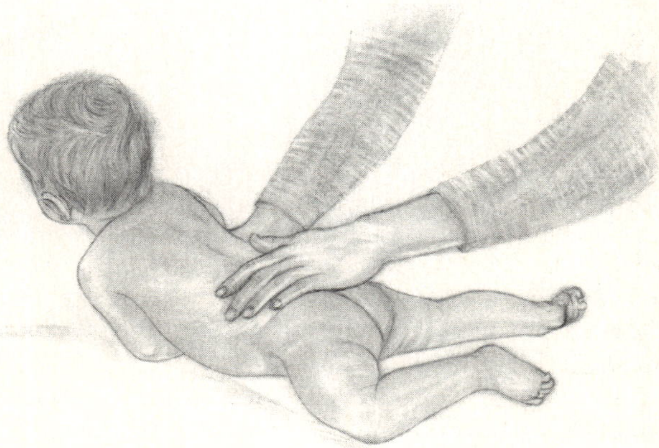

Oft sind wir zu schnell und nehmen sofort seinen Arm unterm Körper fort, ohne abzuwarten. Wenn das Baby es nicht schafft, seinen Arm hervorzubringen und unzufrieden wird, helfen wir ihm natürlich.

Sie können dieses Spiel in Ihren Tagesrhythmus einbauen. Wenn Sie das Baby wickeln, reichen Sie ihm einfach einen Finger, so daß es sich selbst in die Bauchlage zieht. Nun können Sie z. B. die Knöpfe im Nakken oder Rücken schließen.

Später können wir anstelle des Zeigefingers dem Kind einen Greifring reichen und die gleiche Bewegung ausführen. Ein Greifring ist ein interessantes Spielzeug für Kinder von Geburt an. Am Anfang halten sie ihn mit einer Hand fest, später mit beiden Händen, und danach führen sie ihn in den Mund und kauen vielleicht darauf, um sich das Zahnen zu erleichtern.

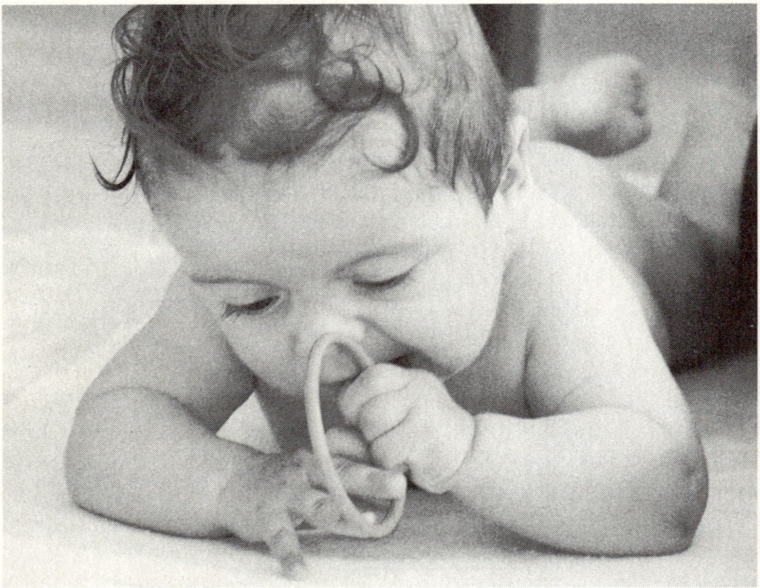

Es folgen noch weitere Spiele, bei denen der Greifring benutzt werden kann.

Gegenstände begreifen

PEKiP

Im vierten Monat beginnt das Baby in Rückenlage nach Gegenständen zu greifen, die wir ihm hinhalten. Im fünften Monat erfaßt es die Gegenstände schon viel sicherer und spielt mit ihnen. Im sechsten Monat wird das Spiel differenzierter.

Wenn wir unserem Baby Spielsachen reichen, übt es dadurch nicht nur seine Handgeschicklichkeit. Es macht dabei auch Erfahrungen in anderen Bereichen und entfaltet viele psychische und physische Funktionen. Manuelle Fertigkeiten sind ein Ausdruck von guter neuromuskulärer Koordination.

Durch die Angebote für die feinere Handbewegung entwickelt das Baby auch seinen Intellekt und andere psychische Fähigkeiten. Es begreift mit allen seinen Sinnen einen Gegenstand, wenn es ihn bewegt. Es fragt sich:

- Wie sieht er aus?
- Wie ist er zu halten?
- Wie fühlt er sich an?
- Gibt er Geräusche von sich? Welche? Wann?
- Hat er einen speziellen Geruch?
- Wie schmeckt er?

In diesem Alter fängt das Baby an, alles, was in seine Reichweite gerät, in den Mund zu nehmen, um es mit den Lippen, der Zunge und dem Gaumen zu begreifen. Es stellt fest, daß Dinge sich unterschiedlich anfühlen und schmecken.

Probieren Sie das selbst einmal aus, und nehmen Sie unterschiedliche Dinge in den Mund. Holzspielzeug fühlt sich anders an als Dinge aus Plastik, Stoff oder Metall. Dieses Erfühlen von Gegenständen mit dem Mund ist für das Kind mindestens das ganze erste Jahr von großer Bedeutung. Wenn die Eltern dieses Bedürfnis nicht akzeptieren und versuchen, das Nuckeln oder Lutschen an Fingern und Gegenständen zu unterbinden, hat dies in der weiteren Entwicklung des Kindes oft den gegenteiligen Effekt. Es wird dann in Streß-Situationen verstärkt an seinem Daumen lutschen.

Das Kind wechselt Ende des ersten Halbjahres das Spielzeug von einer Hand in die andere. Wir können ihm jetzt Spielzeuge, wie z. B. Greifringe, für jede Hand reichen. Am Anfang wird es einen loslassen, um den anderen zu ergreifen. Es bedeutet eine enorme intellektuelle Anstrengung, sich auf beide Hände gleichzeitig zu konzentrieren.

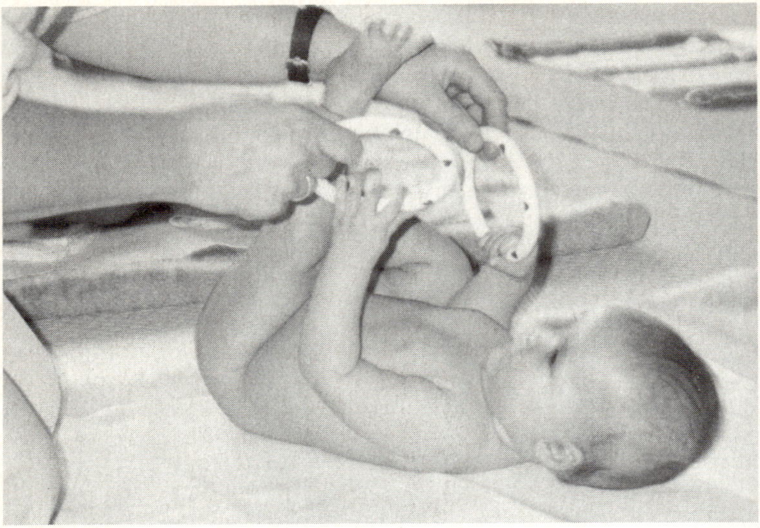

Sich aus der Rückenlage hochziehen

Wir bieten jeder Hand des Kindes unsere Zeigefinger. Das Spiel ist für das Baby nur geeignet, wenn es wirklich imstande ist, sich an unseren Zeigefingern festzuhalten. Wir motivieren das Kind, indem wir es ansehen und mit Worten ermuntern, unsere Finger festzuhalten und uns anzugucken.

Wenn das Kind die angebotenen Zeigefinger umfaßt hat, ziehen wir es ein Stück vom Boden hoch. Wenn das Kind seinen Kopf nicht hängen läßt, sondern mit anhebt, ziehen wir es sanft weiter nach oben. Bald wird sich das Kind selbst hochziehen. Unsere Finger bieten ihm nur eine Hilfestellung.

Das Spiel ist nicht geeignet, wenn das Kind den Kopf auf der Unterlage liegen läßt oder seine Hände die angebotenen Zeigefinger nicht festhalten und es nach rückwärts fällt. Sie entwickeln ein Gespür dafür, wieviel Hilfestellung und Sicherheit Ihr Kind benötigt und wieviel Bewegung Ihr Baby schon eigenständig bewältigen kann.

Die folgenden Altersangaben dienen nur zur Orientierung. Wichtig ist ja nicht, daß Ihr Baby die Spiele in den jeweiligen Monaten macht, sondern daß es eine Stufe nach der anderen erreicht.

Am Anfang des vierten Monats hält das Kind sich fest und beugt dabei leicht Arme und Beine. Wir lassen es sich nur ein wenig von der Unterlage hochziehen.

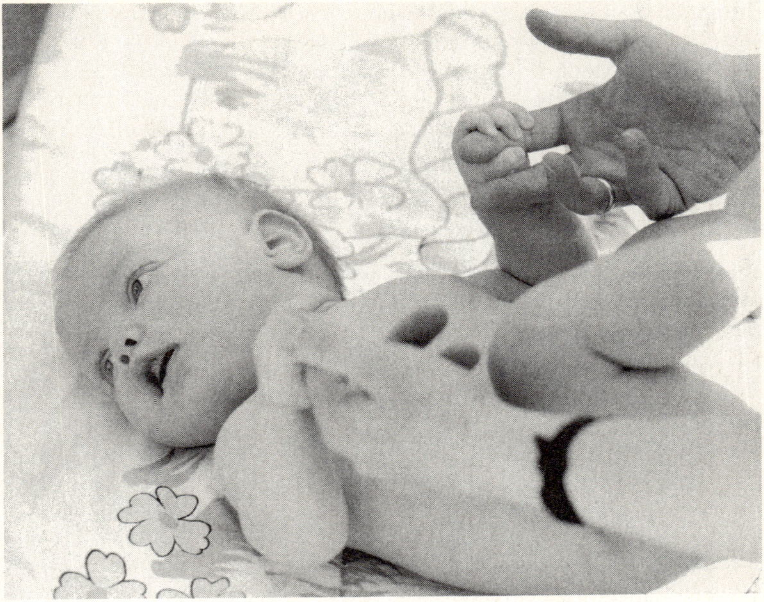

Ende des vierten Monats sind die Arme stärker gebeugt. Wir lassen es sich bis zu einem Winkel von 45° hochziehen.

Im fünften Monat zieht das Kind den Kopf mit dem Kinn an die Brust. Es wird sich schon bis zu 60° hochziehen.

Im sechsten Monat beugt es die Arme ganz und zieht sich ohne Hilfe bis zum Sitzen nach oben.

Um ein Abrutschen zu verhindern oder wenn wir spüren, daß der Händedruck des Kindes nachläßt, legen wir den Daumen auf den Handrücken des Kindes und vermeiden dadurch ein Fallen nach hinten.

Das Kind wird immer mehr allein machen, bis es die Bewegung schließlich selbständig ausführt, wenn wir ihm die Zeigefinger hinhalten.

Hat sich das Kind kontinuierlich hochgezogen, lassen wir es jedoch nicht sitzen, sondern legen es langsam wieder auf die Unterlage zurück. Manches Kind hat dieses Spiel besonders gern und fängt jetzt an, sich zu wehren. Sprechen Sie es beim Zurücklegen freundlich an, oder geben Sie ihm ein Küßchen auf den Bauch.

Wir können beim Zurücklegen des Babys einmal mehr rechts und einmal links mit unserer Hand nachgeben, so daß das Kind über die Seite in die Rückenlage kommt.

Ziel dieses Spiels ist, daß das Kind sich selbst hochziehen und wieder zurücklegen lernt.

Erst wenn ein Kind sich ohne Hilfe allein hinsetzen kann, darf es sitzen.

Sie haben vielleicht den Eindruck, daß Ihr Baby gern in der Sitzhaltung verweilt. Lassen Sie es bitte trotzdem nicht allein sitzen. Erst wenn es sich selbst hinsetzen kann, darf es auch für längere Zeit in der Sitzhaltung verweilen.

Spielen in aufrechter Haltung

PEKiP

Etwa ab dem fünften Monat kann das Kind neue Erfahrungen beim Spielen mit Gegenständen machen, wenn es auf Ihrem Schoß am Tisch sitzt und die Gegenstände vor ihm auf dem Tisch liegen. Halten Sie es mit einer oder beiden Händen an seinem Rumpf fest, und lehnen Sie es sanft mit seinem Rücken an Ihren Körper.

Lassen Sie es einige Minuten in dieser Haltung spielen. Das Spiel am Tisch hat einen anderen Charakter als das Spiel in der Bauch- und Rückenlage. Stehende Gegenstände verhalten sich ja auch anders als hängende. In der Rückenlage verliert man das Spielzeug aus den Augen, wenn man es losläßt. In der Bauchlage muß das Baby gleichzeitig sein Gleichgewicht halten, wenn es mit Spielzeug, das es im zweiten Vierteljahr ergreift, spielen will. Das ist sehr anstrengend.

Neben den feinen Greif- und Manipulationsbewegungen wird in der «sitzenden» Körperhaltung auch die Kraft der Hände ausprobiert. Wir legen kleinere und größere, leichte und schwere, gut und weniger gut faßbare Gegenstände vor das Kind und lassen es mit ihnen spielen.

«Ich nehme unsere Cornelia oft auf den Schoß, wenn wir beim Essen sitzen. Zuerst lasse ich sie mit einem Löffel spielen, später gebe ich ihr meistens andere Gegenstände zum Spielen. Am liebsten hat sie es aber, wenn sie sich Brotstücke von meinem Teller nehmen und alleine essen kann» (Gundel, 31, Sozialarbeiterin).

Cornelia wird bereits früh mit in das Familienleben einbezogen. Sie sieht, was die Erwachsenen zum Beispiel mit dem Brot machen und ahmt es nach. Das Lernen durch «Nachmachen» fördert ihre Entwicklung.

Im zweiten Vierteljahr interessieren sich die Kinder in unseren Gruppen auch immer intensiver füreinander. Sie schauen sich an, wollen sich berühren und anfassen.

Kind über Oberschenkel legen

Im zweiten Vierteljahr werden die Arme kräftiger, und das Kind kann sich in der Bauchlage immer fester und höher abstützen. Im gemeinsamen Spiel können wir das noch unterstützen.

Wir setzen uns mit ausgestreckten Beinen auf den Boden. Wenn unser Baby nackt ist, legen wir eine Liegelindunterlage oder ein Handtuch auf unsere Oberschenkel. Nun nehmen wir das Baby und legen es mit seinem Körper quer über unsere Oberschenkel. Das Kind stützt sich mit seinen Armen am Fußboden ab. Ist das Baby besonders klein oder hat es kurze Arme oder sind unsere Oberschenkel aus anderen Gründen zu hoch, legen wir das Kind über unsere Unterschenkel.

Je älter das Kind ist, um so stärker stützt es sich ab, und wir können es langsam weiter über unsere Oberschenkel hinausschieben, auf ein Spielzeug zu, das wir vorher dorthin gelegt haben. Dabei stützt sich das Kind immer freier und fester auf und trägt einen Teil seines Körpergewichts mit den Händen.

Wir halten eine Hand auf dem Po des Kindes und spüren sofort, wenn es sich nicht mehr abstützen mag und nehmen es zurück. Es soll sich auf keinen Fall überfordern und mit seinen Armen einknicken.

Wenn das Kind sich sicher abstützt, können wir ihm ein Spielzeug hinhalten. Es wird sich nur noch mit einer Hand aufstützen und mit der anderen nach dem Spielzeug greifen.

Wir können das Kind auch bei diesem Spiel einmal zur rechten und einmal zur linken Seite über unsere Oberschenkel legen.

Aus der Rücken- in die Bauchlage drehen

PEKiP Wir zeigen dem auf dem Rücken liegenden Kind ein Spielzeug und legen dieses so langsam neben das Kind, daß es verfolgen kann, wo das Spielzeug sich jetzt befindet. Das Kind schaut es an. Wir umfassen mit unseren Händen unterhalb des Knies seine Unterschenkel und winkeln das Bein, das gedreht wird, leicht an. Das andere Bein wird gestreckt gehalten. Jetzt kreuzen wir das angewinkelte Bein des Kindes über das andere zu der Seite, auf der das Spielzeug liegt.

Sobald wir beginnen, das eine Bein über das andere zu kreuzen, nimmt das Kind den Arm und die Schulter hoch, um sich zu drehen.

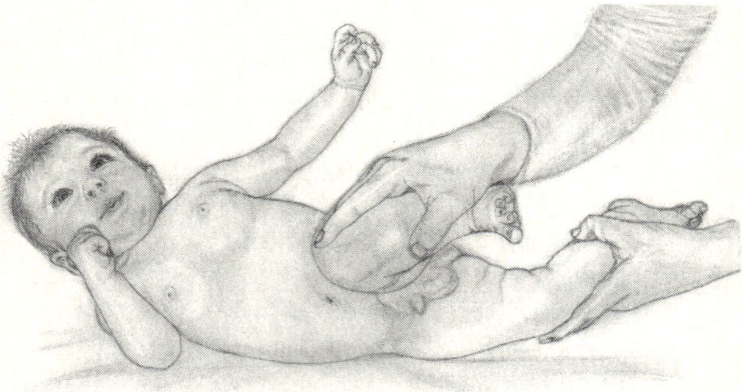

Das Baby dreht sich dabei zunehmend selbst mit seinem Oberkörper in die Bauchlage.

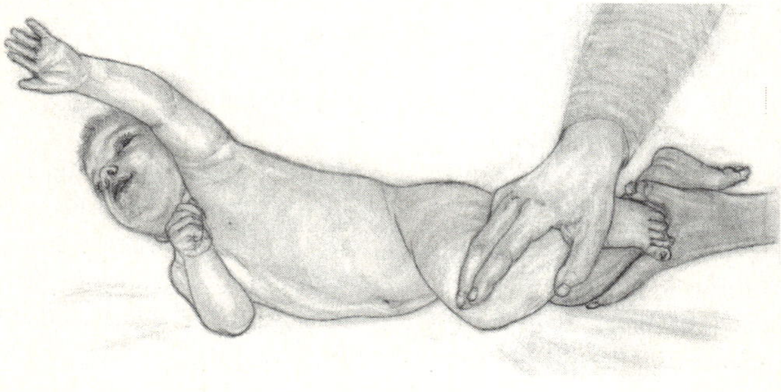

Wenn das Kind Arm und Schulter auf der Unterlage liegen läßt, ist dieses Spiel im Moment nicht geeignet. Vielleicht ist es nicht motiviert, zu müde oder noch nicht reif für dieses Spiel.

Am Anfang helfen wir unserem Baby noch, seinen Arm unter dem Oberkörper hervorzuholen, indem wir ein wenig abwarten, bis es sich auf die Bauchlage eingestellt hat, streicheln seinen nackten Rücken und drücken den Po leicht nach unten. Das Baby hebt den Kopf immer höher und schafft es eventuell allein, seinen Arm unter dem Körper vorzunehmen. Wenn der Arm zu tief liegt und das Baby es nicht schafft, legen wir seinen Arm vor den Körper.

Das Baby hat einen wichtigen Entwicklungsschritt getan, wenn es sich selbständig vom Rücken in die Bauchlage drehen kann. Ist eine vertraute Person in der Nähe, führt das Baby die Bewegung noch aktiver und freudiger aus. Das Ausmaß der aktiv ausgeführten Bewegung wird immer größer, bis das Kind die Drehung allein bewältigt.

Wir drehen das Baby vorsichtig wieder auf den Rücken und helfen ihm, sich über die andere Seite auf den Bauch zu drehen. Auch dieses Spiel können wir in den täglichen Rhythmus bei der Pflege des Kindes einbauen.

Das Baby freut sich besonders, wenn es beim Spielen nackt sein kann. Es bekommt dabei mehr Gefühl für seine Haut, seinen Körper und die einzelnen Körperteile. Was kann es entdecken?
- Wie fühlt sich meine Mutter an?
- Wie fühle ich mich, wenn ich mich bewege?
- Wie fühlt es sich an, wenn ich mich bewege?
- Wie fühlt sich mein Körper in Bauch- oder Rückenlage an?
- Wie fühlt es sich an, wenn ich mich selbst berühre, streichele, kneife, an den Haaren ziehe?
- Wie fühlen sich meine Gelenke an, wenn ich sie bewege, und wie, wenn sie in Ruhestellung sind?
- Wie fühlen sich meine Hände im Mund an?
- Wie fühlen sie sich an, wenn sie danach naß sind?
- Wie warm ist mein Körper?
- Fühle ich mich in dieser Außentemperatur wohl?
- Muß ich mich mehr bewegen, um warm zu werden?
- Ist es nun so warm, daß Bewegung keinen Spaß mehr macht?

Wenn wir das Baby streicheln, wird es seinen Körper intensiver spüren.

Wie streicheln Sie Ihr Baby am liebsten?

Nehmen Sie die ganze Hand zum Streicheln?

Streicheln Sie Ihr Baby auch mit Mund, Gesicht und Haaren?

Wenn Sie sich selbst gerne sanft streicheln lassen, streicheln Sie Ihr Baby sicher auch eher sanft. Schauen Sie Ihr Baby an, wie ihm das Streicheln am besten gefällt. Streicheln Sie es mal mit festerem Druck. Was lesen Sie in seinem Gesicht? Mag es mit einer Feder gestreichelt werden? Kinder, denen dies gefällt, strecken ihren Bauch der Feder entgegen, um weiter gestreichelt zu werden. Kinder, die keine Freude daran haben, ziehen ihren Bauch oft ein. Mag Ihr Kind mit weichem Stoff gestreichelt werden, wie Seide oder Fell, oder zieht es einen festen Stoff wie Leinen oder Frottee vor? Wie ist es mit einer weichen Bürste oder einem Saunahandschuh? Schiebt das Baby Ihre Hand weg, wenn Sie es mit etwas Härterem streicheln, oder genießt es diese Massage? Im Gesicht und in den Bewegungen werden Sie die Antworten finden.

Sich mit dem Baby unterhalten

Im zweiten Vierteljahr fängt Ihr Baby an, mehr zu lallen, Wortsilben zu wiederholen und andere Laute von sich zu geben. Wenn Sie langsam mit ihm sprechen und die Worte unterschiedlich betonen, nimmt das Kind sie eher auf als monoton gesprochene Worte.

Ahmen Sie das Kind beim Lallen nach, und wiederholen Sie seine Laute. Das Baby lauscht auf dieses Nachahmen intensiv, reagiert verstärkt und lacht oft laut vor Freude.

Das Baby wird Ihre Laute auch wiederholen, und so halten Sie intensive Zwiesprache miteinander.

Das Baby wird ganz eigene Formen im Umgang mit Sprache entwikkeln und so allmählich sein Sprachvermögen, aber auch seine Sprachverständigung steigern.

Rumpfkreisen

Wir fassen das Kind unter den Armen, so daß unsere Handflächen und die Finger einen breiten Gürtel um den Oberkörper des Babys bilden. Wir heben das Baby hoch, sprechen mit ihm und schauen es an. Wir neigen das Kind zuerst, wie für das erste Vierteljahr beschrieben, nach rechts und nach links, zuerst wenig, später bis zu einem Winkel von 90°. Das Kind gleicht die Lageveränderung mit dem Oberkörper und den Beinen aus. Die Rückenmuskulatur wird gestärkt.

Wenn das Kind diese Lageveränderung gut mitmacht und wir selbst ein sicheres Gefühl dabei haben, neigen wir das Baby nach vorn, bis der Körper waagerecht ist, mit dem Rücken nach oben. Wir neigen es

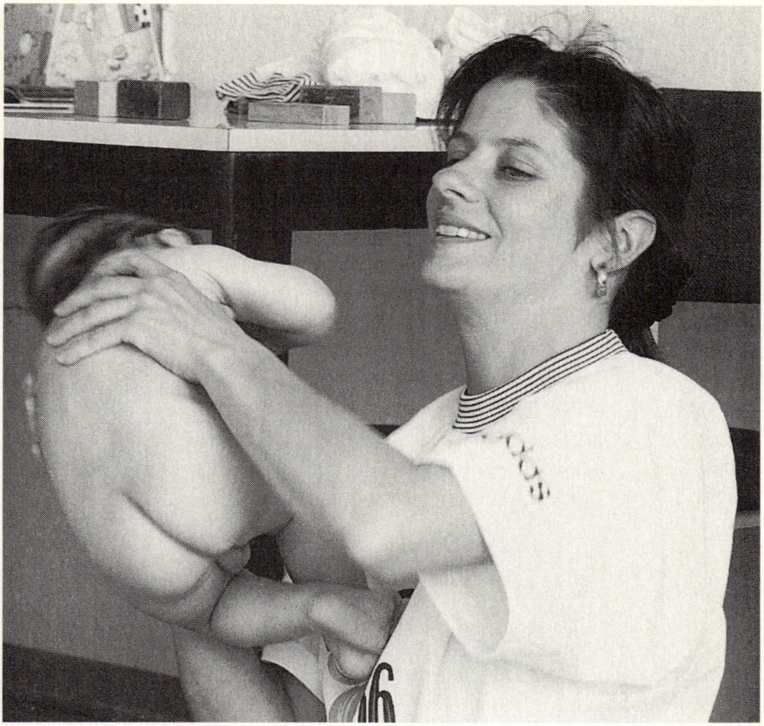

vorsichtig zurück. Der Kopf darf beim Rückwärtsneigen nicht nach hinten fallen. Das Kind muß den Kopf selbständig halten können. Wir neigen das Kind nur so weit, daß es den Kopf in der Verlängerung des Rumpfes hält.

Wenn das Kind das Spiel freudig und sicher mitmacht, neigen wir es im Kreis. Zuerst sanft nach vorn – der Kopf des Kindes ist uns zugewandt. Wir drehen es weiter in Uhrzeigerrichtung nach links, dann nach rückwärts. Hierbei sind die Füße vor unserem Gesicht. Wir neigen es weiter in die Seitenlage nach rechts und wieder nach vorn.

Dieses Spiel machen wir auch in die andere Richtung. Das ist für beide anstrengend. Wir beginnen mit dem Spiel im fünften Monat und neigen das Baby zuerst nur im Winkel von 45°. Mit zunehmender Freude des Kindes verändern wir den Winkel langsam auf 60°.

Im zweiten Halbjahr können wir das Kind 60° – 90° in alle Richtungen neigen.

Wir wählen das Tempo bei diesem Spiel immer so, daß das Kind seinen Kopf, seinen Körper, seine Arme und seine Beine aktiv balancieren kann. Die meisten Kinder haben Freude an diesen Lageveränderungen und reagieren mit Lachen und fröhlichen Lauten. Gönnen Sie sich beide ruhig Pausen, um das Erlebte zu verarbeiten und Kraft und Konzentration für weitere Spiele zu sammeln.

Die Spiele des ersten Vierteljahres können wir auch im zweiten Vierteljahr mit unserem Baby leicht abgewandelt fortführen.

Lehnen an unserem Oberkörper

PEKiP

Das Baby wird immer noch Freude daran haben, auf unserem Unterarm in aufrechter Haltung mit dem Gesicht nach vorn zu «sitzen». Auch jetzt halten wir es noch an unseren Körper gelehnt, damit seine Wirbelsäule nicht belastet wird. Wir gehen mit dem Kind vor uns im Zimmer oder im Garten spazieren und beobachten gemeinsam interessante Dinge, die wir benennen und erklären, die es mit seinen Händen berühren oder ergreifen kann. So lernt das Kind seine Umgebung kennen und bekommt ein gutes Gefühl, Entfernungen abzuschätzen, und lernt, sich darauf einzustellen.

Wir beugen uns mit dem Kind nach vorne, zur Seite und nach rückwärts. Das Kind wird sich mit eigenen Bewegungen seines Körpers und Kopfes unseren Bewegungen anpassen und gleichzeitig versuchen, die interessanten Dinge, die Sie ihm zeigen, in seinem Blickfeld zu behalten.

«Mein Sohn Christopher hört genausogern Musik wie ich. Auch bin ich eine begeisterte Tänzerin. Wir bewegen uns zusammen oft im Rhythmus der Musik in dieser Haltung. Aber auch die anderen Körperhal-

tungen, die für das erste Vierteljahr beschrieben sind, eignen sich zum gemeinsamen Bewegen» (Evelin, 33, Sekretärin).

Sich vom Wasserball bewußt abstoßen

PEKiP

Wir legen das Kind auf den Wasserball und lassen es sich abstoßen wie es schon beschrieben wurde.

Im zweiten Vierteljahr wird sich das Baby im Gegensatz zum bisherigen reflexhaften Verhalten nun bewußt kräftig abstoßen, um dadurch in Bewegung zu kommen. Der Ball sollte jetzt einen Durchmesser von 40 cm haben.

Halten Sie Ihr Baby gut am Oberkörper fest. Wenn Sie es nur mit einer Hand am Po halten, kann es leicht vom Wasserball abrutschen, sich erschrecken und weh tun.

Das Baby ist intensiv mit seinen Bewegungen beschäftigt. Wenn es fast ein halbes Jahr alt ist, legen wir ein Spielzeug vor den Ball. Das Baby stößt sich gezielt ab, um mit seinen Händen das Spielzeug zu erreichen.

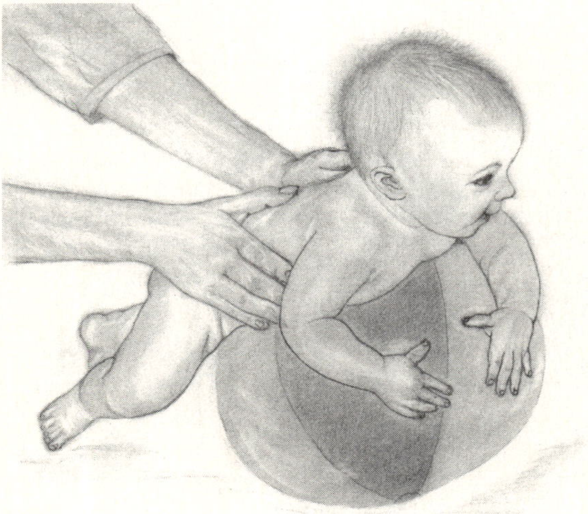

Vergleichen Sie mal diese Zeichnung mit der auf S. 95. Das Kind hält den Kopf jetzt höher, und seine Hände sind geöffnet. Es stößt sich bewußt vom Boden ab. Auch halten wir es lockerer auf dem Ball.

Schnur mit Spielsachen über das Kind spannen
Wenn wir über das Kind im zweiten Vierteljahr eine Schnur hängen, wird es anfangen, die aufgefädelten Kugeln, Würfel, Ringe, Rasseln, Schlüssel oder Tastsäckchen zu ergreifen.

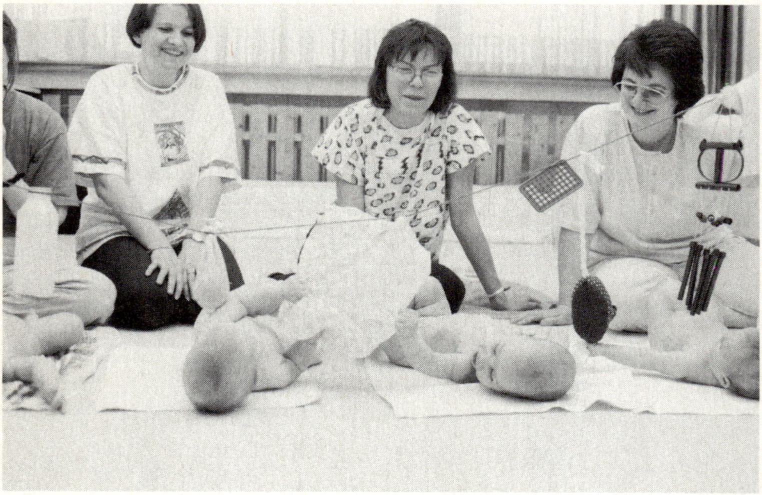

Hängen Sie immer nur ein bis zwei verschiedene Gegenstände an die Schnur, damit es sich intensiv auf einzelne Dinge konzentrieren kann. Es sieht verschiedene Farben und spürt verschiedene Formen und Oberflächen.

Suchen Sie sich standfeste Gegenstände, zwischen die Sie das Band spannen. Vorsicht ist geboten, wenn Sie die Schnur zwischen zwei Stühle spannen. Das Kind wird versuchen, die Spielsachen nach unten zu ziehen, und dabei können die Stühle umfallen und das Kind verletzen.

Lassen Sie Ihr Kind ungestört mit den Gegenständen spielen. In diesem Alter wird es immer wichtiger, daß es sich allein beschäftigt.

Sie haben vielleicht auch schon bemerkt, daß es jetzt seltener beim Aufwachen schreit. Es babbelt vor sich hin und spielt zufrieden mit seinen Händen.

Spielen mit dem eigenen Körper
Es kann nicht oft genug wiederholt werden: Ein nacktes Baby bewegt sich mehr und ist zufriedener als ein angezogenes. Im zweiten Viertel-

jahr nimmt es verstärkt die Hände vor seinen Körper und vor sein Gesicht und spielt mit ihnen.

Seine Beine nimmt es in der Rückenlage immer höher. Zuerst faßt es sich an die Oberschenkel, dann an die Knie, und am Ende des ersten Halbjahres schafft es vielleicht schon, die Füße mit den Händen

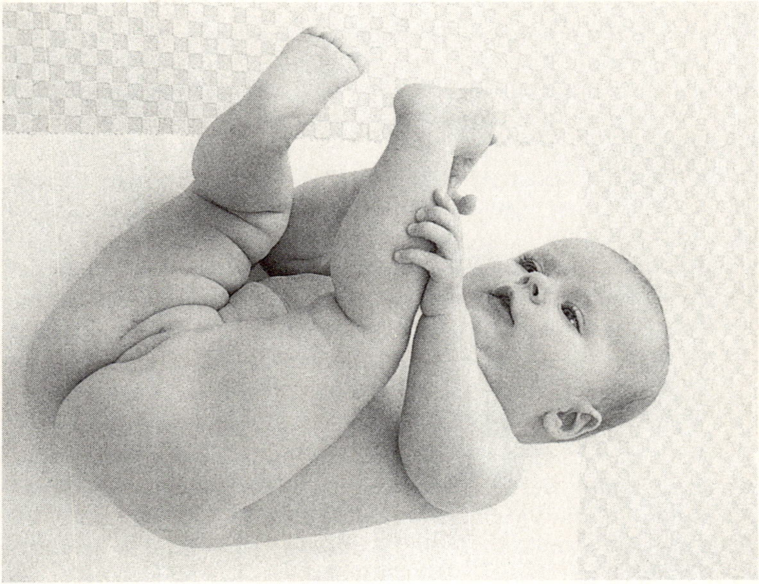

zu fassen und mit ihnen zu spielen. Aufmerksam auf seine Füße wird das Kind z. B., wenn wir ein Spielzeug an einen Fuß binden.

Aber auch durch farbige Socken wird unser Baby seine Füße fassen wollen.

Das Kind beschäftigt sich gern allein mit sich selbst und mit seinen Spielsachen. Lassen Sie ihm Zeit zum Ausprobieren und Anfassen seines Körpers.

Es erzählt sich dabei häufig selbst etwas, indem es Laute und Silben mal laut, mal leise vor sich hin babbelt. Es liegt gern auf dem Boden, weil es hier viel Platz hat, um Neues, was es gerade erst gelernt hat, immer wieder auszuprobieren und zu üben, wie z. B., sich auf die Seite zu drehen. Je mehr freien Raum das Baby zur Verfügung hat, desto mehr bewegt es sich.

Ebensowichtig wie unsere Beschäftigung mit dem Baby ist die Zeit, die wir ihm selber überlassen, um mit sich selbst zu spielen, seinen Körper zu entdecken, mit seiner Stimme zu experimentieren und seine sensomotorischen Fähigkeiten im selbständigen Umgang mit seinem Spielzeug auszuprobieren.

Wenn Sie Ihr Baby beim Spielen beobachten, erfahren Sie eine Menge über sein Wesen. Sie sehen auch seine Besonderheiten, können sich darauf einstellen und lernen, Ihr Baby so zu akzeptieren, wie es ist.

Tragetuch

PEKiP

Das Kind will in diesem Alter gern im Tuch getragen werden. Es paßt sich unseren Bewegungen gut an. Es spürt Vertrauen durch unsere Nähe und sieht viel.

Wir können einzelne Hausarbeiten verrichten, wie z. B. Staubsaugen, Staub wischen und Abwaschen, wenn wir das Kind bei uns tragen. Das Baby schaut interessiert zu und sammelt Eindrücke, wofür welche Gegenstände benutzt werden.

Draußen beobachtet das Kind bewegliche Dinge wie Autos, Hunde oder Bäume, die sich im Wind wiegen.

«Ich habe Thomas immer im Tuch mit zum Kindergarten genommen, um meine Tochter abzuholen. Anke und ich konnten uns an der Hand halten, und Thomas beobachtete alle Schul- und Kindergartenkinder, die an uns vorbeikamen. Für mich war es auch leichter, als einen Kinderwagen mit einer Hand zu schieben und gleichzeitig das Kindergartenkind an der Hand zu halten» (Liesel, 30 J., Sozialarbeiterin).

Ein Kind fühlt sich im Tragetuch wohl. Die Mutter hält es sicher und kann gleichzeitig Arbeiten erledigen.

Aber vielleicht ist Ihnen Ihr Baby schon zu schwer, um es lange zu tragen. Wenn es im Kinderwagen liegt, ist es unzufrieden, weil es kaum etwas sieht. Legen Sie es vielleicht auf den Bauch. So sieht es alles, was in der Umgebung geschieht. Wenn Ihr Baby sich noch nicht so hoch abstützt, daß es über das heruntergeklappte Verdeck schauen kann, nehmen Sie das Verdeck ab oder legen Sie das Kind mit dem Kopf zum Fußende. Aber lassen Sie Ihr Kind, wenn es so liegt, nicht aus den Augen, um einen möglichen Unfall zu vermeiden.

Anregungen für das dritte Vierteljahr

Genausowichtig wie das Erkennen und Eingehen auf die Bedürfnisse des Kindes ist, daß Mütter ihre eigenen Erwartungen und Bedürfnisse wahrnehmen, akzeptieren und zu befriedigen suchen. Sowohl für die eigene als auch für die gemeinsame Entwicklung von Mutter und Kind ist es förderlich, wenn es gelingt, einen großen Teil der Bedürfnisse beider miteinander in Einklang zu bringen und darüber hinaus einander zuzugestehen, daß jeder weitere Partner braucht (z. B. den Vater und Ehemann), um den eigenen Bedürfnissen nachzukommen.

Im zweiten Halbjahr wird unser Baby immer bewegungsfreudiger, wie Sie es täglich zu Hause beobachten können. Das Kind ist stolz auf seine neuen Fähigkeiten und übt sie immer wieder. Kinder entwickeln großen Ehrgeiz, um Dinge zu lernen und zu vervollkommnen. Dieser Ehrgeiz bleibt noch lang erhalten, wenn wir das Kind seine eigenen Erfahrungen machen lassen, ohne es dabei zu ängstigen und es mehr als notwendig einzuengen oder zu reglementieren. Wir sollten unsere Hilfestellung im Laufe des zweiten Halbjahres immer mehr zurücknehmen. Am förderlichsten ist es, das Baby zu beobachten und ihm Hilfe zu geben, wenn es erforderlich ist oder vom Baby gewünscht wird.

Einzelne Spiele vom ersten und zweiten Vierteljahr machen den Kindern immer noch Freude. Behalten Sie sie bei, bis Ihr Kind sie nicht mehr spielen will.

Das Selbstbewußtsein des Babys wächst, wenn es sich ausprobieren darf und wir dieses anerkennen. Die zunehmende eigenständige Bewegung wirkt sich positiv auf seine gesamte Entwicklung, den Kreislauf, seine Atmung, Muskulatur, Verdauung und andere Körperfunktionen aus.

Die Entwicklungsunterschiede zwischen einzelnen Babys werden in diesen und den kommenden Monaten immer größer. Im ersten Halbjahr verlief die Entwicklung weniger unterschiedlich, aber jetzt machen sich Eigenarten, Temperamente und Bewegungsfreudigkeit stärker bemerkbar.

Renate, 26, Industriekauffrau, erzählte beim letzten Elternabend:

«Malte ist jetzt fast sieben Monate alt. Er dreht sich noch nicht. Die anderen in der Gruppe machen das alle schon.»

Es stimmt, daß Malte ein eher ruhiges Kind ist. Wenn ich Mutter und Kind beobachte, sind sie oft in ein inniges Zwiegespräch vertieft. Malte beschäftigt sich zur Zeit intensiv mit seiner Stimme, betrachtet

Spielsachen in seiner Hand und spielt intensiv mit ihnen. Andere Kinder der Gruppe drehen sich bereits und versuchen, sich fortzubewegen. Malte ist in der Grobmotorik etwas zurück, worüber die Mutter sich keine Sorgen zu machen braucht. Dafür ist seine Feinmotorik sehr differenziert.

Wenn es Sie aber doch beunruhigt, sprechen Sie mit Ihrem Kinderarzt darüber.

Im ersten Halbjahr stand die Entwicklung der Bewegungen des Kopfes, des Rumpfes und der Arme und Beine im Vordergrund.

Im zweiten Halbjahr entwickeln sich umfassendere Bewegungsfähigkeiten, an denen der ganze Körper beteiligt ist wie z. B. beim

- Umdrehen vom Rücken auf den Bauch und vom Bauch auf den Rücken,
- Robben, Krabbeln, Sich-Hinsetzen
- Sich-Hochziehen, Knien, Stehen, bei den ersten Schritten.

Das Baby entfaltet und vervollkommnet seine Bewegungen vom Kopf bis zu den Füßen und Händen. Auch die Entwicklung der Handbewegungen hat im zweiten Lebenshalbjahr eine besondere Bedeutung. Die Arme und Hände helfen dem Kind einerseits bei der Bewegung im Raum, beim Robben, Krabbeln und Aufstehen, andererseits lernt es mit Händen und Fingern differenzierter zu greifen. Beide Entwicklungsverläufe sind von gleichrangiger Bedeutung.

Für eine gesunde Körperhaltung, die eine unbehinderte Funktion der inneren Organe ermöglicht, ist auch jetzt noch die Bauchlage, die die Rücken-, Bauch- und Nackenmuskulatur stärkt, äußerst wichtig.

Das Baby braucht jetzt eine größere freie Fläche im Raum, die es zum Drehen vom Rücken auf den Bauch, Rollen, Robben und Krabbeln verlockt. Auch ist der größere Platz wichtig fürs Baby, um zu lernen, wie sein Körper in die Umwelt paßt, wann es anstößt, wie es das vermeiden kann und wie dies vorher zu erkennen ist.

Um sich auszuprobieren, lassen wir das Kind auf einer großen Decke oder auf dem sauberen, warmen Fußboden spielen und legen ihm einzelne Spielsachen hin.

In diesem Alter beobachten wir bei unserem Baby, daß es sich oft auf die Seite dreht, auf der Seite liegen bleibt und in dieser Lage spielt. Zuerst dreht es sich immer nur nach seiner «Schokoladenseite». Versuchen Sie, ihm auch die andere Seite schmackhaft zu machen, indem Sie ihm dort ein Spielzeug zeigen. In der Seitenlage probiert es jetzt all die Spiele aus, die es bisher auf dem Rücken gemacht hat.

Es spielt in dieser Lage mit Spielzeug, faßt aber auch nach seinen Oberschenkeln oder Knien. Allmählich lernt es sogar, unterschiedliche Dinge mit seinen beiden Händen zu greifen.

Das Baby bewegt seine Beine oft. Manchmal sieht es aus, als ob es läuft. Es probiert diesen Bewegungsablauf in der seitlichen Lage und bereitet damit sein späteres Laufen vor. Es beginnt, seinen Oberkörper in eine andere Richtung zu drehen als die Hüftpartie, wie wir auf dem Foto sehen.

Für das aktive Drehen von der Rücken- in die Bauchlage ist eine schraubenförmige Bewegung zwischen Schultergürtel und Becken notwendig.

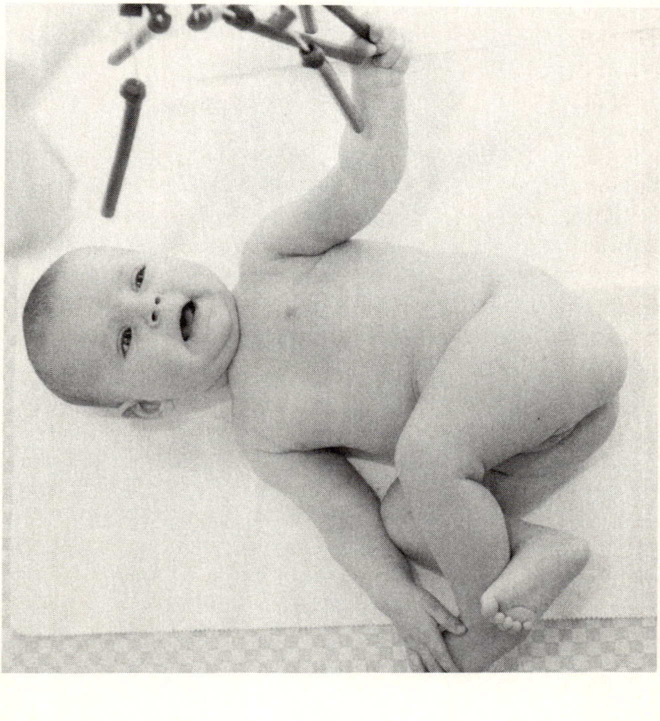

Durch die aktive Drehung vom Rücken auf den Bauch kann das Kind erstmalig seine Körperlage aktiv verändern und so zum späteren Krabbeln und Sitzen gelangen.

Für diese Lageveränderung benötigt es die Beherrschung fast aller Körperteile. Beobachten Sie Ihr Baby: Es nimmt

- den Kopf zur Seite,
- eine Schulter vom Boden und zur anderen Seite,
- einen Arm hoch und zur anderen Seite,
- seinen Körper rund nach vorn,
- eine Hüfte zur Seite,
- ein Bein hoch und dreht es zur anderen Seite,
- die Füße hoch und dreht sie bis in die Zehenspitzen.

Außerdem gibt sich das Baby dabei noch Schwung, um sich auf den Bauch zu drehen. Probieren Sie dieses Umdrehen einmal selber aus, und beobachten Sie dabei Ihren Körper. Sie werden feststellen, wie kompliziert ein solcher Bewegungsablauf ist, und können ermessen, wie sich das Kind anstrengen muß. Auch Ihr Baby wird sich freuen, wenn Sie sich ebenfalls auf dem Boden hin- und herbewegen.

Wenn das Baby eine der beschriebenen Bewegungen noch nicht beherrscht, ist die Drehung nicht möglich. Ihr Baby macht z. B. ein Hohlkreuz. Dadurch wird es ihm unmöglich, die Drehung zu vollziehen. Achten Sie beim Aufnehmen und Tragen des Kindes besonders darauf, daß es dabei kein Hohlkreuz hat.

«Mein Sohn Felix dreht sich nicht vom Rücken auf den Bauch, sondern vom Bauch auf den Rücken. Aber das gefällt ihm, glaube ich, gar nicht so gut» (Gabi, Arzthelferin, 29).

Es ist richtig, daß viele Kinder sich Ende des ersten oder Anfang des zweiten Halbjahres zuerst vom Bauch auf den Rücken drehen. Dies ist aber keine kontrollierte Bewegung. Das Baby stützt sich mit gestreckten Armen auf den Händen ab. Es merkt, daß sein Oberkörper in Bewegung gerät, wenn es einen Arm einknickt oder vom Boden hebt. Es versucht, das Gleichgewicht auszubalancieren, was ihm nicht immer gelingt, und dadurch kippt es auf den Rücken. Viele Kinder zeigen nach dem Umkippen ihr eigenes Erschrecken, indem sie die Arme weit ausbreiten (Moro-Reflex).

Es gibt Kinder, die an diesem Umfallen Freude haben und es immer wieder ausprobieren. Achten Sie darauf, daß neben Ihrem Baby kein harter Gegenstand liegt, auf den es fallen oder an dem es sich stoßen könnte.

Nachfolgend werden einige Spiele beschrieben, mit denen wir unser Baby motivieren können, sich aus der Rücken- in die Bauchlage zu drehen. Dieses Drehen geschieht bewußt und kann vom Kind in fast jeder Phase unterbrochen werden.

Drehen in die Bauchlage

1. Variation: Wenn sich unser Baby allein in die Seitenlage dreht, reichen wir einer Hand des Babys einen Ring und lassen es sich in die Seitenlage oder sogar in die Bauchlage ziehen. Wir achten darauf, daß sich unser Baby immer in Blickrichtung dreht.
   Wenn wir das Spiel in die andere Richtung machen wollen, locken wir das Kind erst durch ein Spielzeug oder unser Gesicht, in diese

Richtung zu schauen, bevor wir ihm den Ring reichen und es sich zur Seite zieht.

2. Variation: Wir legen ein interessantes Spielzeug so vor das Baby, daß es dieses erreichen kann, wenn es sich auf den Bauch dreht. Sie können Ihr Kind auch mal so hinlegen, daß es sich erst drehen muß, um Kontakt zu anderen aufnehmen zu können.
   Falls unser Baby es noch nicht ganz allein schafft, helfen wir ihm mit unserer Hand durch ein leichtes Drücken an der Hüfte.
3. Variation: Um dem Baby das Gefühl zu geben, das Drehen selbständig zu schaffen, legen wir es auf eine leicht schräge Ebene. Diese Schräge kann z.B. die Matratze in unserem Bett sein, die am Kopfteil leicht schräg gestellt ist. Es kann auch ein Einlegeboden eines Schrankes sein, dessen eine Seite wir um ca. 5 cm erhöhen, indem wir ein gerolltes Handtuch unterlegen. Auch Schaumstoffpolster, an denen Kinder noch mehrere Jahre Freude haben, wenn sie Turnübungen ausprobieren, eignen sich gut.
4. Variation: Legen Sie Ihr Baby auf eine Decke, und heben Sie sie an einer Seite des Kindes leicht an. Wenn Ihr Baby keinen Versuch macht, sich zu drehen, ist dieses Spiel im Moment nicht geeignet. Legen Sie die Decke wieder zurück, bevor Ihr Baby umfällt, sich erschreckt oder weh tut.

Ihr Baby wird an allen diesen Spielen mehr Freude haben, wenn Sie sich selber mit auf den Boden legen.

PEKiP **Baby auf den eigenen Körper legen und sich bewegen**
Wir legen das Baby auf unseren Bauch und bewegen uns zur rechten Seite, dann zur linken Seite und halten das Baby dabei gut fest. Es wird sich unseren Bewegungen anpassen. Das Baby kann sowohl in Rükken- als auch in Bauchlage auf unserem Körper liegen. In dieser Lage kann das Baby sich auch gut ausruhen, wenn wir ruhig liegen bleiben.

Bieten Sie immer nur ein Spiel an, aber möglichst nach beiden Seiten, und kombinieren Sie es mit anderen Spielen, die andere Bewegungsfähigkeiten Ihres Babys unterstützen. Diese Anregungen können Sie auch beim Wechseln der Windeln einsetzen, indem Sie Ihr Baby in spielerischer Form dazu bewegen, sich selbst zu drehen, statt es selbst vom Rücken auf den Bauch zu legen.

Überlegen Sie:
- Welches dieser Spiele macht Ihrem Baby besondere Freude?
- Warum?

- Welche Seite bevorzugt Ihr Baby?
- Gibt es dafür Gründe?
- Welche Spiele fallen Ihnen selber noch ein?

Ich möchte noch einmal hervorheben, daß die Bewegungsabläufe vom Kind ausgehen und ausgeführt werden und daß sich unsere Aufgabe darauf beschränkt, ihm einen Entwicklungsanreiz zu geben und die Bewegung zu unterstützen, nicht aber eine Entwicklung, wie hier z. B. das Drehen, bewußt herbeizuführen. Reichen Sie ihm den Greifring, und warten Sie, ob es danach greift und ob es versucht, sich selbst hochzuziehen. Helfen Sie erst, wenn Sie merken, daß Ihr Kind zu dieser Entwicklung bereit ist, und dann auch nur so viel wie gerade notwendig ist.

Bevor das Kind krabbeln lernt, beobachten wir vielfältige Vorstufen. Wenn sich das Baby in der Bauchlage auf seine ausgestreckten Arme aufstützt, wird es mit der Zeit nur noch mit dem unteren Teil des Bauches die Liegefläche berühren.

PEKiP

Drehen um die eigene Achse

Unser Baby liegt mit dem Bauch auf dem Boden. Mit einem Spielzeug, das wir seitlich vom Kind hinlegen, motivieren wir es, sich mit den Händen immer mehr zur Seite abzustoßen. Es stützt sich auf den gestreckten Armen ab. Die Hände sind halb oder ganz geöffnet. Die Fausthaltung ist endgültig vorbei: Die Arme hält es neben dem Kopf etwa parallel zueinander. Dadurch hebt sich der ganze Brustkorb von der Unterlage ab. Das Körpergewicht hält es auf Armen und Bauch. Mit der Zeit wird sich das Baby wie ein Uhrzeiger um die eigene Achse drehen. Wir können es auch dadurch anregen, sich weiter zu bewegen, indem wir ein Geräusch mit einer Rassel machen, die das Baby nicht sieht. Es wird in der Bewegung innehalten und dann versuchen, die Rassel mit den Augen zu entdecken, indem es in die Richtung schaut, aus der die Geräusche kommen. Es wird sich dann in die Richtung abstoßen, aus der es die Geräusche hört.

Das Baby wird auch auf Unterschiede in der Entfernung aufmerksam. Manche Dinge erreicht es schnell, für andere muß es sich stärker anstrengen.

Gegenstände sollen immer nur so weit entfernt liegen, daß Ihr Baby sie auch erreichen kann.

Wenn das Baby es öfter nicht schafft, das Ziel zu erreichen, wird es mutlos und in seinem Bewegungsdrang nachlassen. Für die Spiele mit dem Baby ist es wichtig, daß sie immer mit Erfolg enden. Der Erfolg gibt Befriedigung und Bestätigung; er motiviert zu neuem Ausprobieren.

Die Entwicklung der Geschicklichkeit der Hände

Neben der Fähigkeit, die gröbere Körpermotorik zu differenzieren, wie z. B. Krabbeln auf Händen, entwickeln die Hände jetzt auch die Fähigkeit, feinere Bewegungen auszuführen. Durch die Spiele für die Hände entwickeln sich beim Kind auch ruhige und auf feinere Tätigkeiten hin konzentrierte Aktivitäten.

Anfang des zweiten Halbjahres nimmt das Kind einen Gegenstand von einer Hand in die andere, betrachtet ihn und dreht und wendet ihn nach allen Seiten. Beim Greifen stellt das Kind jetzt den Daumen den anderen Fingern gegenüber. Dies ist ein wichtiger Entwicklungsschritt, um mit einer Hand einen Gegenstand gut festhalten zu können. Es beginnt dadurch, die Gegenstände nur noch mit den Fingern zu umfassen. Die Handflächen werden nicht mehr berührt.

In der Bauchlage stützt es sich manchmal auf einer Hand ab, um mit der anderen zu greifen.

Auch in der Bauchlage greift es nun immer differenzierter.

Bis zum achten Monat hat jedes Kind eine Phase, in der es mit den Gegenständen auf andere Dinge klopft. Mal pocht es damit auf den Tisch, mal schlägt es zwei Gegenstände gegeneinander. Typisch hierbei sind die symmetrischen Bewegungen. Es klopft mit allen Dingen in diesem Alter, egal, ob es sich um eine Windel, eine Puppe oder um Bausteine handelt. Es nimmt dabei noch keinen Bezug auf die Eigenschaft der Dinge. (Eine Windel gibt ja kein Geräusch von sich.)

Mit Vorliebe wirft das Baby Gegenstände auf den Boden und beobachtet ihren Fall. Für das Baby ist es seltsam, daß alle Dinge, die es losläßt, immer nach unten fallen. Viele Eltern meinen, ihre Babys wollten sie ärgern, wenn sie den gerade aufgehobenen Löffel wieder auf den Boden fallen lassen. Das Kind lernt aber am sinnvollsten durch Ausprobieren und will sich immer wieder der Gesetzmäßkeit (der Schwerkraft der Erde) vergewissern.

Über kurz oder lang werden Sie keine Lust mehr haben, den Löffel ständig wieder aufzuheben. Lassen Sie Ihr Baby sich selbst hinabbeugen, oder sagen Sie ihm, daß Sie dieses Spiel nicht mehr spielen. Ihr

Baby wird den Löffel vielleicht trotzdem wieder fallen lassen. Wenn Sie ihn jetzt wieder holen, wird das Kind Sie vermutlich auch in anderen Situationen «nerven» – es hat ja erfahren, daß Sie anders handeln als reden. Beenden Sie lieber das Spiel, indem Sie das Baby auf den Boden legen und es dort weiterspielen lassen.

Am Ende des dritten Vierteljahres nimmt das Kind kleinere Gegenstände mit Daumen, Zeigefinger und Mittelfinger auf. Die anderen beiden Finger sind an der Bewegung nicht beteiligt. Es beginnt, mit den Dingen verschieden umzugehen. Es klopft mit dem Baustein, weil dadurch ein Geräusch entsteht, und freut sich darüber. Es drückt die Gummipuppe, weil sie quietscht, und stellt Gegenstände vorsichtig auf die Unterlage.

Im letzten Vierteljahr interessiert sich das Kind für kleinere Dinge wie Fäden und Krümel und greift sie mit Daumen und der Spitze des Zeigefingers. Diese Entwicklung der Feinmotorik Ihres Babys können Sie in folgender Weise unterstützen:

- Die Dinge zum Spielen sollen aus verschiedenen Materialien bestehen und groß/klein, hart/weich, leicht/schwer, voll/hohl sein, um Erfahrungen mit ihrer unterschiedlichen Beschaffenheit zu sammeln.
- Spielzeuge sind nur ein Ersatz der wirklichen Gegenstände. Das Kind kann bereits in diesem Alter mit den Gebrauchsgegenständen des Alltags vertraut werden. Mit Rücksicht auf sein Alter geben wir ihm allerdings nur die Dinge, an denen es sich nicht verletzen kann. Die Kinder sind glücklich, die gleichen Gegenstände zu gebrauchen, die wir selbst benutzen. Es lernt, mit den Gegenständen unsere Handlungen zu imitieren.
- Wir lassen dem Baby möglichst große Freiheiten beim Spiel. Wir schreiben ihm nicht vor, welche Bewegungen es mit den Gegenständen ausführen soll. Neben den freien Möglichkeiten des Spiels können wir ihm aber auch zeigen und erklären, wozu wir die einzelnen Dinge benötigen bzw. was wir mit ihnen tun. Dies lernt das Kind auch, wenn wir ihm oft die Möglichkeit bieten, uns bei unserer Arbeit zu beobachten. Selbst wenn Ihr Baby ein Zimmer hat, in dem es ohne Gefahr spielen kann, möchte es in diesem Alter lieber bei uns sein. Es genießt die Nähe zu seiner Bezugsperson, beobachtet sie gern bei der Arbeit, schaut sich dabei unsere Handlungen ab und macht sie nach. Durch Lob können Sie das Nachahmen und vor allem das Behalten verstärken.

Beachten Sie beim Spiel Ihres Babys folgendes:

- Wie greift Ihr Kind nach Gegenständen?
- Wie hält es die Gegenstände fest?
- Was macht es mit ihnen?
- Wie lernt es die Eigenschaften und Funktionen kennen?

Alle Spielsachen, die das Kind schon im ersten Halbjahr kennengelernt hat, bleiben auch im zweiten Halbjahr für das Kind interessant und werden umfassender benutzt. Wir können das Spielzeug in eine Schüssel legen. Das Kind wird es ausschütten, später einzeln herausnehmen und wieder hineinlegen.

Im zweiten Halbjahr sind als Spielzeug zusätzlich geeignet: Dosen in allen Größen und Formen, gefüllt und leer, (Joghurt-)Becher, Hornlöffel, Schneebesen, Sieb, Topf, Deckel, Kissen, Hand-, Taschen-, Halstücher, Schachteln und Schüsseln. Bevor Sie etwas wegwerfen, fragen Sie sich, ob es Ihrem Baby nicht Freude machen könnte und es nicht schädlich ist. Styropor und Plastikfolie sind für das Baby sehr gefährlich, wenn es sie hinunterschluckt.

Ihr Baby hat vielleicht auch schon ein Lieblingsspielzeug, das es immer bei sich haben möchte, auch wenn es ins Bett geht. Lassen Sie ihm diesen Tröster, und geben Sie ihn Ihrem Baby mit, wenn es einmal von Ihnen getrennt sein sollte.

Trennungen, z.B. beim Schlafengehen im Kinderzimmer, können Sie Ihrem Kind erleichtern, wenn Sie ihm etwas Persönliches von sich mitgeben. Mein Sohn hat mehrere Jahre eine Bluse von mir als Schmusetuch mit in sein Bett genommen. Das weiche Tuch und der vertraute Geruch haben ihn leicht zur Ruhe kommen lassen.

Jeder Hand des Kindes ein Spielzeug reichen

Wir geben dem auf dem Rücken liegenden Baby in jede Hand einen Baustein. Das Kind schlägt sie gegeneinander und merkt, daß sie Geräusche von sich geben. Wenn wir dem Baby zwei Tücher reichen, hört es nichts. Auch ein Tuch und ein Baustein geben kein Geräusch von sich. Wir können dieses Ausprobieren mit Worten begleiten wie: «Das ist seltsam, selbst wenn du noch so fest die Tücher aneinanderdrückst, ist nichts zu hören. Bei den Bausteinen ist das anders. Es freut dich, daß sie ein so lautes Geräusch machen.»

Ein Spielzeug erreichen wollen

Das Baby liegt auf dem Bauch. Wir legen ein Spielzeug vor das Kind, so daß es dieses gut sehen, aber nicht sofort greifen kann. Es versucht, das

Spielzeug zu erreichen. Es stößt sich mit den Händen ab und fängt plötzlich dabei an, nach hinten zu rutschen. Je intensiver das Kind auch versucht, das Spielzeug zu erreichen, desto weiter entfernt es sich. Oft werden die Kinder dabei verständlicherweise sehr wütend.

Dieses Nachhintenrutschen entsteht dadurch, daß sich das Baby auf den gestreckten Armen abstützt und dabei den Körper nach hinten schiebt. Es wird dem Baby helfen, wenn wir ihm mit Worten zu verstehen geben, daß wir seine Wut verstehen. Auch können wir in dieser Situation unsere Hände leicht an seine Fußsohlen halten, um ein Rutschen nach hinten zu vermeiden. Das Kind wird dann das Spielzeug erreichen und sich freuen.

Bei einigen Kindern dauert diese Phase ziemlich lange, bis sie irgendwann in eine Form des «Vorwärtsbewegens» übergeht. Aus diesem Rückwärtsabstoßen entsteht bei manchen Babys eine Vorwärtsbewegung, die uns an eine Spannraupe erinnert. Das Baby stützt seine Hände vor dem Körper hoch auf und wirft sich nach vorn. Es stützt sich wieder hoch ab und wirft den Körper wieder nach vorn. Dies ist eine von vielen Möglichkeiten, sich vorwärts zu bewegen. Manche Kinder entwickeln hierbei eine enorme Geschwindigkeit.

Probieren Sie diese Haltung aus. Sie ist sehr anstrengend, aber eine gute Gymnastikübung.

Spiel mit den Füßen

Wenn das Kind auf dem Rücken liegt, spielt es in diesem Alter gern mit seinen Füßen. Viele Babys schaffen es eines Tages, ihre Füße bis zum Mund zu bringen. Bei diesem Spiel muß das Kind fähig sein, seine Hüften stark zu beugen und gezielt zu greifen.

Krabbeln mit Hilfe einer Windel

Wir legen unter den Brustkorb des auf dem Bauch liegenden Kindes eine Stoffwindel, die wir zu einem etwa 15 cm breiten Schal gefaltet haben. Wir heben die Windel leicht an, so daß der Oberkörper nicht mehr auf dem Boden aufliegt. Das Kind braucht sein Körpergewicht nicht mehr voll zu halten und macht nun vielleicht Kriechbewegungen oder fängt an, vorwärts zu robben auf ein Spielzeug zu, das wir in einiger Entfernung hingelegt haben.

Vielleicht zieht das Baby auch seine Knie unter den Bauch, stützt sich auf den Händen ab und versucht, aus dieser Krabbelstellung vorwärts zu kommen, wie wir es auf dem Foto sehen können. Anne freut sich, ihr Gewicht nicht halten zu müssen, zieht die Beine unter den Bauch und öffnet auch die andere Hand.

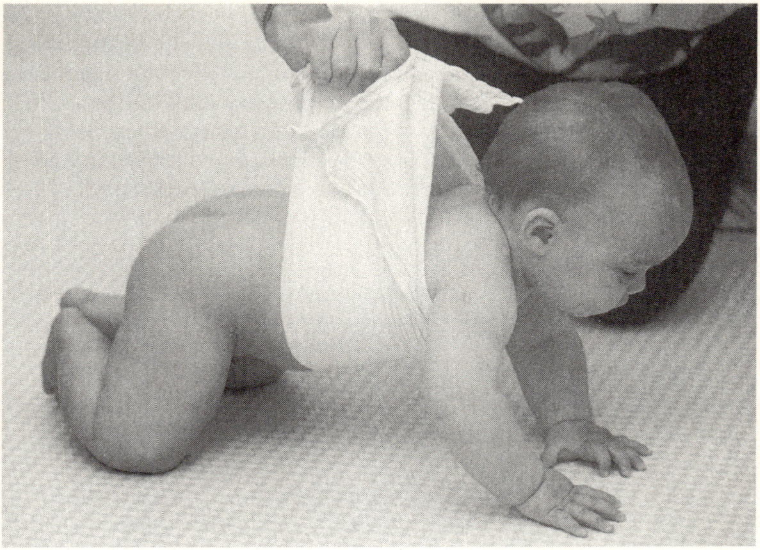

Ihr Baby zieht in dem Moment Arme und Beine wie ein Flugzeug hoch, wenn Sie die Windel anheben? Dann ist dieses Spiel für Ihr Baby im Moment noch nicht geeignet.

Vierfüßlerstand mit Hilfe unseres Beins erreichen

Zum Vierfüßlerstand können Sie Ihr Baby auch ermuntern, wenn Sie es über eines Ihrer Beine legen. Hat das Baby hieran Freude, können Sie es auch über eine Schaumstoffrolle legen. Das Kind wird sich eventuell über diese Rolle vorbewegen.

Zug in den Sitz an Ringen

Wenn sich unser Baby beim Zug in den Sitz sehr gut an unseren Fingern festhält, können wir ihm zwei Greifringe zum Festhalten reichen. Es macht die Erfahrung, daß es auf sich selbst gestellt ist und sich auf seine Kräfte verlassen kann.

Die Ringe halten wir mit einer Hand fest und halten die andere Hand hinter den Kopf des Kindes für den Fall, daß es die Ringe losläßt und nach hinten fällt. Wenn das Baby die sitzende Position fast erreicht hat, gehen wir mit den Ringen wieder langsam zurück und legen das Baby wieder sanft hin.

Für die gute Entwicklung der kindlichen Muskulatur ist rhythmisches Bewegen günstiger. Das Kind wird daher nur zum Aufrichten in die Sitzposition angeregt, nicht zum Sitzen. Das selbständige Sitzen entwickelt sich aus der grundlegenden Fähigkeit des Krabbelns. Wir können dem Baby den Wechsel vom «Obensein» zur Rückenlage erleichtern, wenn wir es leicht wippend von vorn nach hinten oder zu den Seiten schaukelnd bewegen. Das macht dem Kind Freude.

Zug in den Stand

PEKiP

Wenn das Baby sich gut zum Sitzen zieht, versucht es manchmal, sich mit den Füßen auf den Boden zu stemmen und hinzustellen. Nachdem das Baby die stehende Position erreicht hat, legen wir es sanft wieder auf den Rücken. Das Kind drückt Stolz und Freude aus, die der Erwachsene mit ihm teilt, wenn es selbst auf seinen Beinen steht. Falls das Baby sich nicht wieder nach hinten bewegen will, können wir es unter die Arme fassen und hopsen lassen.

Gemäß den Zielen des PEKiP fördern wir die Eigenaktivität und Selbständigkeit des Kindes. Wir regen das Baby an, sich hochzuziehen, und nicht dazu, sitzend oder stehend zu verharren. Wenn das Kind nicht von sich aus aktiv wird, um sich festzuhalten und aufzurichten, ist dieses Spiel (noch) nicht sinnvoll.

Anstelle der Ringe können wir auch einen Stab oder Gummischlauch nehmen. Bei diesen Gegenständen wird das Kind seine Hände in eine andere Stellung bringen als bei den Ringen.

Über das Sitzen

Häufig wird gesagt, daß Kinder das Sitzen vor dem Krabbeln lernen. Wenn sich das Kind an den angebotenen Händen hochzieht, denken viele Eltern, daß es sich bereits hinsetzen will. Dieses Heranziehen ist eine normale Armreaktion im fünften bis sechsten Monat, mit der das Baby alles, was es erreichen kann, zu sich zieht, z. B. auch seine Füße. Bevor das Kind sitzen kann, lernt es die Bewegungen, die notwendig sind, um in die Sitzhaltung zu gelangen und sie wieder zu verlassen.

Ein vorzeitiges Hinsetzen behindert die normale Entwicklung. Zu diesem Zeitpunkt nämlich sind weder seine Rücken- noch seine Bauchmuskeln ausreichend entwickelt. Auch hat das Baby noch nicht gelernt, sich beim Sitzen auf einer Hand abzustützen. Infolgedessen kippt es zur Seite oder nach hinten, oder es beugt den Körper immer weiter nach vorn. Es ist mühevoll für das Baby, sich aufrecht zu halten. Um sich vor Umfallen und Wehtun zu schützen, bleibt es steif sitzen. Manche Eltern stützen das Kind durch Kissen. Damit verhindern sie zwar das Fallen, aber nicht die möglichen Schäden an der Wirbelsäule. Alle Bewegungen, die das liegende Baby übt, wie Rollen, Robben, Wälzen, Recken, Strecken, mit Füßen spielen usw. sind dem sitzenden Kind nicht möglich.

«Meine Tabea sitzt aber wirklich gern. Ich kann sie inzwischen nicht mehr hinlegen, ohne daß sie weint. Am Anfang habe ich hinter ihr gesessen, damit sie nicht umkippte. Aber ich kann ja nicht den ganzen Tag bei ihr sitzen. Inzwischen lege ich Kissen um sie herum, damit sie nicht umfällt. Sie sitzt dann sehr starr. Ich glaube, sie hat Angst vor dem Hinfallen. Wenn ihr das Spielzeug vom Schoß fällt, weint sie. Ich bin ständig damit beschäftigt, es ihr wiederzugeben» (Hanna, Lehrerin, 34).

Hanna meint es mit ihrer Tochter gut. Ihr Baby ist eigentlich in einem Alter, in dem Kinder anfangen, selbständiger zu werden. Dadurch, daß sie das Spielzeug nicht wieder aufnehmen kann, braucht sie die Mutter für ihr Spiel. Auch wenn sie nicht mehr sitzen kann, braucht sie die Hilfe der Mutter oder muß sich fallen lassen. Die Mutter macht das Kind von sich abhängig, sie «überbehütet» es.

Es wird sicher einige Zeit dauern, bis das Kind sich wieder im Liegen auf dem Boden wohl fühlen wird und allein spielt. Es war ja so bequem, immer die Mutter zu «rufen». Wenn das Kind aus dem Liegen oder Vierfüßlerstand heraus lernt, sich hinzusetzen und sich wieder zurück in andere Positionen zu begeben, hat es selbst das Sitzen entdeckt. Diese Erfahrung stärkt auch sein Selbstbewußtsein.

Wenn wir das Baby auf den Bauch oder Rücken legen, spielt es oft allein. Es trainiert ohne Körperbelastung die Muskelpartien, welche es ihm ermöglichen, später gerade zu sitzen. In der Bauchlage stützt sich das Kind ab dem sechsten Monat mit durchgestreckten Ellenbogen auf die Handflächen. Das Becken liegt dabei auf dem Boden. Bei jedem Hochstützen stärkt es seine Rückenmuskulatur. Legen Sie sich einmal in dieser Haltung auf den Boden. Sie spüren, wie stark Ihre Rückenmuskeln angespannt sind. In Rückenlage hält das Kind in diesem Alter die Beine meist gebeugt in der Luft. Dabei trainiert es ständig seine Bauchmuskeln. Probieren Sie auch diese Haltung einmal aus.

Das Baby lernt das Sitzen zuerst im Liegen auf dem Rücken. Drehen Sie das Buch und betrachten Sie das Foto auf S. 140 oben von der Seite. Die Beine des Babys bilden einen fast rechten Winkel zum Körper. Wenn sich das Baby vom Rücken auf den Bauch dreht, bildet es seine Hüftmuskulatur und die Drehmuskeln aus, die beim Hinsetzen eine wichtige Rolle spielen.

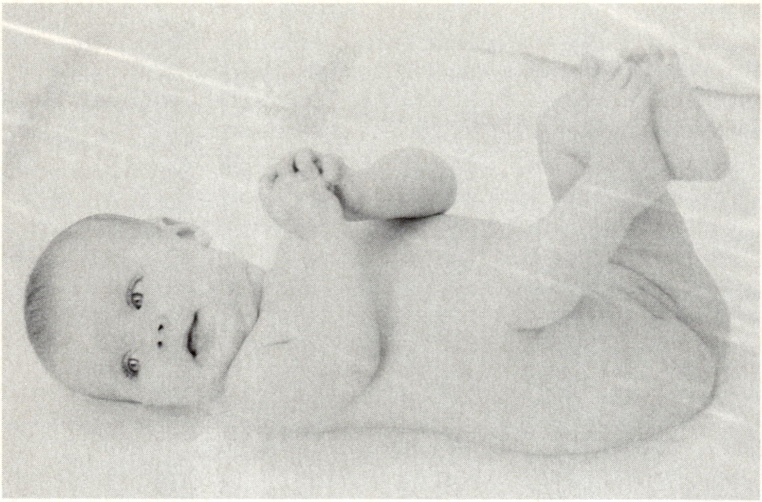

Ein Kind, das imstande ist, sich selbst hinzusetzen, ist zum Sitzen reif. Wir dürfen aber auf keinen Fall Kinder in Haltungen bringen, die zwar ihrem Alter laut einer Tabelle entsprechen, jedoch nicht ihrem individuellen Entwicklungsalter. Wir unterstützen nur die Bewegungen, die dem individuellen Entwicklungsstand entsprechen, und dieser variiert selbstverständlich bei allen Kindern. Tabellen zeigen Mittelwerte, an denen wir uns nur ungefähr orientieren können.

Das Baby hat bisher gelernt, sich auf den Bauch zu drehen, beherrscht das Liegen in der seitlichen Lage, so daß es seinen Oberkörper ein wenig vom Boden hebt und sich auf seinen Unterarm stützt. Den anderen Arm hat es frei zum Bewegen und Spielen, wie Sie auf dem Foto S. 141 sehen. Annika hält sogar mit dem Fuß den Topf fest. Sie sieht aus wie ein seitlich liegender Gartenzwerg. Mit der Zeit stützt sich das Baby immer weniger auf den Arm, bis es sich nur noch fest auf der Hand abstützt. Es erhebt sich immer höher, bis es frei sitzt.

Falls es jetzt aus irgendeinem Grund das Gleichgewicht beim Sitzen verliert, wird es sich sofort auf eine Hand abstützen und dadurch nicht hinfallen. Von diesem Abstützreflex, der im zweiten Lebenshalbjahr entsteht, profitieren wir heute noch als Erwachsene, wenn wir hinfallen. Wir stützen uns ab und schützen dadurch den Kopf und den Körper vor Verletzungen.

Genauso wie das Baby zum freien Sitzen gekommen ist, dreht es sich wieder zur Seite und begibt sich auf den Boden. Es stützt sich auf die Hand, den Arm und legt sich wieder auf die Seite oder nimmt den anderen Arm zur Hilfe und dreht sich auf den Bauch.

Viele Kinder kommen auch über das Krabbeln zum Sitzen. Durch die Bewegung, bei der es sein Gewicht auf den geknieten Beinen und Händen hält, wird die gesamte Rückenmuskulatur gestärkt, so daß das Kind, wenn es im Krabbeln sicher ist, ohne Hilfe aus dieser Stellung in die Sitzhaltung und aus dieser wieder in den Kniestütz wechseln kann, wie wir bei Sabrina auf dem Foto auf der nächsten Seite sehen.

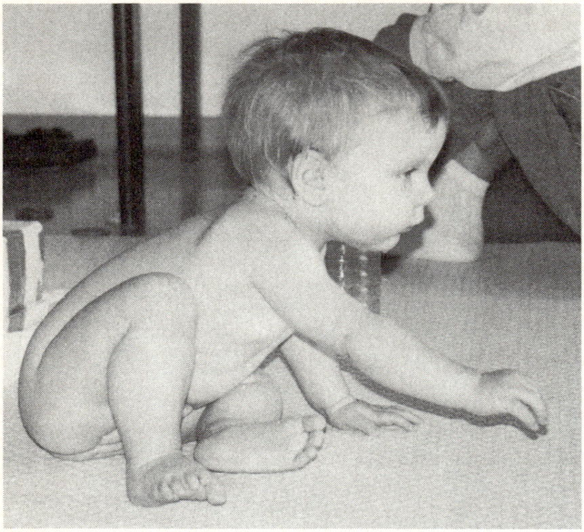

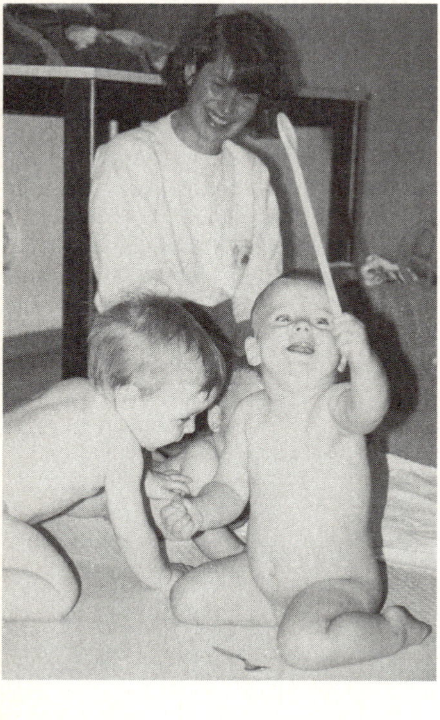

Das Kind stützt sich beim Krabbeln seitlich ab und kommt über die Seite in eine seitliche Sitzhaltung, richtet sich zum Sitzen auf und wechselt wieder in den Vierfüßlerstand zurück. Es kann also seine Haltung selbständig beliebig verändern und ist unabhängig.

Manche Kinder setzen sich vom Krabbeln aus zurück auf ihre Unterschenkel und spielen in dieser mehr knienden Haltung, oder sie nehmen ein Bein nach vorne und eins nach hinten. Es gibt viele verschiedene aufrechte Knie- oder Sitzhaltungen, um zu spielen.

Spielen mit rauhen Gegenständen

Wir geben dem Baby nicht nur weiche Gegenstände, sondern motivieren es, Dinge anzufassen, die sich rauh anfühlen. Das kann z. B. eine saubere Handbürste sein. Das Baby nimmt sie zum Mund und hält inne, weil sie sich seltsam an den Lippen anfühlt. Es wird sie mit Händen und Fingern vorsichtig untersuchen und sich eine Weile mit diesem «pieksenden Ding» beschäftigen. Auch bei anderen rauhen Gegenständen wie einem noppigen Seifenuntersetzer oder einem Waschlappen lernt das Baby den Unterschied zwischen weich und rauh besser kennen.

Wir geben dem Baby immer nur einen Gegenstand, den es intensiv be-greifen und erfahren kann.

Bieten Sie Ihrem Baby nie zu viele Gegenstände gleichzeitig an und unterbrechen Sie Ihr Kind nicht bei seinen Erkundungen, denn nur so entwickelt sich seine Konzentrationsfähigkeit. Kinder lieben Wiederholungen. Es ist wichtig, dem Baby immer wieder dieselben Lieder vorzusingen und dieselben Fingerspiele mit ihm zu üben, damit es sie behalten und nachahmen kann.

Abstoßen von unserem Körper

Wenn sich das Krabbeln anbahnt, können wir das Kind zur eigenen Fortbewegung ermuntern und es dabei unterstützen, indem wir uns hinlegen und das Baby auf uns klettern lassen.

Wir legen uns das Baby auf den Oberkörper, zeigen ihm ein Spielzeug und legen dies neben unseren Körper. Wir sprechen mit dem Baby und fordern es mit Worten auf, sich das Spielzeug zu holen.

Das Baby versucht, sich von unserem Körper abzustoßen und das Spielzeug zu erreichen. Es ist wichtig, daß wir eine Hand am Rücken und Po des Babys halten, damit es nicht fällt, wenn es sich hinabbeugt, um das Spielzeug zu erreichen. Wir achten darauf, dem Baby nur soviel Hilfestellung zu geben, wie es benötigt.

Guck-Guck-Spiele

Wir legen uns ein Tuch über das Gesicht und beugen uns über das Baby. Es greift nach dem Tuch, zieht es weg und strahlt uns an, wenn es uns wieder sehen kann. Dieses Spiel wiederholen die Kinder oft und mit viel Freude.

Wir können auch dem Baby ein Tuch über das Gesicht legen. Am

Anfang wählen wir dabei ein fast durchsichtiges Tuch, damit das Baby nicht ängstlich wird. Wenn es Freude an diesem Spiel bekommt, können Sie auch dichtere und größere Tücher nehmen, bei denen es etwas länger dauert, bis das Kind sie vollständig weggezogen hat.

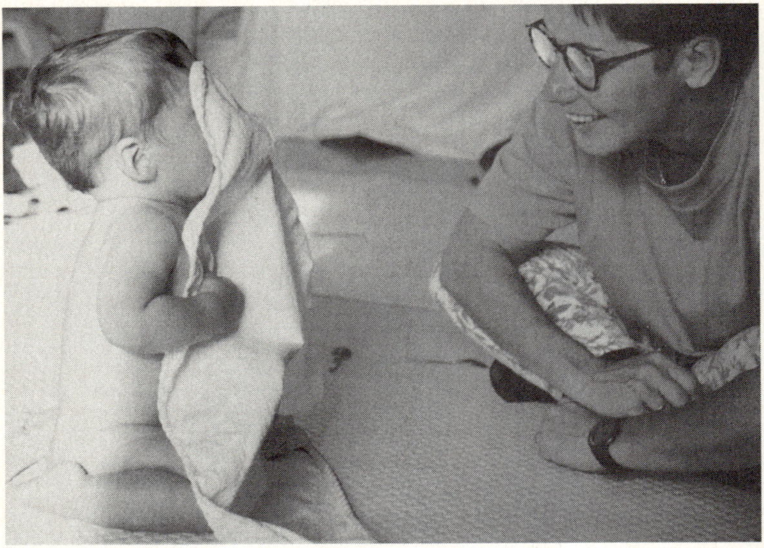

Das Baby schaut der Mutter in die Augen, nachdem es das Tuch weggezogen hat, und freut sich.

Im zweiten Halbjahr wollen Eltern und Kinder immer häufiger herausfinden, ob und wieweit ihre Gesten und Zeichen vom anderen verstanden und beantwortet werden. Mal übernimmt der Erwachsene eher die aktive Rolle, ein anderes Mal ist das Kind der Auslöser, und die Mutter reagiert auf sein Verhalten.

Das Kind findet bereits in diesem Alter heraus, was seine Bezugsperson beabsichtigt, und lernt, sich dementsprechend zu verhalten. Kinder im ersten Lebensjahr «unterhalten» sich nicht nur mit Menschen, sondern auch mit den Dingen, mit denen sie spielen. Dabei wählen sie aber eine viel höhere Tonart als bei ihrem Gespräch mit Menschen. Das Baby verändert oft die Tonlage, wenn ein Spiel nicht nach seinen Vorstellungen verläuft.

Wenn wir viel mit dem Kind reden und ihm erklären, was wir gerade tun, unterstützen wir die vorsprachlichen Vorstellungen und die Sprachentwicklung beim Kind.

Das Sprachverständnis entwickelt sich viel früher als das Sprechen selbst. Das können wir beim folgenden Spiel beobachten.

Geben und nehmen
Wir halten dem Kind ein Spielzeug hin und sagen «bitteschön». Das Kind nimmt es. Wenn wir es auffordern, es uns zurückzugeben, hält es uns das Spielzeug hin. Wir bedanken uns und geben es wieder zurück. Dieses Spiel wollen die Kinder oft wiederholen. Das Kind lernt dabei andere Personen auf etwas hinzuweisen oder zu erreichen, daß wir ihm etwas Bestimmtes geben.

Das Kind zeigt jetzt differenziert, welche Spiele ihm besser gefallen. Wir dehnen die Spielstunden aus, wenn das Kind ausdauernder, aufnahmebereiter und konzentrierter spielt. Besonders für den berufstätigen Elternteil können regelmäßige Spielstunden eine gute Gelegenheit sein, sich intensiv mit seinem Kind zu beschäftigen. Das Kind zeigt jetzt deutlich, wann es genug vom gemeinsamen Spiel hat. Gern hören die Kinder Lieder, z. B.:

Wie das Fähnchen auf dem Turme
sich kann drehn bei Wind und Sturme,
so soll sich mein Händchen drehn,
daß es eine Lust ist anzusehn,

und beobachten dabei unsere Hand, die sich wie eine «Fahne im Wind» bewegt. Am Ende des ersten Lebensjahres bewegen die Kinder selbst ihre Hand zum Lied. Auch alle Arten von Fingerspielen bereiten großes Vergnügen. Eine schöne Sammlung von alten und neuen Versen, Kniereitern und Fingerspielen hat Raimund Pousset in der Rowohlt-Reihe «Mit Kindern leben» vorgelegt: «Fingerspiele und andere Kinkerlitzchen».

«Unser Felix freute sich früher immer, wenn meine Eltern zu Besuch kamen. Jetzt fängt er an zu weinen, wenn sie ihn auf den Arm nehmen wollen. Sie sind regelrecht beleidigt und wollen ihn trotzdem auf den Arm nehmen. Das will ich aber nicht» (Christine, 31, Sozialarbeiterin).

Dieses sogenannte Fremdeln tritt bei manchen Kindern schon mit drei Monaten auf, bei manchen später, und bei anderen bemerkt man es kaum. Am deutlichsten ist es zwischen dem sechsten und neunten Monat.

Ein Baby, das hauptsächlich mit seinen Eltern zusammen ist, wird sich von Fremden leichter irritieren lassen als ein Kind, das sich oft in fremder Umgebung mit Vater oder Mutter aufhält.

Setzen Sie sich nicht über die Gefühle Ihres Babys hinweg. Es ist wichtig, das Baby selber entscheiden zu lassen, wie nah es fremden Personen sein will. Auch die Oma, die nicht beim Kind wohnt, ist für das Kind zunächst eine fremde Person. Ein Kind, das in diesem Alter nicht selbst entscheiden darf, wieviel Nähe oder Distanz es zu anderen Menschen haben will, wird auch später Schwierigkeiten haben, anderen zu sagen, wenn es nicht mit ihnen in näheren Kontakt treten möchte. Dies schon früh gelernt zu haben kann auch zum Schutz vor sexuellem Mißbrauch beitragen!

Früher hat man geglaubt, daß Babys erst im zweiten Lebenshalbjahr bekannte von unbekannten Personen unterscheiden könnten. Babys kennen aber schon in den ersten Wochen ihre Eltern sehr genau (Klaus und Klaus 1988, S. 70). Im zweiten Halbjahr vernetzen sich die zwei Gehirnhälften. Die linke Hälfte speichert hauptsächlich das Denken und Sprechen, während der rechten Gehirnhälfte Empfindungen und Gefühle zugeordnet werden. Durch die Vernetzung reagiert das Baby jetzt differenzierter auf soziale Erfahrungen. Es schaut sich die Menschen genau an und entscheidet, wie nah ihm jemand kommen darf.

Da Kinder eigentlich sehr neugierig sind, suchen sie den Kontakt zu Fremden, besonders dann, wenn sie selbst bestimmen können, wie die Kontaktaufnahme erfolgen soll. Auch braucht das Baby in diesem Alter ständig die Rückversicherung seiner wichtigsten Bezugspersonen, seiner Eltern.

Das Fremdeln ist durchaus sinnvoll, damit Kinder, die sich jetzt selbständig durch Krabbeln von der Mutter entfernen können, nicht zu forsch auf fremde Menschen und Situationen zugehen und sich dadurch in Gefahr bringen.

Wenn die Oma traurig ist, weil das Baby nicht bei ihr bleiben will, erklären Sie ihr, daß es das Baby nicht böse meint, sondern daß der Zeitabstand zu lang ist, um sich an das letzte Wiedersehen zu erinnern. Selbst vor dem Vater, der tagsüber nicht anwesend ist, fremdelt das Baby.

Wenn Sie selbst die Situation gelassen hinnehmen, wird Ihr Kind bald wieder Kontakt zu anderen Menschen suchen.

Wie sich Babys fortbewegen

Viele Kinder robben zuerst vorwärts, allerdings auf ganz unterschiedliche Weise. Einige robben nur mit den Armen, fast, als würden sie kraulen. Sie ziehen den Körper und die Beine einfach nach. Einige gehen auf die Knie, lassen ihren Oberkörper aber aufliegen und schieben ihn mit den Beinen nach vorn. Manche Kinder rollen durch den

Raum, wenn sie gelernt haben, sich vom Rücken auf den Bauch und wieder auf den Rücken zu drehen.

Dabei ist bewundernswert, mit welcher Genauigkeit auch diese Kinder ihr Ziel erreichen. Andere Kinder schieben sich mit einem Arm und einem Bein vorwärts, wobei der Körper auf dem Boden liegen bleibt. Eine weitere Möglichkeit ist, sich in den Vierfüßlerstand aufzurichten und sich nach vorn zu werfen, wieder von der Bauchlage in den Vierfüßlerstand zu gehen und sich wieder nach vorn zu werfen. Manche Kinder rollen sich aus dem Vierfüßlerstand über die Schulter nach vorn ab …

Nach einigen Monaten entwickeln die Kinder von ganz allein die typische Krabbelstellung. Sie stützen sich auf die Knie und die gestreckten Arme. Die Hände sind jetzt meist geöffnet. Die Kinder schaukeln nach vorn und hinten und balancieren dadurch ihr Gleichgewicht immer wieder aus. Manche Kinder stellen sich sogar auf Hände und Füße. Der Po ragt dabei in die Höhe. Die Kinder schaukeln hin und her. Probieren Sie es mal aus: Sie werden feststellen, daß man ganz schön aufpassen muß, um sein Gleichgewicht nicht zu verlieren.

Mit diesen verschiedenen Fortbewegungsmöglichkeiten können die Kinder ihre Ziele erreichen. Sie bewegen sich auf ihre Mutter oder interessante Dinge zu, ohne Hilfe zu benötigen.

Viele Eltern fragen sich, wie sie ihre Kinder in dieser Situation vor Verletzungen bewahren können.

Susanne, 28, Bankangestellte: *«Unsere Tochter Svenja hat gerade gelernt, sich fortzubewegen. Wir überlegen, ob wir einen Laufstall kaufen sollen, um sie vor Gefahren zu schützen.»*

Gerade in dieser Situation würde sich Svenja aber durch den Laufstall stark eingeengt fühlen. Stellen Sie sich vor, Sie haben den Führerschein gemacht. Das Auto steht vor der Tür, und jemand verbietet Ihnen zu fahren, bis der Führerschein einige Wochen alt ist.

Die Erwachsenen sollten jetzt besonders darauf achten, ihr Kind nicht zu sehr einzuengen. Versuchen Sie ohne Laufstall auszukommen. Die Wohnung müssen Sie sowieso bis zu der Höhe, die das Baby erreichen kann, kindgerecht verändern.

Das Kind wird sich meistens in Ihrer Nähe aufhalten. Vielleicht stört es Sie, wenn es sich an Ihrem Bein festhält. Dann müssen Sie sich behutsamer und umsichtiger bewegen. So ermöglichen Sie dem Kind die wichtige Erfahrung, selbst zu bestimmen, wann es sich wo aufhalten will.

Susanne fährt fort: *«Aber es gibt doch immer mal Minuten, in denen ich mich wirklich nicht ums Kind kümmern kann, z. B. wenn ich etwas aus dem Keller holen muß.»*

Für diese kurze Zeit können Sie das Baby mit einigen Spielsachen in sein Bett legen, aus dem Sie die Decke vorher entfernt haben. Sie brauchen dabei keine Bedenken zu haben: Das Kind wird den Unterschied lernen, wann das Bett zum Schlafen und wann es für kurze Zeit zum Spielen da ist.

Falls Sie sich aber doch für einen Laufstall entscheiden sollten, dann legen Sie Ihr Baby schon vorher hinein, bevor es zu krabbeln beginnt, damit es ihn als einen Platz zum kurzzeitigen Spielen akzeptieren kann. Wenn Sie einen Laufstall benutzen, denken Sie daran:

Ein Kind soll sich, wenn überhaupt, nur kurzzeitig im Laufstall aufhalten.

Sich über der Mutter abstützen

PEKiP

Legen Sie sich mit dem Rücken auf den Boden. Auf Ihre eine Seite legen Sie ein Spielzeug, an der anderen Seite kniet Ihr Baby und lehnt sich über Ihren Bauch. Es wird versuchen, das Spielzeug zu erreichen. Unterstützen Sie es dabei mit aufmunternden Worten. Es legt sich über Sie und wird sich mit den Füßen abstoßen. Wenn das Kind das Spielzeug nicht erreichen kann, erleichtern Sie es ihm, indem Sie sich zu der entsprechenden Seite neigen.

Ursache und Wirkung erfahren

PEKiP

Geben Sie Ihrem Kind ein Stück Butterbrotpapier. Mit dem Papier kann das Kind Geräusche erzeugen. Und es lernt, daß das Papier weich wird und keine Geräusche mehr von sich gibt, wenn es in den Mund gesteckt und naß wird. Das Kind lernt Ursache und Wirkung kennen und probiert es immer wieder aus.

Kinder verschlucken das Papier normalerweise nicht. Sie unterscheiden sehr gut zwischen eßbaren und nichtgenießbaren Dingen. Viele Kinder sammeln das Papier im Oberkiefer. Irgendwann spucken sie es wieder aus. Mit unserem Zeigefinger können wir es auch herausholen. Bleiben Sie trotzdem in der Nähe, wenn Ihr Kind mit Papier spielt.

Um Erfahrungen mit Ursache und Wirkung zu machen, eignen sich auch quietschende Gummitiere. Das Kind probiert immer wieder aus, ob die Quietschtöne kommen. Das Gummitier gibt kein Geräusch von sich, wenn es auf eine harte Unterlage geschlagen wird, der Bauklotz schon.

Diese Spiele werden von den Kindern ständig wiederholt, um sich zu vergewissern, daß gleiche Handlungen gleiche Reaktionen hervorrufen.

Spielzeug in Bauchlage ergreifen
Reichen Sie Ihrem auf dem Bauch liegenden Baby ein Spielzeug. Es stützt sich jetzt sicher auf einem Unterarm ab und greift zielgerichtet. PEKiP

Kind auf dem Schoß selbständig essen lassen
Wenn Ihr Kind sich noch nicht selbständig hinsetzt, nehmen Sie es bei Tisch auf den Schoß, halten es aber gut fest, damit es nicht mit krummem Rücken sitzt. Legen Sie kleine Essenshäppchen vor das Kind. Diese kann es schon gut ohne Ihre Hilfe essen, da es gelernt hat, Dinge von der Hand in den Mund zu nehmen. PEKiP

Kinder wollen wissen, wie ihr Essen aussieht, wie es sich anfühlt, wie es riecht und dann erst, wie es schmeckt. Geben Sie dem Baby eine Banane zum Selberessen oder auch Brot oder Brotrinde, die nicht mehr ganz frisch sein sollte. So kann es die unterschiedliche Beschaffenheit und den verschiedenen Geschmack von Nahrungsmitteln feststellen und Selbständigkeit beim Essen entwickeln.

Die Nachteile des Lauflerngeräts

Lauflerngeräte werden empfohlen oder mit der Absicht gekauft, dem Säugling das Laufenlernen zu erleichtern. Mit dem Kauf eines «Gehfrei» verbinden Eltern die Erwartung, daß das Kind schneller laufen lernt.

Das Kind selbst sitzt meist gern in dem Laufstuhl, da verschiedene Bedürfnisse, wie eine aufrechte Position einzunehmen und sich fortzubewegen, befriedigt werden. Das zufriedene Kind bestätigt Eltern darin, etwas Gutes gekauft zu haben.

Bei sorgfältiger Überlegung erweist sich das Lauflerngerät allerdings als überflüssig und nachteilig.

- Das Kind behält den Zehenspitzenstand länger bei als normalerweise, da es sich in dem Gerät mit den Zehen abstößt, um vorwärts zu kommen. Das Lauflerngerät verhindert dadurch den normalen Stand auf den Fußsohlen.
- Das Kind lehnt mit dem Brustkorb gegen die Umrandung des Geräts, um vorwärts zu gelangen, und lernt nicht, den Körpermittelpunkt zu finden, um aufrecht stehen zu können.
- Dem Kind fehlen wichtige Erfahrungen, die es beim selbständigen Aufrichten, Stehen und Gehen macht.
- Der Gleichgewichtssinn kann sich nicht altersentsprechend ausbilden.
- Das Kind ohne Gehfrei übt normalerweise auch wieder den Weg hinunter auf den Fußboden, indem es Knie und Hüften beugt und dadurch wieder das Gleichgewicht ausbalanciert. Die Eltern können ein ständiges Auf und Ab des Kindes beobachten. Es gewinnt durch die Wiederholungen an Souveränität in seinen Bewegungen und differenziert sie dabei.
- Im Lauflerngerät bleibt das Kind immer auf derselben Höhe. So wird ihm die Möglichkeit genommen, Beugung und Streckung zu trainieren.
- Ein Kind, das natürlich laufen lernt, zieht sich an Möbeln hoch und hält sich fest, um zuerst Sicherheit im Stehen zu erreichen. Mit zunehmender Sicherheit bewegt es sich Schritt für Schritt meist seitlich an den Möbeln entlang.
- Der Rücken wird übermäßig belastet, wenn sich das Kind über längere Zeit im Gehfrei bewegt.

Mit dem Lauflerngerät verlernt das Kind, Freude an der eigenen Bewegung zu finden und sich durch eigene Anstrengung weiterzuentwickeln. Es wird weniger Lust verspüren, auf dem Boden zu liegen, sich selbst zu drehen oder Krabbeln zu lernen, sondern so lange unzufrieden sein, bis es wieder in seinem Gehfrei hopsen kann. Das Kind entwickelt seinen Gleichgewichtssinn nicht weiter. Lauflerngeräte verhindern natürliche Gehbewegungen . Das Kind bleibt lange unsicher beim Laufen.

Das Kind, das seine Fähigkeiten ausprobieren darf, weiß, was es sich zumuten kann und ist sich seiner selbst sicher. Stattdessen bieten wir dem Kind einen bequemen Weg an, gerade so, als würden wir Brötchen mit dem Auto holen, obwohl wir wissen, daß Bewegung gesünder für uns ist.

Das vierte Vierteljahr

Bis zum Ende des ersten Halbjahres steht die unmittelbare Bedürfnisbefriedigung des Babys im Vordergrund. Wenn wir in diesem Alter seinen Bedürfnissen, soweit es möglich ist, nachgekommen sind, hat das Baby gelernt, daß es durch sein Verhalten etwas bewirken kann und nicht hilflos ist.

Das Kind fühlt sich dadurch geborgen und erfährt, daß es Probleme selbst in die Hand nehmen und Lösungen finden kann, wenn es aktiv wird. Es weiß aber auch, daß es auf andere zugehen kann, um sich helfen zu lassen. Diese Hilfe von uns sollte immer nur minimal sein, damit das Kind selbst an der Lösung mitwirkt oder sogar den Hauptanteil leistet, wenn das möglich ist. Natürlich erfordert das viel mehr Zeit, als wenn wir das Problem für das Kind lösen.

Das Kind ist zum Beispiel auf das Sofa geklettert und zeigt uns, daß es wieder hinunter will. Am schnellsten ginge es, das Kind hinunterzuheben. Am einfachsten wäre es zu sagen, «wenn du allein hochkrabbelst, sieh zu, wie du auch wieder runterkommst». Das Kind fällt vielleicht beim Runterklettern hin und stellt seinen Forscherdrang erst einmal ein; außerdem hat es erfahren, daß die Erwachsenen ihm bei seinen Lösungen nicht helfen wollen.

Aufwendig, aber sinnvoll ist es, sich neben das Sofa zu stellen, das Kind zu ermuntern, selber abzusteigen, es mit Worten dabei zu begleiten und zuzufassen, falls es zu stürzen droht, oder ihm zu zeigen, daß es beim Absteigen mit den Beinen zuerst Stürze vermeiden kann.

Beim nächstenmal wird das Kind Teile von dem Gelernten anwenden und bald sicher selbständig herunterklettern können.

Fördern Sie diese Selbständigkeit im zweiten Halbjahr. Tragen Sie Ihr Kind nicht mehr ständig, sondern trauen Sie ihm Eigenständigkeit zu.

Wenn Sie eine Sache durchsetzen wollen, werden Sie sich vorher über die Konsequenzen klar. Auf keinen Fall sollte Ihr Baby die Erfahrung machen, daß es sich nur lange genug beschweren muß, damit seine Wünsche erfüllt werden.

Die ersten Trotzanfälle stellen sich jetzt schon bei vielen Kindern ein. Geben Sie nicht nach, und zeigen Sie Verständnis, nehmen Sie Ihr Kind auf den Arm, wenn es sich nicht zu stark wehrt, und sagen Sie ihm, daß Sie es verstehen, aber daß trotzdem z. B. der Herd nicht angefaßt werden darf.

Im zehnten Monat steht bei vielen Kindern die Fortbewegung im Mittelpunkt. Spielzeug ist im Moment nicht so interessant. Das Baby merkt, daß es jetzt Dinge, die es schon lange aus der Ferne gesehen hat, erreichen und untersuchen kann. Nichts ist mehr sicher. Wir sollten ihm nicht durch Verbote das Lernen verleiden. Aus diesem Grund ist es geeigneter, die Wohnung so zu verändern, daß sie nur wenige Verbote auszusprechen brauchen.

In der Erziehung ist es sinnvoller und erfolgreicher, das Positive herauszustellen.

Tischdecken eignen sich für viele Kinder hervorragend zum Herunterziehen. Deshalb sollten sie für einige Zeit im Schrank bleiben. Porzellanvasen werden am besten im Schrank verschlossen, große Blumentöpfe so hochgestellt, daß unser Kind sie nicht erreichen kann. Natürlich sollten Sie auch die Stereoanlage und den Fernseher in Sicherheit bringen. Und Stehlampen sind auch eine ständige Gefahrenquelle, da sie an der Schnur oder am Fuß leicht umgerissen werden können. In Steckdosen gehören Kindersicherungen …

Überlegen Sie gut, welche Dinge Sie verschließen müssen und mit welchen Ihr Kind Erfahrungen sammeln kann oder sogar sollte.

Das Kind im vierten Lebensvierteljahr lernt die Dinge zu «begreifen». Seine Umwelt will es kennenlernen, indem es versucht, den Dingen auf den Grund zu gehen. Oft ist das Kind über die Folgen des eigenen Tuns überrascht und probiert immer wieder dasselbe aus, bis es die Sache be-griffen hat.

Das Kind geht in diesem Alter gern auf Erkundungstour durch die gesamte Wohnung. Es sucht aber immer wieder in unterschiedlicher Weise Kontakt zu Mutter oder Vater, krabbelt zu ihnen hin oder «ruft», um ihre Stimmen zu hören, oder schaut sie an, um sich zu vergewissern, daß sie da sind.

Die Mutter wird in dieser Phase auch oft Trost spenden müssen, da die Kinder sich noch leicht stoßen. Meistens ist der Schmerz schnell wieder vergessen, so daß das Kleine sich wieder neuen «Abenteuern» zuwendet. Durch seine Erfahrungen wird es umsichtiger und bald Tischkanten und Möbelecken meiden.

Erste Machtkämpfe spielen sich bereits in dieser Lebensphase zwischen Erwachsenen und Kind ab. Das Kind soll die Blumen, den Schalter am Herd oder die Stereoanlage nicht anfassen. Die Verbote scheitern oft, weil das Kind noch sehr stark von seinen Trieben gesteuert wird. Vielleicht gefällt ihm das «Spiel» mit seiner Mutter auch, denn es bekommt ja unsere Aufmerksamkeit, wenn es Dinge nimmt, die «verboten» sind. Es will ausprobieren, wie die Mutter reagiert und wie sie auf eigene Machtansprüche reagiert. Wichtig ist, daß die Folgen auf verbotenes Handeln im logischen Zusammenhang mit seinem vorausgegangenen Handeln stehen. Wenn das Kind beispielsweise wiederholt an die Bodenvase geht, können Sie die Tür zum Wohnzimmer schließen.

Eine andere Möglichkeit erfordert mehr Zeit und Geduld: Sie zeigen dem Kind die Dinge, die es ausprobieren oder haben möchte, und leiten es an, sanft mit ihnen umzugehen.

Wenn ein Bücherregal im Wohnzimmer steht, ermöglichen Sie dem Kind, bestimmte Bücher zu «lesen». Wählen Sie Bücher oder Zeitschriften aus, die Sie nicht mehr benötigen, und stellen Sie sie zusammen mit den Bilderbüchern Ihres Sprößlings in ein Regalfach, das er erreichen kann. Wenn Sie dem Kind konsequent nur sein Fach zur Verfügung stellen, wird es dies bald verstehen und akzeptieren.

Ähnliches gilt in der Küche. Räumen Sie den Inhalt Ihrer Schränke so um, daß sich in den unteren Fächern Töpfe, Plastikdosen und -schüsseln, Büchsen und andere ungefährliche Dinge befinden, mit denen Ihr Kind spielen kann. Wenn es genügend Möglichkeiten zum Spiel hat, wird der Abfalleimer nicht mehr ganz so interessant sein.

Es ist ein freudiges Ereignis, wenn das Kind zum erstenmal vorwärts krabbelt. Zuerst bewegt es sich oft nur eine kurze Strecke vorwärts, bald durchs ganze Zimmer, und dann erkundet es die gesamte Wohnung. Krabbeln ist eine sehr geeignete Grundlage für die spätere gute Körperhaltung. Die Kinder lernen es in der Regel zwischen dem sechsten und zwölften Monat. Lassen Sie sich aber von Zeitangaben in Entwicklungstabellen nicht verunsichern; sie berücksichtigen nach meinen Erfahrungen das unterschiedliche Entwicklungstempo der Kinder nur unzureichend.

Es ist gut, wenn das Kind erst das Krabbeln und dann das Sitzen erlernt. Durch die Bewegung auf den Knien stärkt sich die gesamte Rückenmuskulatur, so daß es ohne Hilfe aus dieser Stellung zum Sitzen und wieder auf die Knie wechseln kann. Das Kind verändert seine Positionen beliebig und wird unabhängig in seinen Bewegungen.

Wenn das Kind sicher im Krabbeln ist, fängt es an, sich an Möbeln aufzurichten, zu stehen, seitlich an ihnen entlangzugehen, wieder in Hockstellung zu gehen und später frei zu laufen.

Wie wir sehen, werden die Kinder immer unabhängiger und selbständiger in ihrem Handeln. Sie brauchen zur Verstärkung dieser Entwicklung Anregungen, oft auch Trost, Hilfe, Zärtlichkeit und Zuwendung. Manche Eltern tun aber auch zuviel des Guten, wenn sie sich ständig mit dem Kind beschäftigen. Dies macht das Kind von uns abhängig und hindert es daran, allein zu spielen. Die Entwicklung seiner Eigenständigkeit wird gehemmt.

Anregungen für die Grobmotorik

Zunächst beschreibe ich Möglichkeiten, wie Sie Ihr Kind bei der Differenzierung seiner gröberen Körpermotorik unterstützen können. Wenn es sich bereits in diesem Alter umfassend bewegen kann, wird es später seine Fähigkeiten und Möglichkeiten z. B. beim Klettern besser einschätzen und sich entsprechend der gestellten Aufgabe verhalten können.

PEKiP

Krabbeln auf unterschiedlichen Oberflächen

Wenn das Baby krabbeln kann, geben wir ihm die Möglichkeit, sich auf unterschiedlichen Oberflächen zu bewegen. Es kann z. B. draußen auf der Wiese, im Sand oder auf Steinen krabbeln.

Dabei verhalten sich die Kinder sehr unterschiedlich. Einige krabbeln einfach los, ohne sich um die Beschaffenheit des Bodens zu kümmern. Andere befühlen und untersuchen zunächst die Unterlage mit ihren Händen und krabbeln dann langsam und bewußt über die unbekannte Fläche.

Unterschiedliche Oberflächen bewirken auch differenziertere Bewegungsformen.

Manche Kinder werden auf einem Boden, der ihnen unangenehm ist, nicht krabbeln wollen, sondern ängstlich zurückweichen. Mit diesen Kindern befühlen wir gemeinsam den Boden und sprechen mit ihnen über das Erlebte. Vielleicht mag es danach über die Unterlage krabbeln. Wenn nicht, sollten wir das Kind auf keinen Fall zwingen.

Einige Zeit später hat dieses Kind vielleicht seine Ängstlichkeit verloren und läßt sich von dem Boden nicht mehr beeindrucken.

Krabbeln auf schräger Ebene

Wenn Ihr Baby den Vierfüßlerstand beherrscht, ist eine schräge Ebene ein Anreiz zu verschiedenen Bewegungen.

Zuerst legen wir ein Brett nur ein wenig schräg (maximal fünf Zentimeter Unterschied bei einer Brettlänge von einem Meter). Das Kind lernt beim Krabbeln über das Brett, das Gleichgewicht so zu verlagern, daß es die Schräge in beide Richtungen überwinden kann. Wenn das Kind dies beherrscht, legen wir das Brett etwas schräger. Das Kind lernt, sein Gleichgewicht dementsprechend zu verändern.

Beim Spazierengehen können wir das Geübte erweitern und vertiefen, indem wir unser Kind ermuntern, einen Hang hinauf, hinunter oder schräg zu krabbeln.

Krabbeln zwischen Gegenständen
Wir stellen unterschiedliche Gegenstände wie z. B. Stühle oder Kartons so in den Raum, daß das Kind hindurchkrabbeln kann. Es wird sich im Raum orientieren und seine Bewegungen den schmalen Durchgängen anpassen. In manchen Wohnungen lernt das Kind ohne zusätzliche Hindernisse, sich auf solche engen Durchgänge einzustellen, weil es nur so krabbeln kann.

Falls Sie in einer solchen Wohnung leben, lassen Sie Ihr Kind draußen krabbeln, um ihm auch das freie, schnelle Krabbeln ohne Hindernisse zu ermöglichen.

Durch Gegenstände krabbeln
Wir lassen das Kind durch verschiedene Hindernisse hindurchkrabbeln. Wir motivieren es, unter den Tisch zu krabbeln, um einen Ball hervorzuholen. Später wird es auch unter Stühlen, niedrigen Couchtischen, durch einen Pappkarton oder durch eine große Waschmitteltonne ohne Boden und Deckel krabbeln können.

Wir begleiten das Kind mit Worten, indem wir es ermuntern, unter den niedrigen Hindernissen nicht aufzustehen. Wenn es doch versucht, sich aufzurichten, schützen wir seinen Kopf vor einem harten Anstoßen.

Das Kind lernt spielerisch, sich auf Höhen einzustellen. Es hat Freude an der Bewältigung der neuen Situation und freut sich, wenn es das Hindernis bewältigt hat und bei Vater oder Mutter an der anderen Seite des Hindernisses ankommt.

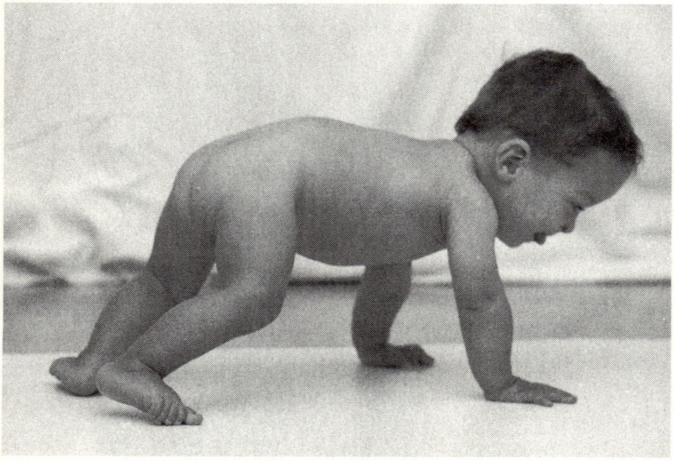

Die Kinder suchen sich immer neue Möglichkeiten, um ihren Gleichgewichtssinn zu trainieren. So stellen sich viele Kinder auf Zehen und Hände, bewegen sich vor und zurück oder nach rechts und links. Sie sind dabei sehr konzentriert, was wir bei dem Kind auf dem letzten Foto erkennen können.

Fangen spielen

PEKiP

Das Baby freut sich, wenn wir zu ihm auf den Boden kommen und uns ähnlich fortbewegen wie es selbst.

Lautes Jauchzen erreichen wir, wenn wir mit dem Baby Fangen spielen. Wir robben hinter dem Baby her, das schon wendig und schnell krabbeln kann, um es zu fangen. Das Spiel regt das Baby zu intensiven, schnellen Bewegungen an. Außerdem erlebt es den intensiven Kontakt zu uns als äußerst lustbetont.

So oft und intensiv wie im ersten Lebensjahr lacht das Baby in seinem ganzen Leben nicht mehr.

Manche Kinder drehen sogar schon den Spieß um und verfolgen uns. Dabei haben sie besonders große Freude.

Spielen auf einer leicht erhöhten Ebene

PEKiP

Legen Sie einen großen Koffer oder eine Kiste, die ca. 15 cm hoch ist, in den Raum. Ihr Kind kann hinaufklettern und versuchen, an der anderen Seite wieder hinunterzukrabbeln oder sich aufzurichten.

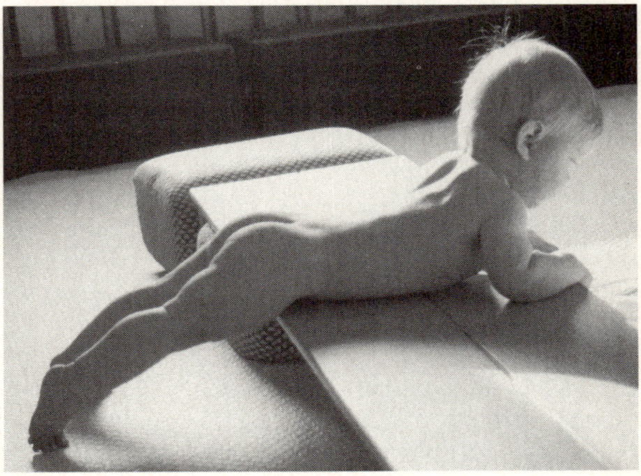

An einer Stufe hinauf- und hinunterkrabbeln

Das Kind wendet sich neuen, schwierigeren Aufgaben zu, wenn es das Krabbeln beherrscht. Es versucht, eine Stufe hinaufzukrabbeln, wenn es die Möglichkeit dazu hat.

Das Kind zieht sich erst ganz nah an die Stufe oder erhöhte Ebene heran und stützt sich fest mit den Händen auf der Stufe ab. Es kniet vor der Stufe.

Danach hebt es ein Bein an, um es auf die Stufe zu schieben, und verlagert dann sein Körpergewicht auf das Bein, mit dem es die erhöhte Stufe schon erklommen hat, und zieht das andere Bein nach.

Manche Kinder legen auch den Oberkörper auf die Stufe, schieben sich nach vorn, stoßen sich mit den Füßen ab und ziehen sie auf die erhöhte Ebene.

Wichtig ist in diesem Zusammenhang, daß das Kind lernt, wie es von einer erhöhten Ebene oder Stufe wieder gefahrlos runtersteigen kann.

Wir zeigen dem Kind, daß es sich umdrehen soll und nicht mit dem Kopf nach vorn abwärts krabbeln darf, sondern zuerst mit seinen Füßen den Boden berühren muß. Durch ein leichtes Führen seiner Hüfte geben wir ihm die Richtung der Bewegung vor, so daß seine Füße als erstes wieder auf dem Boden stehen.

Wie es hinunterkrabbeln kann, zeigen wir unserem Kind jedesmal, wenn es sich auf einer erhöhten Ebene wie z. B. Couch oder Fußbank aufhält.

«Unsere Cornelia wollte immer überall hochklettern. Zuerst habe ich es ihr verboten. Da sie es trotzdem machte, habe ich sie in den Laufstall getan. Sie wurde immer quengeliger und wollte viel auf meinen Arm, obwohl sie schon sehr schwer war. Ich habe sie dann doch in der Wohnung ihre Erfahrungen machen lassen. Zuerst hat sie sich einige Male am Wohnzimmertisch gestoßen, war aber immer wieder schnell zu trösten. Wenn sie auf die Stühle geklettert ist, habe ich hinter ihr gestanden und ihr gezeigt, wie sie rückwärts absteigen kann. Jetzt ist sie so geschickt, daß ich keine Angst mehr habe und sie sich auch kaum noch weh tut», erzählt Birgit, 32, Kommunalbeamtin.

Die Mutter war zunächst sehr ängstlich, hat sich dann aber sehr einfühlend verhalten, so daß das Kind lernen konnte, mit seiner Umgebung geschickt und verantwortungsbewußt umzugehen.

Nehmen Sie sich die Zeit, und lassen Sie Ihr Kind ausprobieren, Treppen herauf- und herunterzukrabbeln. Stellen Sie sich hinter Ihr Baby, und lassen Sie es seine Erfahrungen machen. Zeigen Sie ihm immer wieder, daß es eine Treppe nur rückwärts runtergehen darf, um nicht kopfüber zu fallen.

Kinder, denen man diese Erfahrungen nicht ermöglicht, können leichter hinunterfallen, wenn sie sich allein auf einer Treppe befinden.

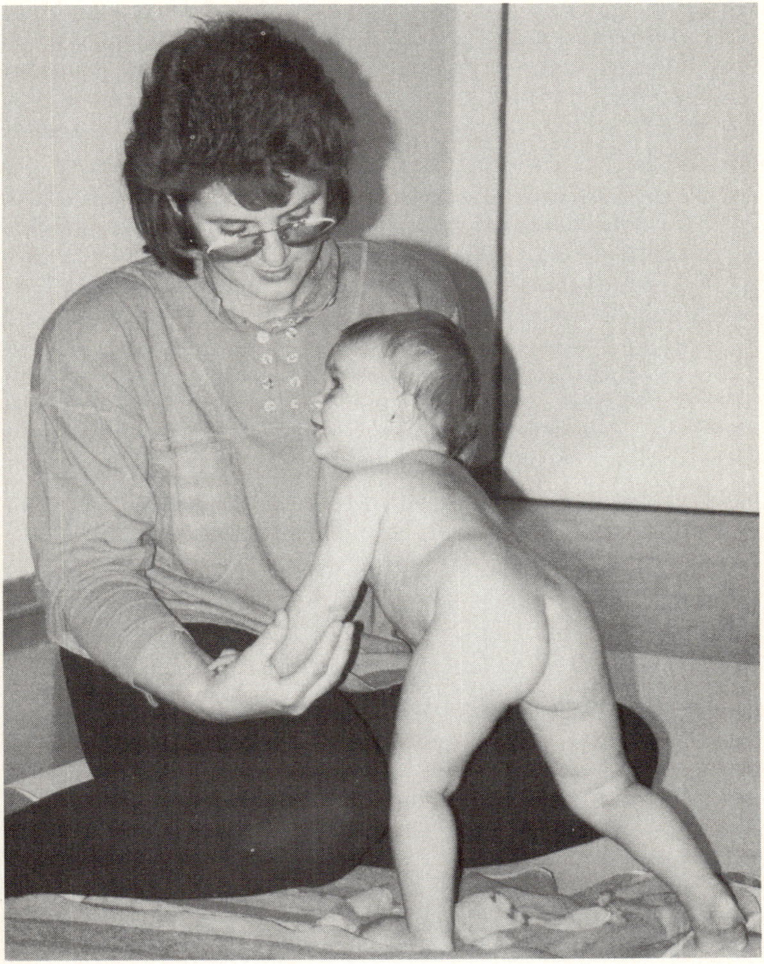

Wenn das Kind das Krabbeln erlernt, fängt es fast gleichzeitig an, die aufeinanderfolgenden Stufen des «Sichhinsetzens» zu erlernen, wie im vorigen Kapitel beschrieben.

Genauso selbständig erlernt das Kind jetzt, sich aufzurichten und hinzustellen. Am Anfang geben wir dem Kind hierbei eine leichte Hilfestellung, wenn es zunächst versucht, sich an uns hochzuziehen.

Unterstützen beim Sichhinstellen

PEKiP Wir legen ein Spielzeug auf den Couchtisch. Das Kind krabbelt hin, legt seine Hände auf den Tisch, stützt sich ab, zieht sich in den Kniestand hoch und stellt sich dann mit beiden Beinen gleichzeitig hin. Es balanciert am Anfang noch unsicher sein Gleichgewicht aus. Mit der Zeit wird es sicherer und stellt erst ein Bein auf den Boden und dann das andere, um in die aufrechte Haltung zu kommen.

«Stefan hat gelernt, sich hinzustellen. Er zieht sich überall hoch und hält auch sein Gleichgewicht gut. Er schafft es aber nicht, aus dem Stand wieder hinunterzukommen, sondern fängt an zu weinen oder läßt sich einfach nach hinten fallen. Wenn er Glück hat, fällt er auf den Po, und das Windelpack schwächt den Fall ab. Manchmal fällt er aber auch auf den Rücken. Ich stelle mich jetzt ständig hinter ihn, um den Fall abzufangen. Auch wenn er schlafen soll, stellt er sich ins Bett und fängt an zu weinen, wenn er völlig übermüdet ist. Ich lege ihn dann wieder hin. Aber manchmal steht er wieder auf, und das Spiel geht von vorne los», berichtet Eva, 31, technische Zeichnerin.

Für das Kind ist es ein interessantes Spiel, wenn die Mutter hinter ihm steht und es auffängt.

«Ich habe in dieser Phase immer ein weiches Kissen hinter meinen Sohn gelegt, so daß er sich nicht verletzen konnte, aber trotzdem merkte, daß er selbst einen anderen Weg nach unten finden mußte und sich nicht auf mich verlassen konnte», antwortet Anne, 27, Laborantin.

Es gibt eine Möglichkeit, wie Sie dem Baby helfen können, aus dem Stand wieder in die Knie zu gehen.

Aus dem Stand wieder in die Hocke gelangen

PEKiP Neben das aufrecht stehende Kind legen wir einen interessanten Gegenstand auf den Boden. Manche Kinder können sich von allein aus dem Stand wieder in Hockstellung begeben, um das Spielzeug aufzuheben oder wieder weiter zu krabbeln. Das Gleichgewicht wird verlagert.

Viele Kinder drücken aber beim Stehen die Kniekehlen so stark durch, daß sie die Knie nicht allein beugen können. Wir geben ihnen Hilfestellung, indem wir mit unseren Fingern die durchgedrückten Knie leicht nach vorn drücken. Das Kind merkt diese Lockerung in den Knien und kniet sich wieder hin. Einige Kinder begreifen das schnell; andere benötigen diese Hilfestellung für längere Zeit.

Probieren Sie selbst einmal folgendes aus: Stellen Sie sich hin, und drücken Sie Ihre Knie stark durch, wie es die Kinder in diesem Alter oft tun. Sie werden feststellen, daß es schwierig ist, diese starre Haltung aufzugeben und wieder locker in den Kniekehlen zu werden.

Aufstehen an einer glatten Wand

PEKiP

Wenn Ihr Kind gelernt hat, sich z. B. am Couchtisch hinzustellen, wird es bald versuchen, an einer glatten Wand aufzustehen. Es krabbelt nah an die Wand, stützt sich an der Wand ab und versucht, sich aufzurichten. An der Wand kann es sich nicht festhalten, sondern nur abstützen.

Stehen mit kleiner Hilfe

PEKiP

Wenn das Kind nicht mehr seine gesamte Konzentration für das Ausbalancieren beim Stehen benötigt, reichen wir ihm unsere Hand oder ein Spielzeug. Das Kind läßt sich mit einer Hand los und greift mit dieser nach dem Spielzeug.

Wenn es sich hierbei sicher fühlt, greift es mit beiden Händen und lehnt sich nur noch mit dem Rumpf an.

Einige Zeit später wird es kurzzeitig frei stehen. Aus dieser Stellung greift es mit den Händen zum Boden und stützt sich auf. Manche Kinder laufen in diesem «Bärengang» durch den Raum und richten sich wieder zum Stand auf, indem sie sich mit den Händen vom Boden abstoßen.

Diese Art der Fortbewegung wählen Kinder oft, wenn der Untergrund unangenehm zum Krabbeln ist wie z. B. auf Waschbetonplatten.

Klettern auf einen Hocker mit Stufen

PEKiP

Wie auf dem ersten Foto auf der nächsten Seite zu sehen, legen wir ein Spielzeug auf den Stuhl. Das Kind richtet sich auf, beugt sich nach vorn. Wenn es Lust hat, wird es sich von uns durch Worte motivieren lassen, auf die einzelnen Stufen zu steigen.

Auf den Fotos sehen wir, wie Franziska zuerst versucht, an das Spielzeug zu gelangen, indem sie sich streckt. Dann kniet sie auf der untersten Stufe. Im Hintergrund sehen wir ihre Mutter aufmerksam

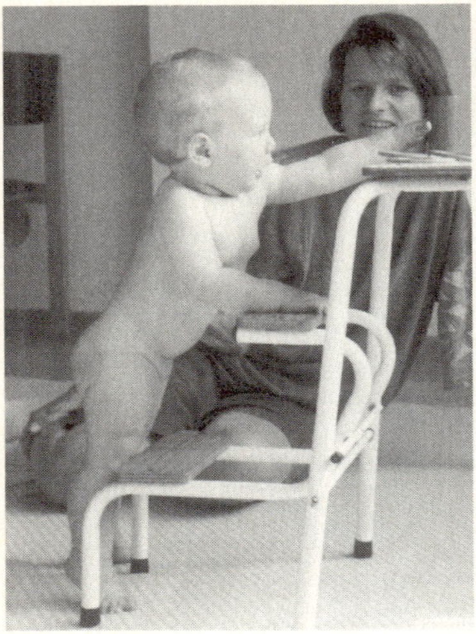
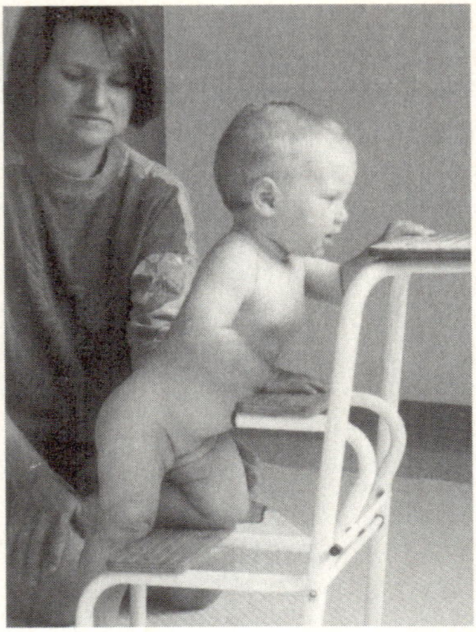

ihr Kind beobachten. Auf dem dritten Foto versucht Franziska, langsam wieder hinunterzusteigen. Mit beiden Füßen hockt sie auf der kleinen Fläche der untersten Stufe. Ihre Mutter hilft ihr, damit sie nicht seitlich abrutscht.

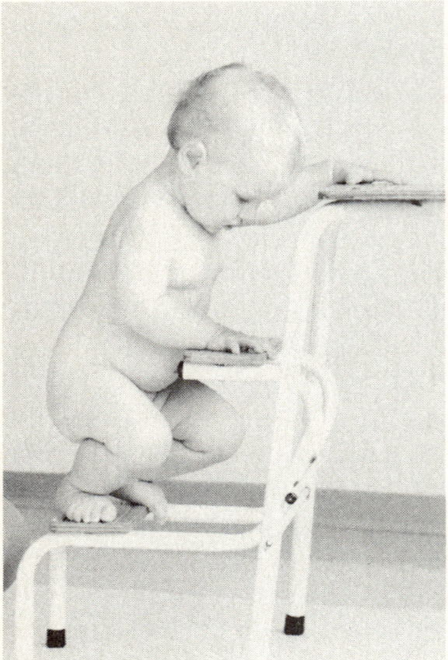
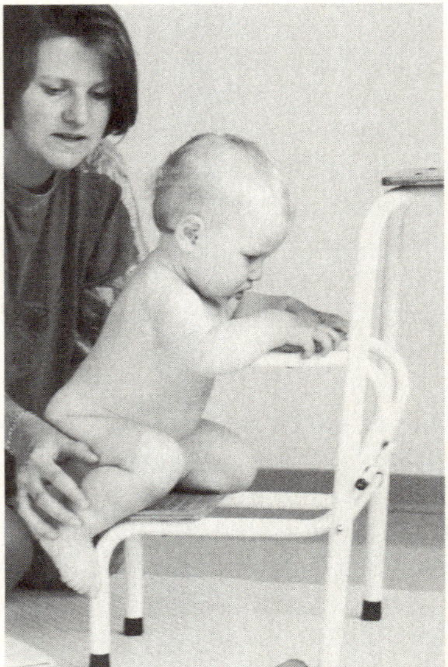

Wichtig ist, daß wir dem Baby, wenn nötig, Hilfe geben und es vor einem Hinunterfallen schützen.

Ende des dritten Vierteljahres stellen sich schon viele Kinder auf die Füße, wenn sie sich festhalten können. Zuerst stehen sie recht steif, ohne den Rumpf, die Beine und Füße dabei zu bewegen. Nach einiger Zeit, wenn ihre Geschicklichkeit und Sicherheit gewachsen sind, verlagern sie das Körpergewicht von einem auf den anderen Fuß. Die Kinder machen erste Seitschritte an der Couch entlang. Wenn sie die Seitschritte beherrschen, halten sie sich meist nur noch mit einer Hand fest, drehen sich zur Seite und machen Vorwärtsschritte.

Mit einem Jahr schaffen viele Kinder bereits die ersten unsicheren breitbeinigen Schritte mit erhobenen, weit ausgestreckten Armen, um das Gleichgewicht auszubalancieren.

Gewichtsverlagerung von einem Fuß auf den anderen

Wenn das Kind an der Couch oder einer Kiste steht, legen wir ein Spielzeug in seine Nähe (ca. 15 cm entfernt). Das Kind versucht, das Spielzeug durch Seitschritte zu erreichen. Es verlagert das Körpergewicht abwechselnd vom einen auf den anderen Fuß (Foto unten links). Auf dem nächsten Foto stellt das Kind sich auf die Zehenspitzen, um sein Ziel zu erreichen. Es klappt immer noch nicht. Das eine Bein wird vom Boden gehoben. Nun versucht es, auf die Kiste zu krabbeln, und kann endlich das Spielzeug erreichen (Foto nächste Seite).

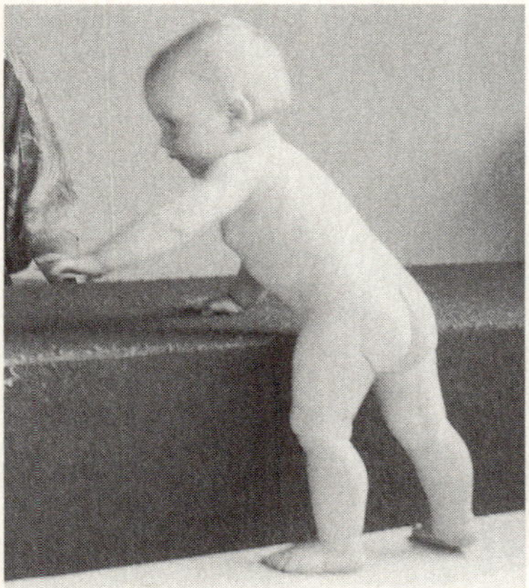

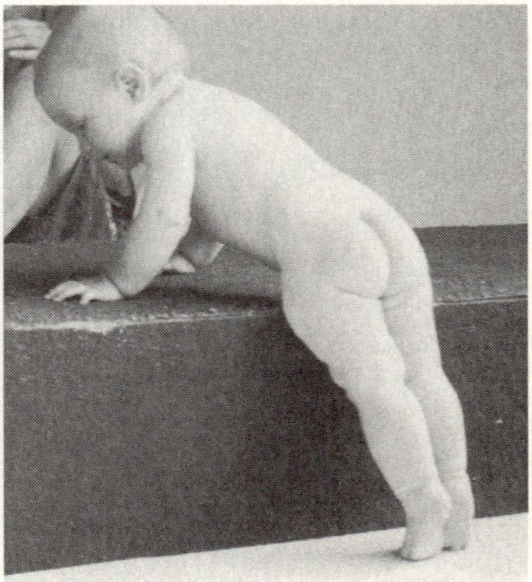

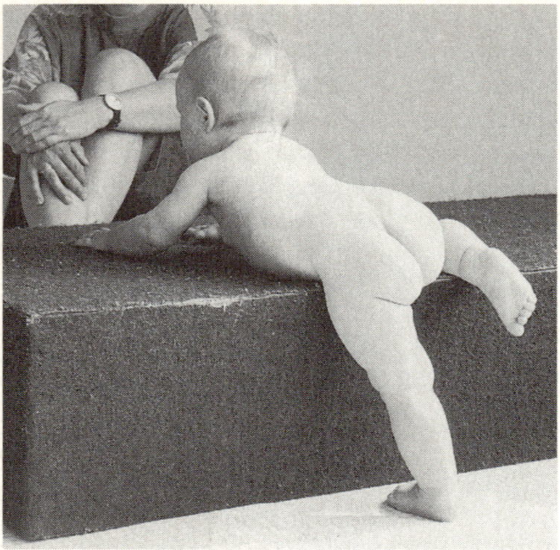

Bevor die Kinder anfangen zu laufen, bewegen sich viele im «Bärengang» vorwärts. Auf dem Foto unten sehen wir, wie Lennart einseitig den Kniestand aufgibt und sich auf einen Fuß stellt.

Sabrina geht sogar auf einer schmalen Schräge im Bärengang.

An einer Hand laufen

Wenn das Kind gelernt hat, an Möbeln entlangzulaufen, und dabei sicher ist, reichen wir ihm eine Hand. Das Kind wird, wenn es entwicklungsmäßig reif dazu ist, das Möbelstück loslassen und mit uns an der Hand durch den Raum laufen.

Wir halten unsere Hand in Brusthöhe des Kindes. Dadurch balanciert es das Gleichgewicht selbst gut aus.

Wichtig ist bei diesem Spiel, wie bei vielen anderen, daß wir beide Seiten berücksichtigen, also einmal dem Kind unsere rechte Hand reichen und das andere Mal das Kind links führen.

Erste selbständige Schritte

Wir setzen uns vor dem Kind, das sich an einem Möbelstück festhält, auf den Boden und fordern es auf, in unseren Arm zu kommen.

Am Anfang sitzen wir so nah bei dem Kind, daß es nur einen Schritt allein zu gehen braucht. Im Laufe der Zeit vergrößern wir langsam den Abstand. Das Kind hat viel Freude an diesem Spiel.

Bei Kindern spielt das Nachahmungslernen eine große Rolle. Das heißt, daß sie auch Bewegungsfertigkeiten durch Nachahmung von Bewegungsvorbildern lernen. Dies sehen wir auch immer in den PEKiP-Gruppen. Schon sehr früh mit ca. vier bis fünf Monaten regen sich die Babys gegenseitig an und ahmen sich nach.

Bewegungsvorbilder können auch ältere Geschwister oder Erwachsene sein, die sich mit dem Kind beschäftigen und ihm Dinge vormachen. Kinder, die Vorbilder in diesem Bereich haben, weisen oft schon in den ersten Lebensjahren erstaunlich gute motorische Fähigkeiten auf.

Anregungen für die Feinmotorik

Die Geschicklichkeit der Hände entwickelt sich besonders im vierten Vierteljahr. Das Kind beginnt, sich für kleine Dinge, z. B. Fäden, Krümel und Flusen, zu interessieren, die es jetzt mit der Spitze des gestreckten Zeigefingers und des Daumens ergreift (Pinzettengriff).

Bis zum Ende des ersten Lebensjahres greifen die meisten Kinder mit rundgebogenem Zeigefinger und Daumen (Zangengriff).

Jetzt sind auch hohle Gegenstände wie Schachteln, Dosen, Becher, Schubladen, die es ausräumt und später vielleicht wieder füllt, sehr interessant. Es spielt gern mit Schlüsseln, die es aus dem Schlüsselloch zieht und später wieder hineinsteckt.

Ende des ersten Lebensjahres beginnt das Kind, uns nachzuahmen. Es wischt mit einem Tuch, kämmt sich die Haare und versucht, so wie die Erwachsenen zu essen.

An den gemeinsamen Mahlzeiten der Familie sollte das Kind im zweiten Halbjahr immer häufiger teilnehmen, bis es mit einem Jahr regelmäßig am Tisch mit den Eltern ißt. In diesem Alter kann das Kind auch schon das gleiche wie die Eltern essen bis auf wenige Ausnahmen.

Das Kind sitzt am Anfang kurzzeitig, wenn es gut sitzen kann, länger, am Eßtisch im Hochstuhl. Dadurch befindet es sich auf gleicher Höhe bei Tisch wie die Erwachsenen. Es fühlt sich im Hochstuhl sehr wohl, weil es von hier einen guten Überblick hat. Im vierten Vierteljahr kann es gut seine Brotstückchen allein vom Teller essen.

Wir dürfen es aber auf keinen Fall unbeaufsichtigt im Hochstuhl sitzen lassen, da ein Kind in dieser Entwicklungsphase und besonders ein bewegungsfreudiges auch im Hochstuhl nicht ruhig sitzen bleibt und versuchen könnte, aus dem Stuhl zu krabbeln. Dabei könnte es sich verletzen.

Am meisten Sicherheit bieten die Stühle, aus denen das Kind nicht selbständig herausklettern kann. Die Sitzfläche darf nicht zuviel Bewegungsfreiheit lassen, die Füße baumeln aus Sicherheitsgründen am besten in der Luft, so daß sich das Kind nicht von der Fußstütze hochdrücken und auf die Knie kommen kann.

Den Eßplatz des Kindes sollten wir so wählen, daß er selbst und das Drumherum leicht zu reinigen sind. Wenn Sie einen Teppichboden unter Ihrem Eßplatz haben, legen Sie Plastikfolie oder Zeitungspapier so weit aus, wie Ihr Kind kleckern könnte. Lassen Sie das Kind seinen Löffel selber füllen und ihn zum Mund führen. Am Anfang wird viel danebengehen, aber durch Üben wird es das bald lernen.

Goldene Essensregel:
Häufige Zurechtweisung verdirbt den Appetit!

Wenn wir Kinder zwingen, ihren Teller leer zu essen, verlieren sie das natürliche Gefühl für Hunger und Sattsein.

Kinder in diesem Alter matschen gern. Sie werden es am Anfang auch mit dem Essen machen. Sie probieren beispielsweise, ob der Kakao den Tisch hinunterfließt und ob es beim Brei genauso ist. Brei fühlt sich anders an als Kakao. Alles, was die Kinder sehen, wollen sie intensiver entdecken, befühlen und begreifen. Reis fühlt sich anders an als Wurst. Butter ist ganz weich und glitschig, wenn sie zwischen den Fingern zerdrückt wird.

Wenn das Kind das Essen nur noch zum Spielen benutzt, räumen Sie es weg, da das Kind keinen Hunger mehr zu haben scheint.

Kinder brauchen in den meisten Fällen kein besonders gebogenes Besteck. Sie lernen das Essen gern mit ähnlichem Besteck, wie wir es benutzen. Auch mit Tassen lernen Kinder schnell behutsam umzugehen, wenn sie selbständig Erfahrungen hiermit sammeln dürfen.

«Ich habe die Erfahrung gemacht, daß es meiner Tochter sehr schwerfiel, die Tasse vom Tisch gerade nach unten zu nehmen und noch nicht sofort in Schrägstellung zum Mund zu führen. Sie konnte die Tasse ja gar nicht richtig sehen. Ich stelle ihre Tasse jetzt immer auf einen bestimmten Stuhl, und sie trinkt, ohne zu kleckern, weil sie den Inhalt sieht und die Tasse dementsprechend halten kann» (Dana, 32, Buchhändlerin).

Das Kind beobachtet die Mutter. Sie schüttet Milch aus der Flasche in die Tasse. Das Kind nimmt die Milchflasche, will es der Mutter gleichtun und schüttet die Milch aus. Die Mutter darf schütten, es selber nicht, obwohl es doch nur die Mutter nachahmen wollte. Erklären Sie Ihrem Kind den Zusammenhang, und schütten Sie gemeinsam mit dem Kind die Milch in die Tasse.

Die Kinder ahmen die Erwachsenen gern nach und werden sicherlich irgendwann, wenn sie den entsprechenden Reifegrad erreicht haben, ordentlich und richtig bei Tisch sitzen und essen.

Wenn wir Kindern früh die Möglichkeit geben, uns bei der Arbeit zu helfen, lernen sie, vorsichtig mit den Dingen umzugehen.

Das Kind kann uns helfen, den Tisch zu decken, wenn es sicher laufen kann. Wenn ihm etwas hinfällt, kracht es und zerspringt in viele Stücke. Vielleicht probiert Ihr Kind das gleiche danach noch einmal bewußt aus, um sich zu vergewissern, daß dies immer (oder nicht wieder) passiert.

Wir erklären dem Kind, daß dann das Geschirr kaputtgeht, wir es aber gern weiter benutzen wollen. Das Kind wird mit der Zeit lernen, vorsichtig damit umzugehen. Benutzen Sie bis dahin altes oder Geschirr aus dem Sonderangebot.

Das Kind beteiligt sich gern an allem, was wir tun, und will ein nützliches Mitglied in unserer Gemeinschaft werden.

So kann es sich z. B. beim An- und Ausziehen immer stärker beteiligen. Und wenn es selbständiger wird, dient das seiner gesamten Entwicklung und entlastet nach einiger Übung die Mutter.

Kalkulieren Sie immer genügend Zeit mit ein, um Ihr Kind an der Arbeit beteiligen zu können. Sicher können Sie Ihren Haushalt schneller und reibungsloser allein führen. Aber das Kind freut sich, Ihnen helfen zu dürfen, und lernt bei dieser «Arbeit» viel. Diese gemeinsamen Arbeiten sind für das Kind ebensowichtig wie die gemeinsamen Spiel- und Schmusezeiten.

Irgendwann wird das Kind, das beim Tischdecken helfen darf, den Tisch auch allein decken, und Sie werden beide sehr stolz darauf sein. Allerdings dürfen Sie keinerlei Produktivität erwarten. Auch kann das Kind noch keine Verantwortung für seine Handlungen übernehmen. Wenn wir diese beiden Rahmenbedingungen akzeptieren, kann sich das Kind angstfrei ausprobieren.

«Als ich Obst einkochte, gab ich meinem Sohn Thomas die Einmachringe zum Spielen. Ich beachtete ihn nicht mehr, da er sich gut allein beschäftigte. Später, als ich durch die Wohnung ging, stellte ich fest, daß

er an jede Türklinke von innen und außen einen Gummiring gehängt hatte. Nicht eine Tür hatte er vergessen, sogar die Wohnungstür hatte von außen einen Gummiring auf dem Knauf. Ich finde diese Kreativität faszinierend. Mich hat aber auch seine Konzentration und Ausdauer stark beeindruckt» (Liesel, 31, Sozialarbeiterin, Kursleiterin).

Es ist für die Entwicklung des Kindes wichtig,

1. daß es mit den Dingen frei hantieren darf,
2. daß Sie ihm zeigen, wozu Sie die einzelnen Dinge benutzen,
3. daß es die Aktivitäten seiner Umwelt beobachten und imitieren kann.

Seien Sie nicht überrascht, wenn Ihr Kind die Klobürste nimmt, um damit die Töpfe zu säubern. Es hat nämlich vorher gesehen, daß Sie damit die Toilette gesäubert haben. Den «feinen» Unterschied, welche Bürste wofür benutzt wird, lernt es erst im Laufe der Zeit.

Ihr Kind beobachtet Sie, wie Sie die Blumenvase nehmen, welke Blätter abschneiden und abrupfen und die Blumen wieder auf den Tisch stellen. Wundern Sie sich nicht, wenn es sich anschließend auch Blume für Blume vornimmt, um sie von Blättern und Blüten zu befreien.

Lassen Sie Ihr Kind bei der Arbeit mithelfen, aber stellen Sie keine zu hohen Anforderungen.

Rücken Sie in dieser Situation einen Stuhl für Ihr Kind an die Spüle und säubern Sie gemeinsam die Blumen. Erklären und zeigen Sie Ihm, welche Blätter Sie abschneiden und warum. Das Kind lernt dadurch zu differenzieren.

Sicherlich geraten Sie bei den Aktivitäten Ihres Kindes auch manchmal an die Grenzen Ihrer Belastbarkeit. Ihr Kind nimmt keinen Schaden, wenn es merkt, daß Sie nicht mit allen seinen Handlungen einverstanden sind und mal sauer reagieren. Kinder müssen auch Grenzen erfahren. Manche werden sie verstehen lernen, andere müssen sie einfach akzeptieren.

Mit Gebrauchsgegenständen hantieren

Das Kind äußert jetzt lebhaftes Interesse an allen Gebrauchsgegenständen. Wenn diese nicht zerbrechlich oder aus anderen Gründen gefährlich sind wie z. B. Messer, Schere und Gabel, sollten wir sie ihm als Spielzeug überlassen, z. B. Löffel, Töpfe, leere Dosen und Deckel.

PEKiP

Jeder Gegenstand braucht eine andere «Behandlung»: Einen Löffel umfaßt man ganz, Töpfe hält man von außen mit beiden Händen fest. Kleine Dosen kann man mit Daumen und Zeigefinger hochheben.

Diese Gegenstände sind jetzt viel interessanter als «richtiges» Spielzeug, das die Phantasie weniger anregt. Das Kind versucht, auf die verschiedenen Gegenstände einzuwirken. Es probiert, einen Topf in einen anderen zu stellen oder den Deckel auf den Topf zu tun. Mit einem Löffel macht es Lärm, indem es auf den Topf schlägt. Vielfach hat es große Freude dabei und vesteht nicht, daß wir uns ärgern, statt seine Freude zu teilen.

Lassen Sie das Kind all diese Dinge ausprobieren, denn seine Phantasie entwickelt sich bei diesen Spielen. Durch den Lärm reagiert es gleichzeitig Spannungen ab, wenn es lange ruhig im Hause gespielt hat.

Papier zerreißen

PEKiP Wir geben dem Kind Papier wie z. B. eine alte Illustrierte. Es wird sich die Bilder angucken, die Seiten behutsam umblättern und irgendwann anfangen, das Papier zu zerknüllen und zu zerreißen. Das fühlt sich interessant an und raschelt schön.

Gefäße mit Wasser füllen

PEKiP In der Badewanne geben wir dem Kind verschiedene Becher. Es füllt einen mit Wasser und schüttet das Wasser in ein anderes Gefäß. Dieses Spiel wiederholt es immer wieder mit wachsender Begeisterung. Ermöglichen Sie dem Kind, bei vielen Gelegenheiten mit Wasser zu spielen.

Schüsseln ein- und ausräumen

PEKiP Füllen Sie in eine Plastikschüssel Wäscheklammern. Am Anfang wird das Kind den Inhalt einfach ausschütten. Danach wird es die Wäscheklammern einzeln herausnehmen und nach einiger Zeit vielleicht wieder zurücklegen. Diese Fähigkeiten werden alle nacheinander gelernt.

Lassen Sie Ihr Kind mit den Wäscheklammern aber nicht allein spielen. Bei den sogenannten «Bärenklammern» könnte ein Stück abbrechen, und Ihr Kind verletzt sich daran oder verschluckt es. Bei anderen Wäscheklammern kann es sich zusätzlich ein Stück Haut einklemmen.

Sie können in die Schüssel auch einige Löffel geben. Schauen Sie

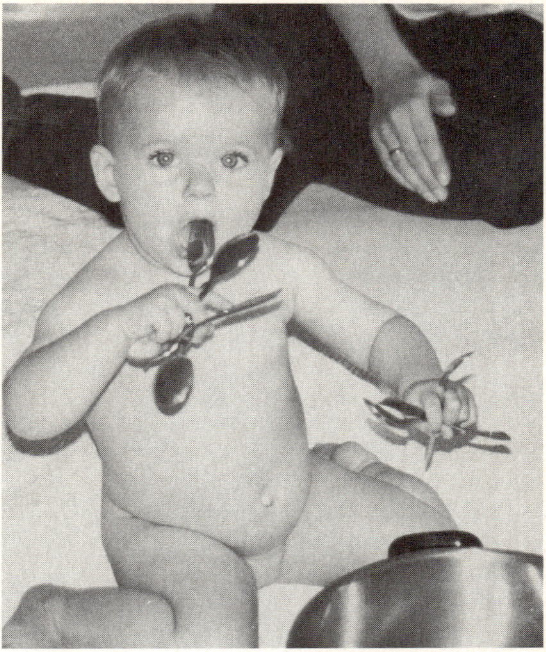

mal, wie differenziert das Kind die Löffel hält, die es aus dem Topf geholt hat.

Wenn Sie dem Kind Bauklötze zum Füllen der Schüssel geben, kann nichts passieren.

Schlüssel ausprobieren

Das Kind interessiert sich jetzt vielleicht stark für Schlüssel. Überlassen Sie ihm eine Schublade mit Schloß und Schlüssel.

Zuerst wird es den Schlüssel immer wieder aus dem Schloß ziehen. Im Laufe der Zeit lernt es, ihn wieder hineinzustecken, und nach dem ersten Lebensjahr wird es versuchen, mit dem Schlüssel die Schublade auf- und abzuschließen.

Kochlöffel und andere dünne Gegenstände ergreifen

Am Anfang des vierten Vierteljahres beginnt das Kind, seine Hand der Lage der Gegenstände anzupassen.

Beobachten Sie die Hand Ihres Kindes, wenn Sie ihm einen Kochlöffel reichen.

Wenn Sie den Kochlöffel anders (senkrecht/waagerecht/schräg) halten, wird das Kind seine Hand unterschiedlich drehen, um sie dem Gegenstand anzupassen. Es dreht die geöffnete Hand schon vorher, so daß es den Gegenstand gut fassen kann.

PEKiP

Zwei Bauklötze aufeinanderstellen
Für uns Erwachsene erscheint es einfach und natürlich, Gegenstände aufeinanderzulegen. Für das Kind ist das aber eine sehr komplizierte Handlung und verlangt eine gute Koordination, die es meistens erst im vierten Vierteljahr erlernt.

Das Kind lernt,
1. die Hand, die den Gegenstand hält, mit Genauigkeit zum bestimmten Ziel zu führen (z. B. zu einem anderen Bauklotz, der auf dem Boden liegt),
2. die Hand, die den Gegenstand hält, so zu drehen, daß er auf den anderen Gegenstand paßt,

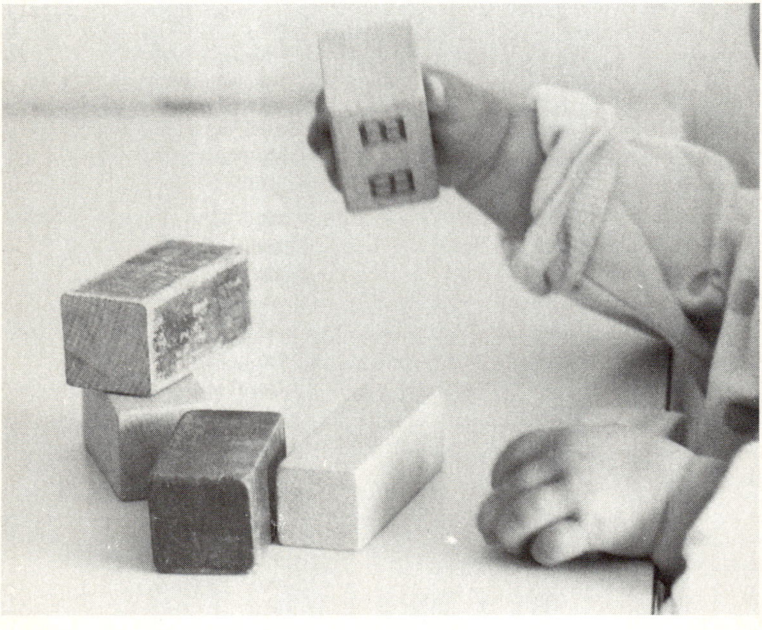

3. die Bewegung anzuhalten, wenn der Bauklotz sich über dem anderen befindet,
4. die Hand zur richtigen Zeit zu öffnen und den Bauklotz loszulassen,
5. die Hand zurückzuziehen, ohne den Bauklotz zu berühren.

Jede dieser einzelnen Handlungen ist sehr schwierig. Das Kind übt sie immer wieder, bis es alle fünf Schritte sicher beherrscht.

Einen Gegenstand in eine Öffnung werfen

Schneiden Sie in einen kleinen Karton ein Loch, in das die Bauklötze oder andere Spielsachen Ihres Kindes hineinpassen.

Zeigen Sie dem Kind, wie Sie die Dinge hineinwerfen, und fordern Sie es auf, es Ihnen nachzumachen.

Das Kind hält den Gegenstand über die Öffnung. Es läßt ihn aber oft nicht los, weil es das Loslassen noch nicht beherrscht oder es sich nicht von dem Spielzeug trennen möchte. Ermuntern Sie es, loszulassen, aber überlassen Sie ihm die Entscheidung.

Eines Tages wird es Freude daran haben, die Dinge in den Karton zu werfen. Achten Sie darauf, daß Sie dem Kind die Bauklötze nicht nur immer in eine Hand reichen.

Geben Sie den Kindern Gegenstände abwechselnd in beide Hände.

Einen Stab in ein Loch stecken

Wir geben dem Kind eine Papierhandtuchrolle und einen Kochlöffel. Zuerst warten wir ab, was das Kind mit dem Löffel macht. Später können wir ihm zeigen, wie es den Griff des Kochlöffels in das Loch steckt.

Die Schwierigkeit ist, daß das Kind den Löffel nicht am Ende anfassen kann. Es muß mit dem Ende des Löffels in das Loch zielen und den Löffel senkrecht über die Oberseite der Öffnung halten. Es ist viel Ausprobieren erforderlich, bis dieses Spiel beherrscht wird.

Gegenstände in dafür geformte Öffnungen werfen

Wir erweitern das vorletzte Spiel, indem wir in Kartondeckel verschieden geformte Öffnungen für quadratische, rechteckige oder runde Bauklötze schneiden.

Schneiden Sie zuerst ein rundes Loch. Dieses mit runden Bauklötzen zu füllen ist am leichtesten.

Bei diesem Angebot lassen Sie Ihr Kind frei hantieren und ausprobieren. Unterstützen Sie es mit Worten, wenn es selber ungeduldig wird. Drängen Sie aber nicht auf ein schnelles und richtiges Ergebnis. Irgendwann begreift das Kind die Logik des Einsteckens.

Es macht den Kindern auch sehr viel Spaß, einfach mit einem oder mehreren Bauklötzen in dem Karton Krach zu machen.

Gegenstände ineinanderstellen

PEKiP Das Kind interessiert sich im vierten Vierteljahr besonders für hohle Gegenstände. Es dringt in dieser Phase in hohle Gegenstände ein, indem es seine Finger und Hände in Schachteln und Dosen steckt.

Dieses Interesse beweist, daß das Kind sich jetzt auch – nach Länge und Breite – mit der dritten Dimension, der Tiefe, auseinandersetzt. Wir geben dem Kind runde Schüsseln. Das Kind versucht, sie ineinanderzustellen. Das geht aber erst, wenn es zwei unterschiedlich große Schüsseln hat – allerdings kann es nur die kleine in die große Schüssel stellen, aber nicht umgekehrt.

Wenn wir dem Kind verschieden große Hohlwürfel geben, macht es die Erfahrung, daß diese nicht nur der Größe nach zu ordnen sind, sondern es müssen auch die parallelen Seitenwände ineinandergeschoben werden. Dies ist eine zusätzliche Schwierigkeit für das Kind.

Um die Würfel ineinanderzustellen, müssen die Hände unsymmetrisch arbeiten. Eine Hand macht eine Hilfsbewegung, während die andere die Hauptbewegung ausführt. Die eine Hand hält den größeren Becher, die andere steckt den kleineren hinein.

Dabei ist es grundsätzlich egal, ob Ihr Kind mit seiner rechten oder linken Hand die anspruchsvollere Hauptbewegung ausführt. Schulkinder, die mit der linken Hand schreiben, werden heute in der Regel nicht mehr auf die rechte Hand umgewöhnt. Falls das Ihrem Kind als Linkshänder doch passieren sollte, sprechen Sie mit der Lehrerin. Eine «Umorientierung» würde nämlich sehr viel Energie erfordern und ruft vielfach sehr viel Gegenwehr im Kind hervor bis hin zu Lese- und Rechtschreibschwächen. Konzentrieren Sie sich also darauf, Ihr Kind zu differenzierten Bewegungen anzuregen; es sollte dabei selbst entscheiden, welche Hand es für die Lösung verschiedener Aufgaben einsetzt.

Spielen mit leeren Kartons

PEKiP Kartons eignen sich sehr, um das Kind mit der dritten Dimension, der Tiefe, vertraut zu machen. Das Kind greift in den Karton, füllt den Karton, nimmt Dinge heraus, es stülpt sich den Karton über den Kopf, stellt und setzt sich irgendwann in den Karton hinein.

Besondere Freude hat Ihr Kind, wenn Sie es in dem Karton durch den Raum schieben. Es wird ihm auch gefallen, wenn Sie eine Schnur an den Karton binden. Das Kind holt den Karton zu sich heran und wird ihn hinter sich herziehen, wenn es sicher im Laufen geworden ist.

Mit zerbrechlichen/empfindlichen Gegenständen vertraut werden

PEKiP

Das Kind lernt in diesem Alter, mit verschiedenen Gegenständen auch unterschiedlich umzugehen. Ein Ball wird geworfen. Eine Tasse stellt man vorsichtig hin. Kinder sind glücklich, wenn sie mit Dingen spielen dürfen, die Erwachsene benutzen.

Zusammenfassend kann man sagen: Mit fünf Monaten freut sich das Kind, unterschiedliche Dinge berühren, anfassen und begreifen zu dürfen. Das ist die Zeit der unspezifischen Dingbehandlung. Danach behandelt es die Dinge entsprechend seiner eigenen Möglichkeiten und Fähigkeiten – spezifische Dingbehandlung. Im vierten Vierteljahr fängt es dann oft an, mit den Dingen das zu tun, was Erwachsene machen – sozialisierte Dingbehandlung.

Ringe, durchbohrte Kugeln, Scheiben oder Würfel auf einen Stab stecken

PEKiP

Wir halten dem Kind einen langstieligen Rührlöffel hin, auf den es beispielsweise Gardinenringe aufstecken kann.

Später spielt das Kind allein, indem es die Ringe, durchbohrte Scheiben, Kugeln oder Würfel auf einen Stab steckt.

Dabei entdeckt das Kind, daß es zwei Gegenstände zu einem verbinden kann, und umgekehrt, daß man manche Gegenstände in mehrere Teile zerlegen kann, ohne daß der Gegenstand kaputtgeht.

Das ist der Beginn von Konstruktionsspielen.

Mit Bauklötzen bauen

PEKiP

Kinder beginnen zunächst damit, eindimensionale Gebilde zu bauen. Sie legen die Bauklötze nicht nur aufeinander, sondern auch aneinander.

Oft stellen die Kinder alle Stühle der Wohnung oder Flaschen, die sie finden, oder andere Dinge hintereinander. Das Kind erwirbt dabei – natürlich ohne daß ihm dieses bewußt ist – erste praktische Erfahrungen in der Geometrie und Physik und erlebt das Zusammenspiel von Ursache und Wirkung. Wenn es sich beispielsweise mit dem Bauklotz auf den Finger haut, tut es weh. Mit einem Tuch nicht.

Spielen mit Sand

PEKiP Geben Sie Ihrem Kind die Möglichkeit, mit Sand Erfahrungen zu sammeln. Sand verhält sich anders als die Gegenstände, die das Kind bisher kennt.

Wenn das Kind Formen mit Sand füllt, sammelt es weitere Erfahrungen mit Konstruktionsspielen.

Nachahmen

PEKiP Im letzten Vierteljahr des ersten Lebensjahres ahmt das Kind gern nach, was andere machen.

Machen Sie «winke, winke», wenn Sie fortgehen. Singen Sie mit Ihrem Kind Lieder wie «Backe, backe Kuchen», bei dem Sie und vielleicht auch Ihr Kind in die Hände klatschen, oder singen Sie andere Spiellieder, bei denen Sie Ihre Mimik oder Gestik verändern. Kinder freuen sich, wenn sie Lieder oder Fingerspiele wiedererkennen und möchten sie immer wieder hören.

Manche Kinder machen gern mit, andere freuen sich, wenn der Erwachsene ihnen etwas vormacht, wollen es selber aber noch nicht nachahmen.

Jetzt ist auch ein guter Zeitpunkt, das Kind intensiver an seiner eigenen Körperpflege zu beteiligen. Wir kaufen eine Kinderzahnbürste und lassen es seine ersten Zähne putzen, wenn wir unsere Zähne putzen. Oder wir geben dem Kind den Waschlappen, damit es sich sein Gesicht waschen kann. Auch beim Anziehen beteiligen wir es immer mehr, freuen uns und loben das Kind, wenn es etwas selbständig schafft.

Versteckspiele

PEKiP Wenn wir mit dem Kind auf dem Boden sitzen, lassen wir Spielzeug unter einem Tisch, einem Kissen, hinter einem Tischbein oder hinter uns verschwinden.

Unser Kind wird sich das Spielzeug wiederholen, wenn es die Logik dieses Spiels verstanden hat.

Kritzeln mit einem Stift

PEKiP Geben Sie Ihrem Kind einen Stift und ein großes Stück Papier, und lassen Sie es unter Ihrer Aufsicht malen.

Ende des ersten Lebensjahres beginnt auch das «Werkzeugdenken», daß man Spielzeug zum Beispiel an einer Schnur herbeiziehen kann. Wenn man eine Tischdecke herunterzieht, kann man die Dinge erreichen, die darauf standen. Diese Zusammenhänge zu erkennen und entsprechend zu reagieren erfordert ein hohes Maß an Konzentration und Intelligenz.

Lassen Sie Ihr Kind viel mit den Dingen des alltäglichen Lebens spielen.

In Ihrem Haushalt gibt es bestimmt eine große Menge von Materialien wie leere Plastikflaschen, Schraubdosen, Schachteln u. ä., mit denen das Kind spielen kann. Versuchen Sie mal, alle Dinge des Haushalts wie das Kind zu hören, zu sehen und zu fühlen. Sie werden vieles entdecken, womit Ihr Kind gern spielen könnte.

In der Sprachentwicklung differenzieren sich die Lautäußerungen weiter. Wenn wir die Laute des Kindes nachahmen und durch neue Laute erweitern, regen wir das Kind zu intensiveren Lautäußerungen an.

Lange bevor das Kind zu sprechen anfängt, versteht es uns. Es versteht durch die Betonung unserer Worte und durch die entsprechende Mimik und Gestik, worum es geht.

In seinen ersten Lebensmonaten versteht das Kind die Sprache nur in den jeweiligen Zusammenhängen. Wenn wir in der Küche am Tisch sitzen, weiß es, was wir von ihm wollen, wenn wir sagen, daß es den Mund aufmachen soll. Beim Kind unter einem Jahr gehören Situation, Gestik und Mimik noch zu den Worten, um deren Inhalt zu verstehen.

Sprechen Sie viel und oft mit Ihrem Kind!

Wählen Sie dabei einfache Sätze. Vermeiden Sie Verniedlichungen. Mit zunehmendem Alter wird Ihr Kind den Sinn Ihrer Worte immer besser verstehen.

Wenn wir den Lauten, die unser Kind hervorbringt, einen Sinn geben, fördern wir damit seine Sprachentwicklung und unterstützen es dabei, seine Laute bestimmten Begriffen zuzuordnen.

«Anke saß in ihrem Sportwagen und schaute beim Spazierengehen auf die Häuser und sagte immer wieder: ‹Dulda.› Ich fragte sie, ob sie die Häuser meinte. Das war es nicht. Trotz Bemühens kam ich nicht dahinter, was Dulda war.

Später stand sie zu Hause am Fenster, schaute hinaus und sagte wieder deutlich ‹Dulda›. Ich stellte mich neben sie und schaute in die gleiche Richtung und erkannte, daß sie wohl die Antennen auf den Häusern meinte. Ich nahm Anke mit in einen anderen Raum, schaute mit ihr aus dem Fenster, zeigte auf eine Antenne und sagte selber ‹Dulda›. Sie strahlte und freute sich, daß ich sie endlich verstanden hatte. Antennen blieben bei uns noch lange Zeit ‹Dulda› (Liesel, 31, Sozialarbeiterin und Kursleiterin).

Andere Laute werden von den Erwachsenen Dingen und Tätigkeiten zugeordnet wie «Wau-Wau» für Hund, «heia» z. B. für Schlafen und «ham-ham» für Essen. Das Kind versteht diese Worte bald und wird sie entsprechend zuordnen oder sie seinem Sprachvermögen entsprechend verändern.

Zunächst ist diese Form der Sprache altersgemäß. Mit zunehmendem Alter der Kinder sprechen wir die «Babyworte» zusammen mit den richtigen Begriffen aus, so daß das Kind auch die richtigen Begriffe lernt.

PEKiP

Bilderbuch betrachten

Zeigen Sie Ihrem Kind einzelne Bilder aus einem Bilderbuch. Diese ersten Bilderbücher sollten aus Plastik, dicker Pappe oder Holz sein, da das Kind sie auch mit dem Mund fühlen und untersuchen will.

Auf jeder Seite des Buches sollte möglichst nur ein Gegenstand abgebildet sein. Die Abbildungen sollten einfach und mit leuchtenden Farben gemalt sein und Dinge zeigen, die das Kind aus seiner Umgebung kennt, wie einen Stuhl, ein Haus, einen Hund oder Nahrungsmittel.

Die Kinder nehmen auch in diesem Alter noch gern die Gegenstände in den Mund, um sie mit ihrem Geschmackssinn und Tastsinn der Lippen und Zunge zu begreifen. Lassen Sie es zu.

Vorschau auf das zweite Lebensjahr

Wenn das Kind seine ersten selbständigen Schritte macht, braucht es noch lange, um das Gehen zu vervollkommnen. Lassen Sie Ihr Kind in großen Räumen oder draußen auf großen freien Flächen möglichst viel laufen.

Jetzt braucht Ihr Kind auch Schuhe. Der richtige Zeitpunkt dafür ist dann gekommen, wenn Ihr Kind draußen zu laufen beginnt. Die Schuhe schützen vor Kälte, Nässe, Schmutz und Verletzungen. Beobachten Sie einmal die Füße Ihres Kindes beim Laufen. Sie balancieren Unebenheiten aus, rollen beim Aufwärtsgehen ab und bewegen die Zehen bei jeder Fußbewegung. Durch zu frühes Tragen von Schuhen hindern wir es, seine Füße umfassend auszuprobieren.

Nehmen Sie Ihr Kind zum Schuhkauf mit, damit die genaue Fußgröße und Fußbreite gemessen werden kann. Ein in alle Richtungen beweglicher Schuh und eine nachgiebige Schuhsohle lassen beim Abrollen die für das Laufen nötige Reaktionsfähigkeit des Fußes zu.

Achten Sie darauf, daß Ihr Kind keine zu kleinen Schuhe trägt. Schuhe sollten nicht «vererbt» werden, da jeder Fuß in einem Schuh sich sein eigenes Bett baut. Auch wenn es teuer ist: Ihr Kind braucht gut sitzende Schuhe, damit es später keine Fußschäden erleidet.

Wenn Hindernisse den Weg erschweren, machen Sie Ihr Kind am Anfang darauf aufmerksam und warten ab, wie es die Probleme lösen wird. Greifen Sie möglichst nur ein, wenn Ihr Kind in Verletzungsgefahr gerät oder die Situation, in die es sich gebracht hat, nicht mehr durchschaut und sich ängstigt.

«*Übermuttern*» Sie Ihr Kind nicht, indem Sie ihm die Hindernisse aus dem Weg räumen, sondern geben Sie ihm zunächst die Chance, selbst nach Lösungen zu suchen.

Überfordern Sie Ihr Kind aber auch nicht. Geben Sie ihm Hilfestellung, wenn es sie benötigt und danach verlangt.

Das Kind lernt im zweiten Lebensjahr, über Hindernisse zu steigen, gegen einen Ball zu treten, auf unebenem Boden zu gehen, Gegenstände beim Laufen zu tragen oder etwas hinter sich herzuziehen.

Lassen Sie dem Kind viel Zeit bei seinen Erkundungen, auch wenn es immer wieder stehen bleibt oder den Weg wieder zurückgeht.

Wenn Sie beispielsweise im Herbst mit Ihrem Kind einen Waldspaziergang machen, lassen Sie es im Laub spielen. Sie werden sich freuen, welche Ausdauer Ihr Kind bei der Beschäftigung mit den heruntergefallenen Blättern hat.

Ein Kind, das noch nicht läuft, können wir ins Laub setzen. Die meisten Kinder fühlen sich dabei wohl und spielen. Wenn Ihr Kind eher ängstlich ist, setzen Sie sich zu ihm und spielen Sie gemeinsam.

Auch im zweiten Lebensjahr ist es für Kinder wichtig und anregend, Kontakte zu Gleichaltrigen zu haben, um miteinander zu spielen, voneinander zu lernen und Freude miteinander zu haben.

Wenn Ihr Kind sich noch nicht gern von Ihnen trennt, lassen Sie es in Ihrer Nähe. Je forcierter Sie versuchen, Trennungen herbeizuführen, desto stärker wird es sich an Sie klammern.

Irgendwann wird sich das Kind bereitwillig, wenn auch nur für kurze Zeit, von Ihnen lösen. Dieser Augenblick tritt früher ein, wenn das Kind das Gefühl hat, daß die Trennung sinnvoll ist und daß Sie es nicht los sein wollen.

In den ersten Jahren ist für viele Kinder ein ständiger Kontakt zu vertrauten Personen äußerst wichtig.

Kapitel 4

Die Gruppenarbeit des PEKiP

Was die Gruppe den Eltern gibt

Das PEKiP wird als gruppenpädagogische Arbeit für Eltern mit ihren Kindern im ersten Lebensjahr angeboten. In diesem Buch habe ich u. a. die Grundlagen des PEKiP und Spiele beschrieben, damit Eltern auch unabhängig von einer Gruppe ihre Kinder in der Entwicklung unterstützen können.

Im folgenden beschreibe ich die Bedeutung des PEKiP als sozialpädagogische Gruppenarbeit, um Eltern zur Teilnahme an einer PEKiP-Gruppe anzuregen. Diese Gruppen werden von den verschiedensten Institutionen wie Familienbildungsstätten der verschiedenen Träger, Volkshochschulen, Kreisverbänden des Deutschen Roten Kreuzes (DRK), Kirchengemeinden, Bürgerzentren, Kinderschutzbund, Geburtszentren, Krankenhäusern, Krankenkassen, Frühförderstellen und auch manchmal privat angeboten. Die Durchführung der Kurse liegt in der Hand von PEKiP-Gruppenleiterinnen, die für diese Arbeit besonders ausgebildet sind.

Eine PEKiP-Gruppe umfaßt sowohl die Spielgruppe als auch einen Gesprächskreis der Erwachsenen. Die Gruppeninhalte orientieren sich an den Bedürfnissen der Eltern und der Kinder.

Im Rahmen einer PEKiP-Gruppe haben junge Kleinfamilien frühzeitig Gelegenheit, Kontakte zu Familien aufzubauen, die sich in einer vergleichbaren Lebenssituation befinden. Ingrid H., 24 Jahre, bis zur Geburt ihres Kindes berufstätig, erzählt:

«Nachdem unsere Katharina geboren war, fühlten mein Mann und ich

uns sehr isoliert. Unsere Bekannten hatten alle keine Kinder und verstanden uns überhaupt nicht. Die Verwandten wohnen alle weit weg.

In der PEKiP-Gruppe lernte ich dann Frauen in gleicher Situation kennen, und an den Elternabenden kamen auch die Männer hinzu. Wir haben uns jetzt mit zwei Paaren richtig angefreundet.»

Ausgangspunkte der Gruppenarbeit sind in jedem Fall die konkreten, praktischen Alltagsfragen der Teilnehmerinnen wie Stillen, Wickeln, Zufüttern. Die Eltern haben in der Gruppe die Möglichkeit, Neues zu lernen und es zu Hause auszuprobieren. So erfahren sie z. B. in der Gruppe, daß die Bauchlage auf ein waches Kind bewegungsfördernd wirkt.

Die Situation in der Gruppe unterscheidet sich wenig von der häuslichen Situation, und Konfliktlösungen können übertragen werden.

Angelika M., 24 Jahre, verheiratet, ein Kind, neun Wochen alt, erzählt:

«Ich hatte mich fast nicht getraut, in die PEKiP-Gruppe zu gehen, da mein Sohn sehr viel weint. Das nervt mich gewaltig. Die PEKiP-Gruppenleiterin zeigte Verständnis und meinte, daß Philip in der fremden Umgebung vielleicht abgelenkt und dadurch ruhiger wird. Und wenn nicht, sei das auch nicht schlimm. Als ich meinen leicht jammernden Sohn in dem warmen Raum auszog, merkte ich, wie er sich entspannte und kräftig mit den Beinen strampelte. Das Knatschen hörte auf. Zu Hause habe ich mir einen zusätzlichen Heizofen angeschafft und ziehe Philip nachmittags, wenn seine Knatschzeit anfängt, aus. Ich spiele mit ihm. Das Jammern hat aufgehört.»

In den PEKiP-Gruppen herrscht vorwiegend eine offene, vertrauensvolle, gelassene Atmosphäre, die den Kontakt der Teilnehmerinnen miteinander intensiviert. Im Vordergrund stehen Fragen der Kindererziehung. Es werden Schwierigkeiten besprochen, Ängste und fehlendes Selbstvertrauen können aufgefangen werden. Empfindlichkeiten und Schuldgefühle werden vielfach abgebaut oder verringert.

Claudia S., verheiratet, 30 Jahre, erstes Kind, erzählt:

«Meine Tochter Clara hat sehr starke Schwierigkeiten mit Blähungen. Ich frage mich, warum das bei ihr so besonders stark ist. Manchmal glaube ich, daß es daran liegt, daß sie nicht direkt nach der Geburt an meiner Brust nuckeln durfte. Sie wurde auf eine Ablage gelegt, auf der sie bestimmt kalt geworden ist. Ich habe mich irgendwie nicht durchgesetzt – ich weiß nicht warum –, um sie saugen zu lassen.»

Solche Gefühle in der Gruppe auszusprechen erleichtert häufig die Mütter. So erzählt eine andere Mutter, daß ihr Kind genauso starke Schreizeiten hat, obwohl sie das Kind gleich nach der Geburt anlegen durfte.

In den PEKiP-Gruppen wird auch darüber gesprochen, daß Mütter und Väter oft zwiespältige Gefühle haben. Zum Beispiel wenn die Kinder nachts häufig aufwachen und die Eltern durch die ständige Ruhestörung aggressiv werden. Eine gute Beziehung zum Kind zu bekommen, gelingt eher, wenn auch negative Gefühle zugelassen werden. Dann kann man anschließend wieder frei und positiv mit dem Baby umgehen.

In den PEKiP-Gruppen wird auch über das unterschiedliche Rollenverständnis der Partner diskutiert, wie sich die Paare damit auseinandersetzen und welche Lösungen gefunden werden. Läßt sich der Mann mehr auf die häusliche Situation ein, oder gibt die Frau nach und bleibt es bei der althergebrachten Rollenverteilung, oder finden beide gemeinsam eine neue Lösung, etwa durch eine Hilfsperson?

Leider können Väter aus beruflichen Gründen meistens nicht an den Gruppenstunden teilnehmen. Für Väter werden deshalb Gruppenstunden am Samstag angeboten. Manche PEKiP-Gruppenleiterinnen bieten auch Samstage oder Wochenenden für die gesamte Familie an. Es wird zusammen gespielt, gegessen, über Alltagsfragen gesprochen und vielleicht spazierengegangen.

Oft führt die Betroffenheit über ein Thema auch zu Aktivitäten über die Gruppenarbeit hinaus.

«Unsere Kinder sind jetzt fast drei Jahre alt. Seit der PEKiP-Gruppe sind wir zusammen. Wir Mütter treffen uns mit den Kindern einmal wöchentlich reihum. Als es jetzt losging mit den Anmeldungen zum Kindergarten, wurde uns gesagt, daß es dieses Jahr sowieso nichts mit einem Platz würde. Wir waren alle fertig, weil wir auch wieder anfangen wollten, uns nach Arbeit umzusehen. Wir haben einen Brief an den Bürgermeister geschrieben, sind ins Rathaus gegangen, haben unsere Kinder in sein Zimmer gebracht und haben ihm gesagt, daß wir das ab Sommer jeden Tag machen, wenn es nicht endlich mehr Kindergartenplätze gäbe. Allein hätte ich mich nur geärgert, aber nichts unternommen. Die ganze Aktion mit Presse hat uns richtig Spaß gemacht, und die Diskussion um einen neuen Kindergarten ist wieder in die Gänge gekommen. Ich glaube, es wird was» (Birgit, 33, technische Zeichnerin).

So wie hier solidarisieren sich die Teilnehmerinnen in vielen Gruppen, auch bei den vielen Alltagsproblemen, z. B., wenn eine Mutter krank wird und sich die anderen Frauen um das Kind kümmern.

In den PEKiP-Gruppen versucht die Gruppenleiterin zu erreichen, daß sich die Teilnehmer wohl fühlen und entspannen können. Dies gilt sowohl für die Erwachsenen als auch für die Kinder.

Wir versuchen, sowohl auf die Bedürfnisse der Erwachsenen als auch die der Kinder einzugehen. Und die sind ja manchmal durchaus unterschiedlich.

Elke, 36 Jahre, verheiratet, ein Kind, vier Monate alt, sagte zu mir in der letzten Gruppenstunde:

«Wir sind heute total müde. Am liebsten würden wir wieder ins Bett gehen.»

Ich schaute beide an. Elke hatte Ringe unter den Augen und wirkte abgespannt. Mirco strahlte und war quicklebendig, was mich zu der Frage drängte: *«Wer ist von euch beiden denn müde?» Elke schaute ihren Mirco an und sagte: «Du hast recht, Mirco nicht, nur ich bin geschafft, weil er mich heute nacht wieder viermal aufgeweckt hat. Ich bin wie gerädert.» – «Dann laß Mirco erst mal die anderen Kinder anschauen und ruhe dich ein wenig aus.»*

Mirco freute sich, nackt zu sein, lag auf dem Bauch und beobachtete fasziniert die anderen Babys. Als Elke sich ein wenig erholt hatte, spielte sie intensiv mit ihrem Sohn.

In der entspannten Situation in der Gruppe nehmen die Eltern die Bedürfnisse ihrer Kinder besser wahr als zu Hause, wo es meist noch mehrere Dinge gibt, um die sie sich gleichzeitig kümmern.

Durch die spielerische Art des Umgangs von Erwachsenen und Kindern wird eine Atmosphäre geschaffen, in der sich positive Veränderungen im Verhältnis zueinander entwickeln können.

Die PEKiP-Gruppenleiterin bemüht sich, die besonderen Fähigkeiten und Fertigkeiten der einzelnen Eltern zu unterstützen und stärker zu entfalten. Durch die Spiele, die die Mütter mit ihren Kindern machen, werden sie sicherer im Umgang mit dem Baby und vertrauen stärker auf die Fähigkeiten ihres Kindes. Nur wenn das Kind sich emotional geborgen fühlt, kann es lernen.

Die Eltern vergleichen in der Gruppe die eigenen Kinder mit den anderen. Sie sind stolz, wenn ihr Kind motorisch gut entwickelt ist. Andere beruhigt es, zu erfahren, daß ihr Kind sich «normal» entwickelt. Manche Eltern sorgen sich, wenn sie feststellen, daß ihr Kind sich nicht so viel bewegt wie die anderen.

Wenn die PEKiP-Gruppenleiterin mit der Mutter gemeinsam das Baby beobachtet, stellt sie vielleicht fest, daß dies Kind schon besonders differenziert «spricht» oder sich feinmotorisch besonders gut entwickelt.

Manche Kinder entwickeln sich langsamer, da sie von ihrer Mentalität eher ruhig sind und vielleicht auch eher ruhige Eltern haben.

Es kann auch aus verschiedenen Gründen eine Entwicklungsverzögerung oder -störung vorliegen. Die PEKiP-Gruppenleiterin bestärkt die Mutter dann darin, dies mit ihrem Kinderarzt zu besprechen.

Es ist zwar schmerzlich zu erfahren, daß das eigene Baby nicht immer das Beste ist. Aber Eltern, die dies schon so früh erkennen und zulassen, ohne Leistungsdruck auszuüben, werden auch später ihre Kinder mit ihren Eigenarten und Schwächen besser akzeptieren können.

In der Gruppe freuen sich die Eltern an den Entwicklungsfortschritten des eigenen, aber auch denen der anderen Kinder. Konkurrenzverhalten wird weitgehend abgebaut.

Marianne V., 34 Jahre, Sozialarbeiterin, teilzeitbeschäftigt, Mutter von zwei Kindern, antwortet auf die Frage, warum sie mit dem zweiten Kind wieder in eine PEKiP-Gruppe geht:

«Zu Hause nehme ich mir einfach nicht genug Zeit für Jens. Ich habe Angst, daß die Große eifersüchtig wird, wenn ich mir viel Zeit für Jens nehme. Bisher stand sie ja immer im Mittelpunkt. Mittwochs am Vormittag kommt jetzt immer meine Mutter und beschäftigt sich mit Nicole, so daß ich hier ganz für Jens da sein kann und er auch Gleichaltrige um sich hat, wie Nicole früher in der Gruppe auch. Darüber hinaus hat mir der Kontakt zu jungen Frauen sehr gutgetan, so daß ich jetzt wiedergekommen bin.»

Die PEKiP-Gruppenleiterin gibt den Müttern Anregungen, welche Entwicklungsanreize (Spiele) sie ihren Kindern in der entsprechenden Entwicklungsphase anbieten und wie sie die Beweglichkeit und die Sinne ihres Babys anregen können. Sie bemüht sich, jede Mutter individuell anzusprechen, damit diese sich ihrem Kind intensiv zuwendet. Sie erklärt der Mutter, nachdem sie beide das Kind beobachtet haben, wie sie die individuelle Entwicklung des Kindes im Moment am besten unterstützen kann.

Sie bestärkt die Mutter in ihrem Bemühen, Unsicherheiten, die sie im Verhalten zu ihrem Kind hat, durch Beobachten des Kindes und im Gespräch in der Gruppe abzubauen.

Was die PEKiP-Gruppe den Kindern gibt

Fast alle Babys freuen sich, wenn sie zur PEKiP-Gruppe kommen. Wenn sie regelmäßig an den Gruppenstunden teilnehmen, erkennen sie nach einiger Zeit den Raum und die anderen Kinder und Erwachsenen wieder.

Wenn die nächste Gruppenstunde erst nach 14 Tagen stattfindet, merkt man es den kleineren Babys manchmal an, daß sie sich erst wieder eingewöhnen müssen. Ähnliches gilt für Kinder, die unregelmäßig an der Gruppe teilnehmen.

Die meisten Babys fühlen sich besonders wohl, wenn sie nackt ausgezogen werden. Die Babys bewegen sich dann kräftig und ausdauernd. Sie genießen es, daß die Mütter in den Stunden sich intensiv mit ihnen beschäftigen.

Welche Bedeutung haben die Spiele für die Kinder? Ich möchte das an folgender Anregung erläutern: Das Kind liegt in aufrechter Haltung an uns gelehnt (vgl. S. 55).

- Für viele Kinder ist dies eine neue Möglichkeit, getragen zu werden. Sie lernen eine neue Körperhaltung und gewinnen Erfahrungen aus einem anderen Blickwinkel.
- Die Nähe und der Körperkontakt zur Mutter geben dem Kind Sicherheit. Es geht aus der Geborgenheit leichter auf Neues zu.
- Die Kinder balancieren ihr Gleichgewicht aus und halten Kopf und Körper möglichst aufrecht.
- Die Kinder erleben sich als selbständig, da sie frei im Raum umherschauen können.
- Die Kinder bewegen Arme und Hände intensiv.
- Die Kinder reagieren auf die verschiedenen Babys und Erwachsenen unterschiedlich. Sie nehmen Kontakt zu anderen Personen durch Anschauen und Berühren auf.

Schon am Ende des ersten Vierteljahres zeigt das Kind durch fröhliche Stimmung und Lachen, daß es die Gruppe mag. Es beginnt, auf die gleichaltrigen Kinder einzugehen. Die Kontakte der Kinder zueinander stellen einen weiteren Schwerpunkt der PEKiP-Gruppe dar.

Eine Untersuchung zu den Kontakten untereinander (Ruppelt 1986, S. 115–126) ergab hierzu folgendes:

- Die Kinder schauen andere Kinder intensiv an.
- Sie verfolgen mit den Augen, was die anderen tun.
- Ein Kind schaut ein anderes an und bewegt im Kontakt mit dem Kind seinen Kopf oder Körper, einen oder beide Arme in Richtung auf das andere Kind. Später robben oder krabbeln sie auf ein anderes Kind zu.
- Die Kinder strecken die Arme nach einem anderen Kind aus, später greifen sie gezielt nach einem Kind.
- Die Kinder schauen einander an und «sprechen» miteinander, indem sie Laute von sich geben.
- Wenn ein Kind weint, «solidarisieren» sich die Babys häufig und weinen mit.
- Die Kinder lächeln einander zu oder verständigen sich mit ihrer Mimik.

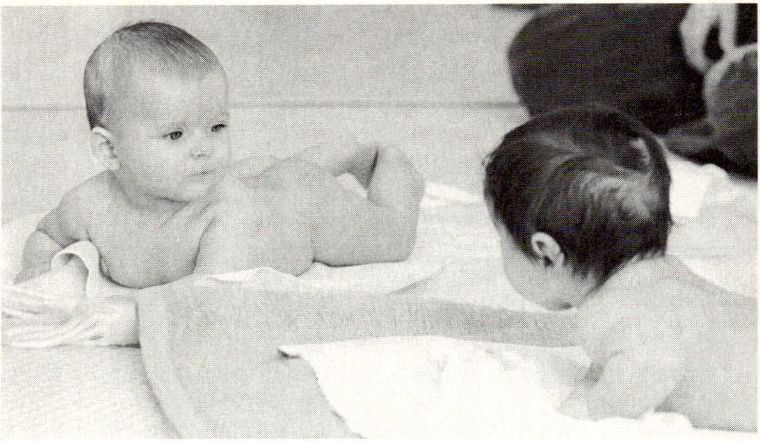

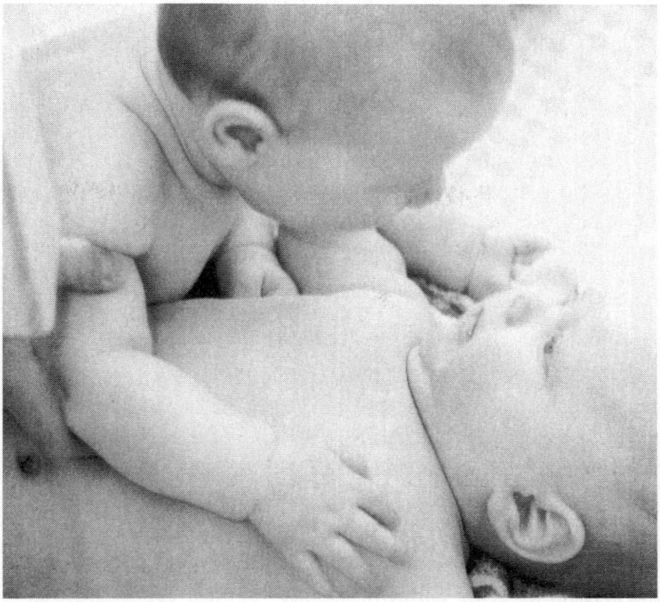

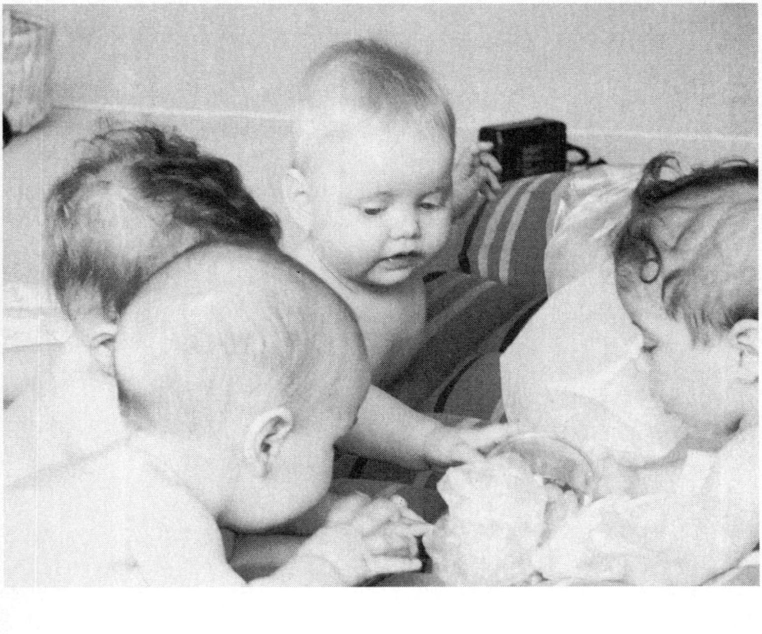

- Die Kinder berühren sich mit Händen, Armen oder dem Körper. Da die Berührungen manchmal sehr stürmisch sind, lenken die Erwachsenen die Kinder zu behutsameren Bewegungen.
- Die Kinder «spielen» gemeinsam, indem sie sich gegenseitig Spielzeug geben, wegnehmen und wiedergeben oder festhalten, wenn ein anderes Kind es haben will.
- Die Kinder schauen sich voneinander Handlungen ab, indem sie einander zusehen, sich nachahmen und sich gemeinsam darüber freuen.

Es fasziniert mich immer wieder aufs neue, wie aufnahmebereit die Babys sind und wie positiv sie miteinander umgehen.

Wie sieht ein PEKiP-Kurs in der Praxis aus?

Die PEKiP-Gruppe erstreckt sich über das gesamte erste Lebensjahr und wird in den meisten Einrichtungen auf zwei bis drei Kurse aufgeteilt. Die Kurse umfassen 8 bis 15 Eltern-Kind-Treffen und darüber hinaus einen oder mehrere Elternabende. Die Gruppe bleibt normalerweise über das gesamte erste Lebensjahr zusammen. Sie besteht aus maximal 8 Erwachsenen und ihren Babys. Mehr als 16 Personen und die damit verbundene Unruhe sind für Babys eine Überforderung. Die Gruppengröße ist so überschaubar und gibt der Gruppenleiterin Gelegenheit, individuell auf alle Babys und Mütter einzugehen.

Es ist besonders günstig, wenn bei den Babys zu Beginn des Kurses die dritte Vorsorgeuntersuchung stattgefunden hat und die Kinder 4 bis 6 Wochen alt sind. Der frühe Beginn ist wichtig, um zum einen den Eltern schon fast von Anfang an eine Hilfestellung im Umgang mit dem Baby zu geben und ihnen die Möglichkeit zu eröffnen, mit anderen jungen Eltern Kontakt aufzunehmen und zum anderen, den Kindern Spiele zu ermöglichen, die auf den Neugeborenenreflexen aufbauen.

Der PEKiP-Kurs findet einmal wöchentlich statt und dauert ca. $1^1/_2$ Stunden. In dieser Zeit beschäftigen sich die Eltern am Anfang kurzzeitiger, später immer länger mit ihren Kindern und tauschen sich über ihre Fragen zum Kind aus.

Die Kurszeiten richten sich möglichst nach den Wachzeiten der Babys am Morgen oder Nachmittag. Wenn Kinder während der Gruppenstunde schlafen, werden sie möglichst nicht geweckt. Die Mutter unterhält sich dann mit den anderen Müttern und greift die Spiele, die angeboten werden, vielleicht zu Hause für ihr Kind auf.

Überhaupt ist es sinnvoll, die Spiele zu Hause zu wiederholen.

Der Raum, in dem die PEKiP-Gruppe stattfindet, wird genügend aufgeheizt, um den Babys die Möglichkeit zu geben, nackt zu spielen.

Auch behinderte Kinder können nach Absprache mit dem Arzt oft an einer PEKiP-Gruppe teilnehmen. Für die Eltern ist es einerseits entlastend, mit anderen Eltern über ihr Problem sprechen zu können. Andererseits ist es aber auch belastend, wenn die Eltern behinderter Kinder die rasante Entwicklung der gesunden Kinder sehen und die Fortschritte beim eigenen Kind gering sind.

PEKiP-Gruppen gibt es in vielen Orten in Deutschland. Besonders verbreitet sind sie in Nordrhein-Westfalen. Die PEKiP-Gruppenleiterin hat einen sozialpädagogischen Beruf und eine qualifizierte Zusatzausbildung zur PEKiP-Gruppenleiterin.

Vielleicht gibt es in Ihrer näheren Umgebung keine Gruppen nach dem Prager-Eltern-Kind-Programm oder die vorhandenen Gruppen sind bereits überfüllt.

Versuchen Sie dann auf anderen Wegen junge Eltern mit Neugeborenen kennenzulernen. Sprechen Sie Mütter mit gleichaltrigen Kindern beim Spaziergang, auf dem Spielplatz oder im Supermarkt an, und fragen Sie, ob sie interessiert sind, mal mit Ihnen zusammen spazierenzugehen.

Heidrun, 31 Jahre, gelernte Buchhändlerin, ein Kind, 2½ Jahre, erzählt einer Freundin:

«Es ist fast zwei Jahre her, daß mich eine Frau aus dem Nachbarhaus angesprochen hat, ob ich nicht Lust hätte, bei ihrer Spielgruppe mitzumachen. Ich finde es immer noch toll. Wir treffen uns einmal in der Woche mit vier Müttern und ihren Kindern reihum in den Wohnungen. Wir Mütter verstehen uns gut. Die Kinder kennen sich inzwischen gut und spielen mehr miteinander als am Anfang. Sie streiten nicht mehr so oft. Meine Tochter Carolin wäre ohne diese Gruppe bestimmt viel schüchterner.»

Wenn es Ihnen unangenehm ist, jemanden anzusprechen, fragen Sie beim Kaufmann, Kinderarzt, in der Drogerie oder Apotheke oder in Geschäften, in denen es Babysachen zu kaufen gibt, ob Sie einen Zettel anbringen dürfen, mit dem Sie Mütter mit gleichaltrigen Kindern für gemeinsame Spaziergänge und zum «Klönen» suchen.

Sie können sich auch an die Lokalzeitungen wenden. Veröffentlichen Sie einen kurzen Artikel über Ihre Situation und Ihre Wünsche. Geben Sie Ihre Telefonnummer an; oder setzen Sie eine Anzeige in Zeitungen oder Zeitschriften, die Eltern lesen, durch die Sie mit anderen jungen Familien bekannt werden können. Lesen Sie selbst den Veranstaltungskalender und den Anzeigenteil.

Wenn Sie andere Mütter/Väter gefunden haben und sich mit ihnen treffen, ist es wichtig, daß die Gruppe ihre eigenen Regeln entwickelt.

Diese können z. B. lauten:

- Alle bestimmen selbstverantwortlich und gleichberechtigt in der Gruppe mit.
- Die Ziele Ihrer Gruppe müssen klar sein. Wollen Sie eine Spielgruppe und/oder einen Elterngesprächskreis?
- Die Treffen sollten regelmäßig an einem neutralen Ort stattfinden. Fragen Sie bei Kirchengemeinden, Kindergärten, Schulen, Jugendamt, DRK, AWO oder anderen Organisationen nach.

Sprechen Sie in der Gruppe über Ihre Fragen. Sie werden feststellen, die anderen Mütter/Väter sprechen ihre Probleme dann auch offen aus.

Historische Entwicklung des PEKiP

Der Name PEKiP entstand 1978 in der Bundesrepublik und beinhaltet ein bestimmtes gruppenpädagogisches Programm für Eltern mit ihren Kindern im ersten Lebensjahr. Das PEKiP setzt sich aus folgenden Schwerpunkten zusammen:

1. Das Kind in der Entwicklung unterstützen (s. Kap. 3, S. 73ff.)
2. Die Eltern-Kind-Beziehung fördern (s. Kap. 1 und 2, S. 18ff. und 34ff.)
3. Die Kontakte der Eltern untereinander intensivieren (s. Kap. 4, S. 181ff.)
4. Die Kontakte der Kinder anregen (s. Kap. 4, S. 186ff.).

Die Anregungen und Spiele, mit denen wir die Kinder in der Entwicklung unterstützen, entwickelte der Prager Psychologe Dr. Jaroslav Koch, der sich in seinen Forschungen mit der Frage beschäftigte, welche Anreize für die Entwicklung des Babys wichtig sind.

Dr. Jaroslav Koch wurde 1910 in Wien geboren, wo er auch aufwuchs und Psychologie studierte. Bis zu seinem Tod 1979 arbeitete er am Institut für Mutter und Kind in Prag. Er erforschte in den fünfziger Jahren die Entwicklung der Kinder in Kinderkrippen und stellte fest, daß dem ersten Lebensjahr eine besondere Bedeutung zukommt. Danach beschäftigte er sich nur noch mit der Entwicklung der Kinder im ersten Lebensjahr sowohl in der Heim- als auch in der Familiensituation.

Die Ergebnisse seiner Forschungen zum «Einfluß der frühen Bewegungsstimulation auf die motorische und psychische Entwicklung des Säuglings» stellte er im Jahre 1969 bei einem Psychologenkongreß in Tübingen vor.

«Wenn wir die verborgenen Entwicklungsmöglichkeiten in den Kindern wecken wollen, dann ist es nötig, mit dieser Arbeit gleich in den ersten Lebenstagen des Kindes zu beginnen. Je jünger das Kind ist, (...) desto größer ist die Wahrscheinlichkeit, daß es gelingt, eine latente Entwicklungsmöglichkeit zu realisieren. Die ersten Erziehungsreize in der frühesten Kindheit sind für die Entwicklung des Menschen ungeheuer wichtig: Sie haben eine große Bedeutung für die Formung seiner Persönlichkeit, seiner Fähigkeiten und Erfahrungen, und von ihnen hängt es besonders ab, ob eine bestimmte Entwicklungsmöglichkeit realisiert wird oder ob sie latent bleibt und später inhibiert (verschwinden) wird» (Koch 1969, S. 414).

Koch wählte für seine Forschungsarbeiten die Bewegungsstimulation und verfolgte die motorische und psychische Entwicklung der Kinder, die von den ersten Lebenstagen an stimuliert wurden.

Nach Kochs Ansicht leiden die Säuglinge unserer Zeit und Kultur an Bewegungsdreprivation, d. h. Mangel an Bewegung. Gleich nach der Geburt wird den Babys die freie Bewegung erschwert, wenn wir sie lange ins Bett oder in den Kinderwagen legen, ihnen zu enge Kleidung anziehen oder sie fest wickeln. Koch stellte fest, daß ein nackter Säugling mehr Spontanbewegungen produziert als ein angezogener.

«Der oft barfüßige Säugling lernt die Gegenstände fast genauso mit den Füßen zu greifen wie mit den Händen» (ebd., S. 414).

Koch ging bei seiner Bewegungsstimulation von einer «Transporthypothese» aus, die er folgendermaßen erklärte:

«Die Menschen der primitivsten Zivilisationen waren gezwungen, die Säuglinge dauernd herumzutragen; die Mütter ließen sehr wahrschein-

lich nur sehr selten ihre kleinen Säuglinge irgendwo liegen – sie trugen die Kinder bei sich, auch wenn sie z. B. Nahrung suchten oder sich mit anderen Tätigkeiten beschäftigten. Es ist sehr wahrscheinlich, daß die Säuglinge nicht immer in den Armen getragen wurden, sondern daß sie in verschiedenster Art und Weise aufgehoben und niedergelegt und in den verschiedensten Lagen gehalten wurden, wie es eben die gerade ausgeführte Tätigkeit der Mutter erlaubte.

Der Transport des Kindes durch die Mutter war wahrscheinlich keine einseitige Aktion der Mutter – wir nehmen an, daß der Säugling an dieser Tätigkeit teilnahm und daß er mit neuromuskulären Mechanismen ausgestattet war, die es ihm ermöglichten, den Kopf, den Rumpf und die Extremitäten in eine physiologisch vorteilhaftere Lage zu bringen. Mutter und Kind bildeten also auch in dieser Hinsicht eine biologische Einheit: Beide paßten sich gegenseitig durch ihre Bewegungen an.

Die innige Bindung zwischen Mutter und Kind wird mit der Entwicklung des Kindes immer lockerer; auch beim Transport wurde wahrscheinlich die Mutter immer weniger aktiv und das Kind dagegen immer aktiver und selbständiger. Der Transport des Kindes stellte eine sehr intensive Bewegungsstimulation schon von den ersten Lebenstagen an dar. Das Heben, Tragen, Lage wechseln, Niederlegen usw. war für das Kind eine sehr ausgiebige Körperübung, und es mußte dafür ausgestattet sein. Es ist anzunehmen, daß diese Körperübungen mit dem Kind manchmal stundenlang ausgeführt wurden. Es scheint, daß der Transport für den Säugling eine angenehmere und adäquatere Situation darstellt als das lange ruhige Liegen im Bettchen. Der Transport stellt neben dem Füttern eine Situation des engsten Kontaktes zwischen Kind und Erwachsenem dar, und er bietet mehr Gelegenheiten zu Orientierungsreaktionen als alle anderen Situationen» (Koch, ebd., S. 416).

In den ersten drei Monaten wurden den Kindern, mit denen Koch arbeitete, Spiele angeboten, die die Transportsituation imitieren. Leider hatte Koch selbst nie die Idee, die Kinder im Tuch zu tragen.

Eine Kollegin von mir, sie ist Tschechin, trug ihre Tochter oft im Tragetuch. Sie besuchte ihre Eltern in der ČSSR und hatte aus Bequemlichkeitsgründen nur ein Tragetuch für ihre Tochter mit. Im Ort machte sofort das Gerücht die Runde, daß es ihr in der BRD wohl sehr schlecht gehen müsse, da sie sich keinen Kinderwagen leisten könne …

Ähnliches erlebte ich direkt nach der «Wende» in Leipzig, als ich dort das Tragetuch vorstellte.

«Das sieht aber lumpig aus, so würde ich nicht mit meinem Kind spazierengehen.»

Im zweiten Vierteljahr benutzte Koch hauptsächlich Anregungen, die Greif- und Stemmreaktionen hervorrufen.

«Nach dem sechsten Monat lernen die Kinder das Kriechen und zuletzt lernen sie Stehen, Gehen und Laufen.

Ein untrennbarer Bestandteil der ‹Bewegungserziehung› ist die Entfaltung der Feinmotorik der Hände.

Bei den Anregungen geht es nie um ein bloßes Ausführen von Bewegungen: Die Spiele sind entweder ein Bestandteil der Orientierungstätigkeit (das Kind wendet z. B. den Kopf, um etwas zu sehen) oder ein Mittel der Zielerreichung (das Kind kriecht zu einem Spielzeug), oder sie sind in eine attraktive soziale Situation eingebaut.

Wir benutzen nur solche Bewegungen, an denen das Kind aktiv teilnimmt – wir wenden keine Übungen an, bei denen mit dem Kind passiv und ohne seine aktive Teilnahme Bewegungen ausgeführt werden» (ebd., S. 415 f.).

Bei den Anregungen wird gewechselt zwischen einem Spiel mit Spielzeug oder einem sozialen Kontakt zwischen Mutter/Vater und Kind. Während der Spielzeiten bemühte Koch sich, immer bei den Kindern eine zufriedene und fröhliche Stimmung hervorzurufen und zu erhalten. Eine negative Reaktion war immer ein Signal zum sofortigen Unterbrechen des Spiels.

Koch spielte täglich während einer ganzen Wachperiode (ca. 30 bis 60 Minuten) mit diesen Kindern, die aus sozialen Gründen im Heim lebten. Nach dem Aufwachen wurden sie gefüttert und danach ganz ausgezogen. Der Raum wurde gut aufgeheizt.

Koch untersuchte von 1969–1972 drei Gruppen von Kindern.

Die erste Gruppe bestand aus 10 Kindern, die im Heim für Mutter und Kind lebten und mit denen Koch täglich spielte.

Die zweite Gruppe setzte sich aus Kindern zusammen, die in Familien lebten. In der ČSSR konnten die Mütter schon damals das gesamte erste Lebensjahr bei ihrem Kind zu Hause bleiben, weil man erkannt hatte, wie wichtig in dieser Zeit stabile Bezugspersonen für die Kinder sind. Die Mütter bekamen Erziehungsgeld, wenn sie bestimmte Bedingungen erfüllten. So mußten einige Mütter beispielsweise regelmäßig ins Institut für Mutter und Kind kommen.

Sie wurden von Koch angeleitet, wie sie zu Hause mit ihren Kindern spielen sollten, und gleichzeitig wurden die Kinder in ihrer Bewegungsentwicklung untersucht. Die Resultate von 20 Kindern wurden für die Auswertung berücksichtigt.

Außerdem wurde eine Gruppe von Kindern regelmäßig untersucht, deren Mütter nicht besonders angeleitet wurden.

Die Kinder, mit denen systematisch gespielt wurde, entwickelten sich deutlich besser. Hauptergebnis von Kochs Untersuchungen war die Erkenntnis, *daß systematische und zielgerichtete, wissenschaftlich begründete, frühe grob- und feinmotorische Stimulation die Entwicklung des Kindes im ersten Lebensjahr positiv beeinflußt* (nach Koch 1976).

Die Kinder, mit denen regelmäßig gespielt wurde, entwickelten rasch einen regelmäßigen Rhythmus des Schlafens und Wachens. Sie zeigten eine überaus ausgeglichene, zufriedene Stimmung, waren während der Spielzeit aktiv und vergnügt. Die positive Stimmung wurde eine dominierende Eigenschaft ihres Verhaltens. Sie waren weniger krank als die anderen Kinder.

Von 1972 bis 1975 trat Koch mit seiner Arbeit an die Öffentlichkeit. Er verfaßte viele populärwissenschaftliche Aufsätze, Broschüren und Monographien, in denen er mit der Methodik der Stimulation der Grob- und Feinmotorik vertraut machte, aber auch die ganzheitliche Erziehung des Säuglings betonte.

Die Broschüre «Entwicklung des Säuglings durch Bewegung» war in der ČSSR schnell vergriffen. Es erschienen einige kurze Filme im Fernsehen. 1976 veröffentlichte Koch ein Buch für Eltern: «Erziehung des Kindes in der Familie». Dieses Buch wurde in verschiedene Sprachen übersetzt und erschien u. a. in den USA, Japan und Finnland.

Im Jahr 1976 schrieb J. Koch ein abschließendes Protokoll über den Einfluß der frühen Bewegungsstimulation auf die Motorik, die Feinmotorik und die psychische Entwicklung des Säuglings.

Unsere Arbeit hat geholfen, das Interesse der Eltern an der Erziehung der Kinder in der frühen Kindheit zu erhöhen. Dieses bestätigt auch eine interessante Tatsache: Bei der Arbeit mit der ersten Gruppe von Eltern, in der wir den Einfluß der frühen Stimulation der Grobmotorik auf die Entwicklung des Kindes untersucht haben, wurde von 30 Müttern nur eine von ihrem Ehemann begleitet. Drei Jahre später, als wir mit der zweiten Gruppe gearbeitet haben, in der wir den Einfluß der frühen Stimulation auf die Feinmotorik beobachtet haben, wurden von den 30 Müttern fast die Hälfte von ihren Ehemännern begleitet, die so großes Interesse an ihrem Kind zeigten, daß sie kamen, obwohl sie die Zeit sich freinehmen und nachholen mußten (nach Koch, 1976).

Die Anfänge des PEKiP in der BRD

1969 nahm Prof. Christa Ruppelt an dem Psychologenkongreß in Tübingen teil, bei dem Jaroslav Koch seine Forschungsergebnisse vorstellte. Sie selbst arbeitete zu der Zeit in einer Erziehungsberatungsstelle und dachte oft, wenn die Familien zur Beratung mit ihren Kindern kamen, daß es wichtig sei, im Präventivbereich (Vorbeugung) tätig zu werden, bevor die Probleme so massiv sind, daß eine Beratungsstelle aufgesucht wird. Am günstigsten ist es, wenn die Familien schon positive Unterstützung bekommen, wenn das Baby gerade geboren ist und sich noch keine «falschen» Verhaltensweisen eingespielt haben.

Um Familien mit so jungen Kindern zu erreichen, erschien ihr die Arbeit von Koch als eine ideale Möglichkeit. Christa Ruppelt nahm Kontakt zu Jaroslav Koch auf und hospitierte mehrfach bei ihm. Als Professorin an der Evangelischen Fachhochschule in Bochum mit dem Schwerpunkt Entwicklungspsychologie gab sie die Forschungsergebnisse von Koch weiter.

Sie stellte sich dabei die Frage, wie die Arbeit von J. Koch auf deutsche Verhältnisse übertragen werden könnte. Sie nahm Kontakt zu einer Familienbildungsstätte auf, in der Kurse zur Säuglingspflege und Schwangerschaftsgymnastik angeboten wurden. Die Eltern aus den Kursen wurden nach der Entbindung zusammen mit ihrem Säugling zu gemeinsamen Treffen eingeladen. So begann Christa Ruppelt Anfang 1973 in Zusammenarbeit mit Erika Roch erste Kurse für junge Eltern anzubieten. Im Laufe der Zeit wollten immer mehr junge Familien an der «Spielgymnastik» teilnehmen.

Christa Ruppelt sprach mich auf einem Treffen der ehemaligen Studenten der FHS an, ob ich mich nicht an dieser Arbeit beteiligen wolle. Ich hospitierte bei ihr in einer Gruppe und begann an der Städtischen Familienbildungsstätte in Bochum 1975 erste Kurse mit dem Namen «Spiel und Bewegung» anzubieten.

Gleichzeitig bildete sich eine Gruppe engagierter Sozialpädagoginnen, Sozialarbeiterinnen und Pädagoginnen, die Eltern-Kind-Gruppen anbot und ihre Arbeit mit Christa Ruppelt an der Fachhochschule reflektierte. Durch intensive Beobachtung in den Gruppen erkannten wir, wie wichtig es für Eltern ist, sich Zeit für das Kind zu nehmen, es zu beobachten, mit anderen Eltern Erfahrungen auszutauschen und auch wie freudig die Kinder aufeinander zugehen. Es entstand eine neue Form pädagogischer Gruppenarbeit für Eltern mit ihren Kindern im ersten Lebensjahr.

Das Besondere zu der damaligen Zeit war, daß keine Vorträge zur Erziehung gehalten wurden, sondern daß die Eltern mit ihren Kindern gemeinsam in der Gruppe spielten und darüber hinaus konkrete Fragen zu ihrer Lebenssituation besprachen.

Der Begriff PEKiP (Prager-Eltern-Kind-Programm) entstand auf einem mehrtägigen Arbeitstreffen und zeigt, daß es sich beim PEKiP um eine spezielle Gruppenarbeit für Eltern mit ihren Kindern im ersten Lebensjahr handelt mit den Schwerpunkten:

- Kinder in ihrer Entwicklung unterstützen
- Mutter/Vater-Kind-Interaktion fördern
- Kontakte der Mütter/Väter intensivieren
- Kontakte der Kinder anregen.

Diese vier Schwerpunkte stehen gleichbedeutend nebeneinander, wie es Dr. Hans Ruppelt (1935–1987), Professor für Erziehungswissenschaften an der Gesamthochschule Wuppertal, in dem ersten Artikel über das PEKiP beschreibt (Ruppelt 1978). Hans Ruppelt führte mehrere wissenschaftliche Untersuchungen zum PEKiP durch (z. B. über die Kontakte der Kinder zueinander).

Die Nachfrage nach PEKiP-Gruppen wurde immer größer, so daß unsere Initiatorengruppe beschloß, eine Fortbildung zur PEKiP-Gruppenleiterin anzubieten. Wir schlossen uns dem Deutschen Berufsverband der Sozialarbeiter und Sozialpädagogen (DBS) an, um uns einerseits die Organisation der Ausbildung zu erleichtern und zum anderen, weil es sich bei der PEKiP-Arbeit um eine sozialpädagogische Aufgabe handelt. Von 1978 bis 1988 bildeten wir über 400 Gruppenleiterinnen beim DBS und in Kooperation mit dem DBS bei Trägern der freien Wohlfahrtspflege aus.

Im Jahre 1988 gründete die Gruppe der Initiatorinnen den PEKiP e.V., um der wachsenden Nachfrage zur Ausbildung von PEKiP-Gruppenleiterinnen nachzukommen, und vergrößerte das Ausbildungsteam.

An einer Fortbildung zur PEKiP-Gruppenleiterin nahmen seitdem bei unserem gemeinnützigen Verein und bei anderen Trägern wie dem Deutschen Roten Kreuz, der Arbeiterwohlfahrt, dem Deutschen Paritätischen Wohlfahrtsverband und einzelnen katholischen Verbänden sowie dem Senat Berlin (bis Ende 1992) über 500 sozialpädagogische Fachkräfte teil.

Die Ausbildung gliedert sich in mehrere Blöcke, in denen die Theorie und Praxis des PEKiP und umfassendes Wissen über Kinder im ersten Lebensjahr und ihre Eltern vermittelt wird. Außerdem gehört zur Ausbildung mehrfache Hospitation in einer PEKiP-Gruppe und eine anschließende praxisbegleitende Supervisionsphase durch eine PEKiP-Supervisorin. Zum Abschluß erhalten die PEKiP-Gruppenleiterinnen das PEKiP-Zertifikat.

1992 wurde der Name PEKiP patentrechtlich geschützt. Wenn Sie an einer PEKiP-Gruppe teilnehmen, können Sie sicher sein, daß die Gruppenleiterin die dargestellte Ausbildung absolviert hat und somit befähigt ist, Sie und Ihr Kind in seinem ersten Lebensjahr qualifiziert zu begleiten. Gruppenleiterinnen, die keine PEKiP-Ausbildung haben, dürfen den Begriff PEKiP nicht verwenden.

Haben Sie Fragen zur Ausbildung als PEKiP-Gruppenleiterin, können Sie sich gern *mit einem ausreichend frankierten Rückumschlag* an mich wenden:
Liesel Polinski
Roonstr. 13a
58239 Schwerte

Literaturverzeichnis

Bodenburg, I.: Entwicklung, in: Das rororo Elternlexikon. (rororo) Reinbek 1988

Bullinger, H.: Wenn Paare Eltern werden. (rororo) Reinbek 1986

Gloger-Tippelt, G.: Schwangerschaft und erste Geburt. Stuttgart, Berlin, Köln, Mainz 1988

Großmann, K. und K.: Ist Kindheit doch Schicksal? Psychologie heute, August 1991

Klaus, M.; Kennell, J.: Mutter-Kind-Bindung. dtv, München 1987

Klaus, M.; Klaus, P.: Neugeboren. Kösel, München 1988

Koch, J.: Total Baby Development. New York 1978

Koch, J.: Der Einfluß der frühen Bewegungsstimulation auf die motorische und psychische Entwicklung des Säuglings. Bericht über den 26. Kongreß der deutschen Gesellschaft für Psychologie. Göttingen 1969

Koch, J.: Unveröffentlichtes abschließendes Protokoll: Einfluß der frühen Bewegungssituation auf die motorische und physische Entwicklung des Säuglings. 1976

Kubani, D.: Elternarbeit-Familienbildung, in: Der Sozialarbeiter. 1/79

Ruppelt, H.: Das Prager-Eltern-Kind-Programm, in: Der Sozialarbeiter. 1/78

Ruppelt, H.: Interaktionen in frühester Kindheit, in: Biermann/Wittenbruch, Soziale Erziehung. Heinsberg 1986

Spitz, R.: Vom Säugling zum Kleinkind. Klett, Stuttgart 1976

Spitz, R.: Die Entstehung der ersten Objektbeziehungen. Stuttgart 1960

Thomsen, M.: Mutter werden – von der Vorstellung zur Realität. Unveröffentlichte Diplomarbeit am Fachbereich Erziehungswissenschaften der Freien Universität Berlin. 1989

Verny, T.: Das Seelenleben des Ungeborenen. München 1981

Weiterführende Literatur zum ersten Lebensjahr

Brazelton, T. B.: Babys erstes Lebensjahr. dtv 1975

Hellbrügge, T.; von Wümpffen: Die ersten 365 Tage im Leben eines Kindes. Knaur 1976

Hilsberg, R.: Schwangerschaft, Geburt und erstes Lebensjahr. (rororo) Reinbek 1988

Liedloff, J.: Auf der Suche nach dem verlorenen Glück. München 1980

Renggli, F.: Angst und Geborgenheit. (rororo) Reinbek 1976

Sichtermann, B.: Leben mit einem Neugeborenen. Fischer 1982
Zimmer, K.: Das wichtigste Jahr. Kösel 1988

Video zum Tragetuch

Hilsberg, Regina: So trage ich mein Kind richtig – Tricks und Tips zum Binden des Tragetuches, erhältlich bei der Firma DIDYMOS Erika Hoffmann GmbH, Solitudestr. 55, 71638 Ludwigsburg, Tel.: 07141/921024.

mit kindern leben

Ratgeber für den Umgang mit Kindern im Alltag – Praktische Tips, Ideen, Anregungen.

Caren Adams / Jennifer Fay
Ohne falsche Scham *Wie Sie Ihr Kind vor sexuellenm Mißbrauch schützen können*
(rororo sachbuch 8498)

Tobias Brocher
Wenn Kinder trauern *Wie Eltern helfen können*
(rororo sachbuch 7950)

Sabine Friedrich / Volker Friebel
Trau dich doch! *Wie Kinder Schüchternheit und Angst überwinden*
(rororo sachbuch 9729)

Regina Hilsberg
"Meine Suppe eß ich nicht!" *Kultur und Chaos am Familientisch*
(rororo sachbuch 9901)

Hans H. Hopf
Kinderträume verstehen
(rororo sachbuch 9139)

Deborah Jackson
Drei in einem Bett *Schlafen mit Kind*
(rororo sachbuch 8766)

Heidi Kaiser
So sag ich's meinem Kinde *Zärtlichkeit und Schmusen, Liebe und Sexualität*
(rororo sachbuch 8750)

Anna Kettner / Egbert Haug-Zapp
Das Kindergartenbuch *Was Eltern wissen müssen*
(rororo sachbuch 8790)

rororo sachbuch

Dorothee Kraus-Prause / Jobst Kraus / Eva Nonnenmacher
Lexikon Erziehung *Grundbegriffe zu Entwicklung, Familie und Schule*
(rororo sachbuch 9727)

Bettina Mähler
Geschwister *Krach und Harmonie im Kinderzimmer*
(rororo sachbuch 9316)

Heidi Mühle (Hg.)
Wenn Kinder nach Gott fragen
(rororo sachbuch 9561)

Cornelia Nitsch
Das Tröstebuch *Geschichten, Verse, Spiele: die besten Heilmittel gegen Kummer*
(rororo sachbuch 9902)

Dorothea und Herbert Renz-Polster
Radfahren mit Kindern *Vom Fahrradkauf bis zur Tourenplanung*
(rororo sachbuch 9598)

3640/1b

mit kindern leben

Ratgeber für den Umgang mit Kindern im Alltag – Praktische Tips, Ideen, Anregungen.

Michael Bode /
Christian Wolf
Still-Leben mit Vater *Zur Abwesenheit von Vätern in der Familie*
(rororo sachbuch 9762)

Christa Brauns-Hermann,
Bernd M. Busch /
Hartmut Dinse (Hg.)
Verlorene Liebe – gemeinsame Kinder *Elterliche Sorge nach der Trennung*
(rororo sachbuch 9764)

Astrid von Friesen
Geld spielt keine Rolle *Erziehung im Konsumrausch*
(rororo sachbuch 9680)

Ulla Gretsch /
Babette Lissner
Elternratgeber Computer *Chancen und Gefahren für die kindliche Entwicklung*
(rororo sachbuch 9564)

Gunhild Gutschmidt /
Angela-Paula Heider
Recht und Geld für Alleinerziehende
(rororo sachbuch 9558)

Werner Haas
Der alltägliche Erziehungskampf *Wie Kinder Erziehung erleben*
(rororo sachbuch 9329)
Partnerschaft mit Kindern *Ein Ratgeber für den Erziehungalltag*
(rororo sachbuch 8579)

rororo sachbuch

Egbert Haug-Zapp /
Rieke Müller-Kaldenberg
Mütter mit Beruf *Balance zwischen Kindern, Partner und Kollegen*
(rororo sachbuch 8748)

Charles E. Schaefer / Theresa Foy DiGeronimo
Die zwanzig häufigsten Erziehungsfehler – und wie man sie vermeidet
(rororo sachbuch 9712)

Andreas Schmidt
Väter ohne Kinder *Sorge, Recht und Alltag nach Trennung oder Scheidung*
(rororo sachbuch 9398)

Ursula Stolz
Der kleine Ratgeber für Großeltern
(rororo sachbuch 9679)

Ein Gesamtverzeichnis aller lieferbaren Titel der Reihe *mit kindern leben* finden Sie in der *Rowohlt Revue*. Jedes Vierteljahr neu. Kostenlos. In Ihrer Buchhandlung.

3640/1a

mit kindern leben

Praktische Tips, Ideen, Ratschläge – Anregungen für den Umgang mit Kindern in der Freizeit.

Helga Biebricher
Scherzfragen, Rätsel, Schüttelreime *Vergessenes und Neues zur Unterhaltung*
(rororo sachbuch 7662)

Jorgos Canacakis /
Gerd Haehnel /
Georg Sauerland u. a.
Wir spielen mit unseren Schatten *Vorschläge für Familie, Freizeit, Schule und Therapie*
(rororo sachbuch 7960)

Barbara Cratzius
Noch mehr Fingerspiele und andere Kinkerlitzchen *Eine Wundertüte für neue Spiellust mit kleinen Kindern*
(rororo sachbuch 8574)
Allererste Kinderrätsel
Denkspaß für Eltern und Kinder
(rororo sachbuch 9143)

Sharla Feldscher
Das Spiel- und Aktionsbuch
Spaß für Kinder, Eltern, Pädagogen
(rororo sachbuch 8867)

Uli Geißler
Achtung Aufnahme! *100 Spiele für Kassettenrekorder und Kamera*
(rororo sachbuch 9582)

Wolfgang Hering
Bewegungslieder für Kinder
Spiele und Musik von 2–5
(rororo sachbuch 9681)

Klaus W. Hoffmann
Der Liederladen *Ohrwürmer, Evergreens und neue Hits*
(rororo sachbuch 9306)

3640/1d

rororo sachbuch

Klaus W. Hoffmann
Heidi Kaiser (Hg.)
Spiele und Lieder zum Kuscheln und Kosen
(rororo sachbuch 9507)

Kristina Hoffmann-Pieper
Basteln zum Nulltarif *Spiel und Spaß mit Haushaltsdingen*
(rororo sachbuch 7955)

Bettina Mähler /
Heinrich Kreiblich
Bücherwürmer und Leseratten
Wie Kinder Spaß am Lesen finden
(rororo sachbuch 9676)

Beate Seeßlen-Hurler
Kinderfeste *Vorschläge für den Feierspaß von groß und klein*
(rororo sachbuch 8302)

Emil und Octavia Wieczorek
Hundertmal Spaß *Spiele für alle Kinder und Anlässe*
(rororo sachbuch 9904)